普通高等教育汽车类专业规划教材
车用甲醇燃料行业从业人员技术培训教材

Cheyong Jiachun Ranliao Yingyong Jishu

车用甲醇燃料应用技术

刘生全　主　编
陶建根　主　审

人民交通出版社

内 容 提 要

本书以甲醇燃料汽车从业人员应具备的基础知识为出发点，共分为八章，内容涵盖了能源与甲醇燃料基础、甲醇燃料汽车结构、性能、故障排除、汽车对燃料性能的要求及从业人员岗位职责安全等方面的知识。

本书为甲醇燃料与甲醇燃料汽车行业从业人员培训教材，同时可供大专院校能源、车辆类专业学生选修课程使用，也可作为甲醇燃料汽车方面技术人员的参考。

图书在版编目(CIP)数据

车用甲醇燃料应用技术 / 刘生全主编. —北京：人民交通出版社，2013.9

ISBN 978-7-114-10852-5

Ⅰ.①车… Ⅱ.①刘… Ⅲ.①甲醇—汽车燃料—研究 Ⅳ.①U473.1

中国版本图书馆 CIP 数据核字(2013)第 199166 号

书　　名：车用甲醇燃料应用技术
著 作 者： 刘生全
责任编辑： 时　旭
出版发行： 人民交通出版社
地　　址： (100011)北京市朝阳区安定门外外馆斜街 3 号
网　　址： http://www.ccpress.com.cn
销售电话： (010)59757973
总 经 销： 人民交通出版社发行部
经　　销： 各地新华书店
印　　刷： 北京交通印务实业公司
开　　本： 787×1092　1/16
印　　张： 10.75
字　　数： 260 千
版　　次： 2013 年 9 月　第 1 版
印　　次： 2013 年 9 月　第 1 次印刷
书　　号： ISBN 978-7-114-10852-5
定　　价： 24.00 元
(有印刷、装订质量问题的图书由本社负责调换)

致关心节能减排的读者

内燃机至今仍然是热效率最高、功率密度最大、可靠性最好、应用最广泛的原动机。在未来30~40年内，它仍然是汽车、工程机械、农机、船舶、军事装备等主导的动力。

我国内燃机2012年产量7700万台，总功率达15亿kW，已是世界第一产销大国。但油品的消耗也随之巨额增长，2012年共消耗商品油2.7亿t，其中汽油7738万t，柴油16717万t，此外还有润滑油等，占我国石油消耗总量的59.72%，超过了全年石油进口总量。2012年我国石油对外依存度达到57%，已远远超过世界公认的能源安全警戒线！同时也带来了对环境的污染。

《中国汽车报》2013年9月2日在D3版，以《内燃机节能净化技术不该边缘化》为题，报道了2013年8月26日《中国内燃机学会燃烧学分会2013年学术年会》。会上与会专家指出："传统内燃机仍然有50%节能潜力。可再生能源、新型合成燃料、高效清洁燃烧技术是新能源重要的技术，发动机燃料多元化、能源多元化是一种趋势。"

从我国能源现实资源（缺油、少气、相对富煤）条件出发，为保证国家能源安全和改善环境，利用煤（劣质煤）、煤层气、焦炉气等生产甲醇替代汽柴油，在我国的试验研究已近30年时间。中间虽遭遇许多挫折，但技术相对成熟。《车用燃料甲醇》和《M85车用甲醇汽油》已核准为国家标准，2012年国家工信部在山西、陕西、上海两省一市实施甲醇燃料汽车试点运行项目。

目前，许多地方省市都在积极探索能源多元化方向。开展替代能源汽车研究，实现车用能源多元化，是保障汽车能源可持续供给的关键。在各种石油替代能源的推动过程中，甲醇燃料以产量大、成本低、技术成熟、储运方便、动力性和排放都比汽柴油好，它必将成为替代燃料的主体。截至目前，全国共有26个省市逐步启动了甲醇燃料应用工作。

本书作者刘生全教授长期关注甲醇燃料的研发试点工作，在此基础上编写此书，内容十分详实，对车用甲醇燃料技术的普及和甲醇燃料的推广应用必将起到很好的推动作用。

何光远

二〇一三年九月八日

前言

Qianyan

2012年我国汽车产销量均突破1900万辆,已经连续四年全球第一。与发达国家相比,我国目前的人均汽车保有量还很低,汽车市场潜力很大,预计到2020年,我国汽车保有量将超过1.5亿辆。当我国刚刚成为汽车生产大国时,就已经深深地感受到了石油供应所带来的压力。我国汽车(包括农用车)燃油消费占总石油消费量的一半以上,由于汽车市场的持续升温,石油的安全风险也不断增大。根据国际汽车工业发展历程和我国现状分析,车用燃油消费占石油总消费比例还将有大幅增长。同时,车用燃油消耗所产生的空气污染、城市道路拥堵已经演变成越来越严重的社会问题。因此,我国正面临着石油安全、环境保护、交通状况等多重压力。

面对机遇和挑战,我国政府非常重视新型、清洁、替代能源的发展。2006年胡锦涛总书记批复了几位院士和离休老部长"关于发展醇醚燃料的建议报告",要求认真研究我国替代能源问题;2008年9月23日,成立了由国内54名知名院士、教授、专家组成的全国醇醚燃料标准化技术委员会;2009年11月1日GB/T23510—2009《车用燃料甲醇》标准实施,2009年12月1日GB/T23799—2009《车用甲醇汽油(M85)》标准实施;《车用甲醇汽油(M15)》国家标准即将实施;2010年国家标准化委员会下达了"车用甲醇汽油添加剂"、"甲醇含量的测试方法"两项国家标准的编制任务书,两项标准将于2013年完成;2012年12月,国家工业和信息化部在山西、陕西、上海两省一市实施甲醇燃料汽车试点运行项目。

我国地方省市、科研院所都在积极探索能源的多元化方向,新能源产品的开发与应用成为汽车工业发展的焦点。开展新能源汽车研究,实现车用能源多元化,是保障汽车能源可持续供给的关键。在各种石油替代能源的推动过程中,甲醇燃料以产量大、技术成熟、汽车适应性好、动力性能强、储带方便等诸多优势,将成为汽车替代燃料的主体。截至目前,全国共有26个省市逐步启动了甲醇燃料应用工作。

甲醇燃料的产业化进程是一项系统工程,产业的建立需要政府,产业技术的研发需要专家,产业的推动需要更多的人才。为了推动甲醇燃料产业化的健康发展,培养产业基础技术人才,使这一替代燃料能够尽快地服务于社会,造福于人民，浙江浙能石油新能源有限公司与长安大学合作编写了车用甲醇燃料行业从业人员培训教材《车用甲醇燃料应用技术》。本书共分为八章，内容涵盖了能源与甲醇燃料基础、甲醇燃料汽车结构、性能、故障排除、汽车对燃料性能的要求及从业人员岗位职责安全等方面的知识。第一、三章由刘生全编写，第四章由刘生全、吴永孝编写，第五章由刘生全、张华龙编写，第二章由李阳阳、卢军编写，第六章由包伟、孙栋编写，第七章由马志义、李阳阳、王剑平编写，第八章由朱庆功、陶巍巍、吴永孝编写。长安大学刘生全教授对全书进行了统稿修改，浙江浙能石油新能源有限公司陶建根对全书进行了审校。

书中体现了浙江浙能石油新能源有限公司与长安大学专家和教授多年的研究成果。编写中引用了国内外有关专家、学者发表的论文、专著及资料，在此，表示衷心感谢。

车用甲醇燃料技术还在不断研究，新成果还在不断出现，产业的形成还处在起步阶段，本书也是对行业技术人员培训方式与内容的一种尝试，错漏之处在所难免，恳请广大读者批评指教。

作　者
2013 年 1 月 30 日　于西安

目 录

Mulu

第一章 能源概论

第一节 发展甲醇替代燃料的意义

一、石油资源的短缺

根据国家有关部门的统计资料表明，截至2006年底，我国石油剩余可采储量20.43亿t，天然气剩余可采储量24500亿m^3，煤炭总资源量10430亿t，经济可采储量1842亿t。按照目前的开采量，石油10余年，天然气80多年，煤炭可持续约200年。以此为基础，对我国三大基础能源资源的定位为：缺油、少气、相对富煤。

随着我国经济的连年高速增长，国内石油生产已经无法满足要求，石油资源的短缺不仅严重制约了国民经济的发展，而且也严重地威胁到国家能源战略安全与社会的稳定。进入21世纪后国内石油进口量连年迅速增加。2001—2006年我国石油进口量年均增长17.3%，进口额年均增长率为39.7%。2005年我国成为继美国、日本之后的第三大石油进口国，石油对外依存度达到43%。2011年我国石油进口量2.65亿t，2012年石油进口量约为2.71亿t，预计2013年中国石油进口量将达到2.85亿t左右，石油对外依存度将逼近60%。国家发展和改革委员会预测，2020年我国石油消费量将达到4.5亿~5.0亿t，对外依存度将超过60%的指标提前实现。据美国能源部预测，2020年，中国对外石油依存度高达60%；而国际能源机构（IEA）预测的数字更高，为76%。以现阶段我国经济发展能源供需为基础，到2020年石油需求总量可能超过7亿t，其中2/3都需要依靠进口。

二、供需矛盾的加剧

汽车是我国经济的支柱产业，汽车也是石油资源的最大用户。2012年，全国汽车产、销1927.18万辆和1930.64万辆，同比分别增长4.6%和4.3%，产销连续四年蝉联世界第一。截至2012年6月底，全国机动车总保有量达2.33亿辆。其中，汽车1.14亿辆，摩托车1.03亿辆。全国机动车驾驶人达2.47亿人，其中汽车驾驶人1.86亿人。

我国的汽车工业还将处在快速发展时期。其表现之一为美国通用、福特，德国奔驰、大众、奥迪、宝马，日本丰田、本田、尼桑等世界各大汽车制造厂家全部进入中国投资设厂，新型汽车装配线还在不断建设，产能还在扩大。表现之二，中国汽车市场潜力巨大。目前，发达国家汽车人均1~2人1辆，随着我国经济的不断发展，国民收入的不断增加，以平均每3人拥有1辆汽车计算，我国汽车保有量将为4亿多辆，市场是国外汽车厂家敢于进入中国的基础。表现之三，从周边同事、朋友、邻居等的买车热情也不难感受到汽车工业的发展势头。

当我国刚刚迈入汽车生产大国的门槛时，就已经深深地感受到了石油供应、环境保护、道路交通所带来的压力。汽车（包括农用车）消费石油占我国总石油消费量的一半以上，2011年机动车辆年消耗汽油8141万t，消耗柴油16676万t。由于汽车市场的持续升温，石油的安全风险也不断增大。根据国际平均水平和我国现状分析，我国车用汽油、柴油消费占石油总消费比例还将有大幅增长，加之我国目前车用燃油消费总量与汽车保有量之比偏高，汽车的油耗量偏大，进一步加剧了供需矛盾的形成。

三、环境保护的需要

随着汽车保有量的增加，汽车排放造成的大气污染日趋严重，在大中城市，汽车排放尾气污染已经成为大气污染的最主要污染源，它们对人体健康的危害不仅引起人们的广泛关注，而且也正在演变成越来越严重的社会问题。根据2011年《中国机动车污染防治年报》公布的"十一五"期间全国机动车污染排放情况显示，机动车污染已经是大气环境最突出、最紧迫的问题之一。我国城市空气开始呈现出煤烟和机动车尾气复合污染的特点，造成部分地区频繁发生雾霾和光化学烟雾等区域性大气污染问题，同时，由于机动车大多行驶在人口密集区域，尾气排放会直接影响群众健康。

汽车排放污染分为常规排放污染、非常规排放污染与微粒物排放污染。常规排放污染指CO、HC、NO_x。常规排放污染物的测试方法、测试仪器、排放限值及检测机构，国家已经建立了完备的体系，对于新生产需要进入市场的车辆与在用车辆分别执行不同的标准。需要特别注意的是HC与NO在太阳紫外线的照射下会形成光化学烟雾，光化学烟雾对人类、动物及植物的杀伤作用在20世纪中期已经得到证实。

汽车非常规排放污染物主要是可挥发性有机物（VOC），汽车燃烧不同燃料VOC排放种类有180~200种之多，以甲醛最具代表性。VOC的危害人们早已有所认识，而对于汽车VOC排放的检测方法、控制技术的研究则刚刚开始。目前，国家还没有汽车VOC排放方面的标准。

颗粒物排放及对人体的危害近两年才受到国人的重视。颗粒物粒径小于100μm的称为TSP，即总悬浮物颗粒；粒径小于10μm的称为PM10，即可吸入颗粒；粒径小于2.5μm的称为PM2.5，为可吸入肺颗粒。

汽车排放到大气中的微粒主要是粒径小于1μm的固态和液态物质，以气溶胶、烟雾、尘埃等状态存在于大气中。汽油机和柴油机所排放的微粒是不同的。汽油机主要是铅化物、硫酸盐以及一些低分子物质，只有当车辆技术状况变坏，烧机油时，才有大量炭烟排出；柴油机的微粒排放主要是炭烟，成分也复杂。

车用燃料甲醇不同于汽油、柴油，汽油、柴油是烃类物质的混合物，种类多达100种以上，燃料燃烧时难免顾此失彼，要做到每一种组分都完全燃烧非常困难。甲醇是含碳、氢、氧的单一物质，碳、氢的燃烧能够产生热量，是发动机做功的基础，高达50%的氧含量能够促使燃烧的快速完全进行，其结果与汽油、柴油相比常规排放污染物与微粒排放明显降低，甲醛排放相当，甲醇燃料的清洁性是不言而喻的。

四、世界石油分布的不均

1. 全球分布

世界石油的分布极端不平衡：从东西半球来看，约3/4的石油资源集中于东半球，西半球占 1/4；从南北半球看，石油资源主要集中于北半球；从纬度分布看，主要集中在北纬 20°～40°和 50°～70°两个纬度带内。波斯湾及墨西哥湾两大油区和北非油田均处于北纬 20°～40°内，该带集中了 51.3% 的世界石油储量；50°～70°纬度带内有著名的北海油田、俄罗斯伏尔加及西伯利亚油田和阿拉斯加湾油区。

2. 中东地区

中东海湾地区石油资源非常丰富，被誉为“世界油库”。据美国《油气杂志》2006 年的数据显示，世界石油探明储量为 1804.9 亿 t。其中，中东地区的石油油探明储量为 1012.7 亿 t，约占世界总储量的 2/3。在世界石油储量排名的前十位中，中东国家占了五位，依次是沙特阿拉伯、伊朗、伊拉克、科威特和阿联酋。其中，沙特阿拉伯已探明的储量为 355.9 亿 t，居世界首位；伊朗已探明的石油储量为 186.7 亿 t，伊拉克已探明的石油储量 143.1 亿 t。

3. 北美洲

北美洲石油储量最丰富的国家是加拿大、美国和墨西哥。加拿大石油探明储量为 245.5 亿 t，居世界第二位。美国石油探明储量为 29.8 亿 t，主要分布在墨西哥湾沿岸和加利福尼亚湾沿岸，以得克萨斯州和俄克拉荷马州最为著名，阿拉斯加州也是重要的石油产区。美国是世界第二大产油国，但因消耗量过大，每年仍需进口大量石油。墨西哥石油探明储量为 16.9 亿 t，是西半球第三大传统石油战略储备国，也是世界第六大产油国。

4. 欧洲及欧亚大陆

欧洲及欧亚大陆石油探明储量为 157.1 亿 t，约占世界总储量的 8%。其中，俄罗斯石油探明储量为 82.2 亿 t，居世界第八位，2006 年俄罗斯的石油产量为 4.7 亿 t。中亚的哈萨克斯坦也是该地区石油储量较为丰富的国家，已探明的储量为 41.1 亿 t。挪威、英国、丹麦是西欧已探明石油储量最丰富的三个国家，分别为 10.7 亿 t、5.3 亿 t 和 1.7 亿 t，其中挪威是世界第十大产油国。

5. 非洲

非洲被誉为“第二个海湾地区”。2006 年，非洲探明的石油总储量为 156.2 亿 t，主要分布于西非几内亚湾地区和北非地区。专家预测，到 2010 年，非洲国家石油产量在世界石油总产量中的比例有望上升到 20%。利比亚、尼日利亚、阿尔及利亚、安哥拉和苏丹排名非洲石油储量前五位。尼日利亚是非洲地区第一大产油国。目前，尼日利亚、利比亚、阿尔及利亚、安哥拉和埃及等 5 个国家的石油产量占非洲总产量的 85%。

6. 中南美洲

中南美洲是世界石油储量和石油产量增长较快的地区之一，委内瑞拉、巴西和厄瓜多尔是该地区石油储量最丰富的国家。2006 年，委内瑞拉石油探明储量为 109.6 亿 t，居世界第七位。2006 年，巴西石油探明储量为 16.1 亿 t，仅次于委内瑞拉。巴西东南部海域坎坡斯和桑托斯盆地的石油资源，是巴西石油储量最主要的构成部分。厄瓜多尔位于南美洲大陆西北部，是中南美洲第三大产油国，境内石油资源丰富，主要集中在东部亚马孙盆地，另外，在瓜亚斯省西部半岛地区和瓜亚基尔湾也有少量油田分布。

7. 亚太地区

亚太地区中国、印度、印度尼西亚和马来西亚是该地区石油探明储量最多的国家，分别为 21.9 亿 t、7.7 亿 t、5.8 亿 t 和 4.1 亿 t，石油探明总储量约为 45.7 亿 t。也是目前世界石油产量增长较快的地区之一。印度和中国虽具有一定石油储量，但是每年仍需大量进口。由于地理位置优越和经济的飞速发展，东南亚国家已经成为世界新兴的石油生产国。

五、石油保障体系的缺失

要保障石油长期稳定的供应，必须建立国家石油保障体系，石油的储备是保障体系中的核心。石油储备体系分为四个级别，即国家战略石油储备、地方石油储备、企业商业储备和中小型公司石油储备。

基于石油资源的特殊性与工业化国家的发展经验，“藏油于民”已成为石油储备主要方向。欧美、日韩等国家都以商业石油公司为主体，民间组织机构参与，民间组织机构占据着很大的份额。德国实行“联盟储备”机制，官民联盟储备量、政府储备、民间储备，比率为57:17:26；虽然美国为世界第二大产油国，除了5大石油公司，还有4000家小公司都参与石油行业中，石油的战略储备高达180天，同时，对近海油田与在开油田实行限开、限产的保护政策。日本是典型的石油进口国，产量仅是该国石油需求量的0.2%，但实行全民找油，自身的石油储备可用169天，其中，民间储备为77天，占据国家总储量的46.4%。

我国石油的商业储备与战略储备刚刚开始。2003年前，我国石油储备仅为7～10天，从2003年起，国家开始筹建石油储备基地。初步规划用15年时间分三期完成油库等硬件设施建设。储量大致是：第一期为1000万～1200万t；第二期和第三期分别为2800万t。从2006年10月首个国家石油储备基地——镇海基地建成交付使用开始，国内石油战略储备真正拉开帷幕，建设规模520万m^3，共52台储油罐。除镇海外，列入国家一期规划的还有舟山、黄岛、大连项目，储存容量分别为500万m^3、320万m^3和300万m^3。

第二阶段为2008—2010年，将储备能力提高至30000万桶；第三阶段将把储备能力提高至50000万桶。我国还准备建设一座大型地下石油储备设施，储备能力将达到4400万桶。

远期规划目标是形成相当于90天的战略石油储备能力，即国际能源署（IEA）规定的战略石油储备能力的“达标线”。到2015年能够满足90天的净石油进口量储备时，我国石油储备能力需要提高至62500万桶。

六、进口石油所面临的挑战

目前，进口石油似乎是解决我国能源短缺的唯一途径，但必须清楚地认识到，这一途径也面临如下严峻的挑战。

1. 承受高油价

2003年，当国际石油价格开始出现波动时，考虑到石油供应的稳定与OPEC国家的经济利益，OPEC组织曾经宣布，每桶石油价格在23～28美元是一个较为合理的价位。此后，国际石油价格就像一匹脱缰的野马一路狂奔，40美元、60美元、80美元、100美元一桶大关被不断突破，最高油价的纪录天天在刷新，截至2008年美国金融危机来临之前，每桶石油价格飙升到147美元。与此同时，加上我国石油几乎没有储备，成品油的供应天天在告急，加油站排队加油、限量加油、无油可加的现象比比皆是。以国际石油资源储存、供应现状结合经济发展需求状况，石油价格已经告别了低油价时代，回归2003年前的价格已经是不可能的事情，有关部门估计今后的石油价格将长期稳定在每桶100美元左右。石油价格的高位运行，对我国这样一个以加工、制造业为主的能源消耗大国所产生的影响将是巨大而深远的。

石油价格以每桶100美元计，则每t折合价为735美元，进口2.5亿t石油，需要外汇1838亿美元，合11579亿元人民币，这一数字高于2010年全国公路建设总投资额度11482

亿元，更是远远超过了2011年全国铁路7000亿元的投资规模，平均在每一位中国人身上，负担也在近1000元。

2. 油源市场的不确定

相对于我国石油的进口量，没有任何一个国家、地区或几个国家与地区就能够满足我们的购买需求。要完成每年石油的购买任务，往往要通过40多个国家地区才能够实现，油源购买点几乎遍布全球，造成中国人到处在抢油的现象，就连我国领导人的出访，也被戏称为能源外交，油源市场的不稳定，给我国能源安全增加了更多变数。

石油的不可再生性及地位，赋予了其更高的价值，石油已不仅是一种能源资源，也是一种战略控制物资，是一种国际政治斗争与军事对抗的武器。石油不同于一般的物资与货物，不是通过一般渠道、自由市场花钱就能够轻易买到的。俄罗斯每年2.8亿多t石油出口量，出口到中国的屈屈不过1500多万t；沙特阿拉伯与伊朗是我国石油进口的主要来源地，伊朗对我国每年3000多万t的石油出口，由于美国对伊朗经济制裁而受到了严重的影响；沙特阿拉伯对我国每年4000多万t石油出口不断地受到来自美国的干涉。为了解决这一问题，我国政府采取两条腿走路的战略，不仅采用买进来的方针，也采用走出去开发油田的方式，这种走出去的方式已经取得了一定效果，但要基本上解决油源问题，路还很长，困难还很多，随时都可能会出现障碍，油源问题的完全解决则是一个不可想象的问题。

3. 安全运输问题非常严峻

石油的安全运输包括运输能力问题与运输路线的安全问题，这两个问题都是需要我们认真面对的问题。

石油的运输能力问题主要体现在运输船只的大小与多少上。我国运输石油的油轮大多为5万吨级，国外公司运输石油的油轮多为30万吨级，吨级上的差别不仅说明了运输能力的大小，也直接影响到运输成本的高低。以我国目前的石油运输能力只能够承担约10%的进口石油运输量，90%的运量还是依靠租借外籍油轮运输。

石油海上运输线路的安全问题是摆在世界各国面前的一个共同问题，只不过对于发展中的中国这一问题更加突出。几个小小的索马里海盗搅得国际海上运输线路不得安宁，中国出动多艘海军舰艇护航，何况还有霍尔木兹海峡、马六甲海峡、中国南海等问题，哪一个环节出现问题，都会影响到我国的石油安全，其中以马六甲海峡的地理位置最为重要。

马六甲海峡位于东南亚马来半岛与苏门答腊岛之间，是连接南海与安达曼海，沟通太平洋与印度洋的重要水道（表1-1）。北口宽，南口窄。航道最窄处宽约5.4km，可航吃水深度20m的巨轮。

马六甲海峡基本概况 表1-1

参　数	概　况
位置	位于东南亚马来半岛与苏门答腊岛之间
长度	西北至东南走向，长约900km
深度	水深一般为25～27m

马六甲海峡是印度洋与太平洋之间的重要通道，连接了世界上人口最多的三个大国：中国、印度与印尼。也是西亚石油到东亚的重要通道，经济大国日本称马六甲海峡是其“生命线”。

每年约有5万艘船只通过马六甲海峡，占了世界海上贸易的1/5～1/4的份额。世界1/4的运油船经过马六甲海峡。例如：在2003年，其中一天估算有1100万桶石油（约

160 万 t)经过马六甲海峡。我国约 90% 的进口石油需要通过马六甲海峡运输,其安全问题是一个不容忽视的问题。

如何摆脱马六甲海峡的困局,目前,我国形成石油资源供应的四大布局:

第一条线是传统的沿海供应网络,沿海建设石油装卸码头,从非洲以及波斯湾购买石油,通过印度洋、经过马六甲海峡、南中国海到达湛江以及浙江宁波港,卸装后进行加工,解决东南和东部沿海对能源紧缺的需求。

第二条是中国缅甸油气管道,石油输送量 2200 万 t/a,2010 年 6 月 3 日开工, 天然气输送量 120 亿 m^3/a,2010 年 9 月 10 日开工建设, 2013 年建设完成,解决西南省份石油供应问题。

第三条是哈萨克斯坦通往新疆的油气管道,这是中国西气东输工程的起点,改变西部、中部、京津唐地区对能源的需求。管道全长 3088km,输油 2000 ~ 3000 万 t/a;西气东输二线,线路 9000 多 km,输送天然气 300 亿 m^3/a。

第四条是俄罗斯东部到黑龙江的油气管道,解决东北三省老工业基地因工业发展所需能源的供应,输油能力 1500 万 t/a。

七、政府高度重视甲醇燃料的发展

面临新的挑战,也面临新的机遇。我国政府非常重视新型、清洁、替代能源的发展。2006 年胡锦涛总书记对几位院士和离休老部长"关于发展醇醚燃料的建议报告"做出了重要批示,要求认真研究我国替代能源问题;2008 年 9 月 23 日,全国醇醚燃料标准化技术委员会成立,委员会由国内 54 名知名院士、教授、专家组成;2009 年 11 月 1 日 GB/T23510—2009《车用燃料甲醇》国家标准实施,2009 年 12 月 1 日 GB/T23799—2009《车用甲醇汽油(M85)》国家标准实施;《车用甲醇汽油(M15)》国家标准已经等待批准;2010 年国家标准化委员会下达了"车用甲醇汽油添加剂"、"甲醇含量的测试方法"两项国家标准的编制任务书,两项标准将于 2013 年完成;2012 年 12 月,国家工业和信息化部在山西、陕西、上海两省一市实施甲醇燃料汽车试点运行项目。

我国地方省市、科研院所都在积极探索能源的多元化发展方向,新能源产品的开发与应用成为汽车工业发展的焦点。开展新能源汽车研究,实现车用能源多元化,是保障汽车能源可持续供给的关键。在各种石油替代能源的推动过程中,甲醇燃料以产量大、技术成熟、汽车适应性好、动力性能强、储带方便等诸多优势将成为汽车替代燃料的主体。截至目前全国共有 26 个省市不同规模、不同程度地启动了甲醇燃料应用工作。

国家有关甲醇燃料标准的相继出台,不仅表明了国家对应用甲醇燃料的支持与重视,更重要的是为甲醇燃料的技术开发与产业发展奠定了基础。

第二节　能源的定义与分类

一、能源的定义

能源是可以直接或通过转换提供给人类所需有用能量的资源,亦称能量资源或能源资源,为人类的生产和生活提供各种能力和动力的物质资源,是物质世界存在、国民经济发展、人类赖以生存的基础。在现代社会,一个国家经济的发展程度、工业化发达程度取决于对能

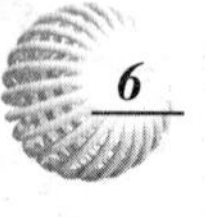

源的掌控程度。能源的开发和有效利用程度以及人均消费量是生产技术和生活消费水平的重要标志。

人类的一切活动都离不开能或能量。能量是物质运动的一种度量,相应于不同形式的运动,能量有热能、机械能、电能和核能等多种形式。热能是能量最普遍的一种存在形式,它是分子热运动动能的表征。机械能是机械运动的能量,是动能和势能的总称。电能是电流或带电物质的能量。核能是原子核内部的能量,只有在核结构发生变化(裂变或聚变)时能量才会被释放出来。

核聚变和核裂变、放射性源以及天体间的引力,是世界上一切能源的初始能源。太阳的热核反应释放出巨大的能量,地球大气层所接受的辐射能量每年达 5.3×10^{15}MJ。这种辐射能为地球提供了取之不尽的能源。太阳能的热效应在大气、土地与海洋三者之间的界面,产生风能、水能、波浪能和洋流的动能,谓之天然能。植物通过光合作用吸收太阳能,动物以植物为食或靠弱肉强食间接吸收太阳能,形成所谓的生物质能。动物和植物在特殊的地质条件下经过亿万年演变成为煤炭、石油和天然气等化石燃料;地球内部的热核反应产生地热,地热通过热传导进入大气和海洋,火山或活动的地热田的地热能通过对流作用进入周围环境。地壳内的放射性元素蕴藏着巨大的核能资源;太阳系行星的运行产生潮汐能。能量资源的来源不外乎来自以下三个方面。

1. 来自地球以外的太阳能

来自太阳的能源分为直接来自太阳的能源与间接来自太阳的能源。

直接来自太阳的能源:辐射能。

辐射能典型的应用形式为利用光伏板组件暴露在阳光下便会产生直流电的特性,即光伏发电。

间接来自太阳的能源有:天然能,生物质能,化石燃料。

天然能:水能,风能,波浪能等。天然能的典型利用形式为发电。

生物质能:木柴,秸草,动物粪便等。生物质能的典型利用形式为民用。

化石燃料:煤炭,石油,天然气等。化石燃料的典型利用形式为发电及车辆燃料。

2. 来自地球本身的能

以热能形式储存的能(地热能):地热水,地热蒸气,干热岩体等。利用形式为地热发电。

以核能形式储存的能:铀,钍等。利用形式为核能发电。

3. 太阳、月球等天体对地球的引力能

潮汐能等。潮汐能典型的利用形式如潮汐发电,据世界动力会议估计,到2020年,全世界潮汐发电量将达到1000~3000亿kW。世界上最大的潮汐发电站是法国北部英吉利海峡上的朗斯河口电站,发电能力24万kW。

二、能源的分类

能源有不同的存在形式,能源有不同的利用形式,能源也有不同的转换与传递形式,因而,出于各自领域研究与使用的方便性,依据能源的不同特点对能源的分类各不相同。

1. 按能源在自然界存在的方式分类

1)一次能源

一次能源也称为初级能源,指自然界现成存在的能源,或从自然界取得的未经任何改变或转换的能源，如化石燃料中的煤炭、石油和天然气等，生物质能，天然能，原子核能等。

2009年中国的一次能源生产总量为28.0亿t标准煤，其中煤炭占77.5%、石油占9.4%、天然气占3.84%，其他（水电、核电、风电）占9.26%。2009年中国的一次能源消费总量为30.5亿t标准煤，居世界第二位，比例为：煤炭70.1%、石油18.7%、天然气3.85%、其他（水电、核电、风电）7.35%。

2）二次能源

二次能源也称为次级能源，是指一次能源经过加工转换得到的能源，如：由木柴加工而成的焦炭；由煤炭加工而成的煤气；由石油加工而成的汽油和柴油；由其他能源加工转换而成的电力；生产过程中的余热、余能；高温烟气，可燃废气；高温产品，高温炉渣；蒸汽，热水；化学反应热等。

需要说明的是，二次能源中的"二次"含义是"经过加工或转换"，并不限定转换的实际次数与转换的形式，不论转换的次数多少，只要是经过加工或转换，统称为二次能源。例如火力发电，燃烧时燃料（煤或油或天然气）的化学能转换为热能，热能进一步转换为锅炉内蒸汽的内能，通过汽轮机又转换为蒸汽的动能，最后才通过发电机转换为电能。在以上发电过程中，能量的转换次数显然不止一次，但电能仍然称为二次能源。

二次能源与一次能源相比，具有更高的利用效率，更高的清洁性，更方便的输送与使用性。

二次能源较一次能源具有明显的优势，但是，在从一次能源加工、转换成二次能源时，一定存在能量的损失，也一定存在价格的提升。

2. 按能源被利用的情况分类

1）常规能源

常规能源指已经大规模生产和广泛利用的一次能源。其标志是技术成熟、大规模生产、广泛利用、一次能源。石油、煤炭、天然气、水力和核能被称为是当前世界上的五大常规能源，常规能源其资源状况与利用相对比较稳定。

2）新能源

新能源的"新"具有相对性，不仅是相对时间、时代而言，也与所使用的行业及具体设备有关。新能源一般是指尚未被大规模利用、正在积极研发、有待推广的能源。如太阳能、风能、海洋及生物质能的发电，醇醚燃料、电能的车用等。

3）替代能源

狭义指一切可代替石油的一次能源，广义指一切可代替目前广泛使用的矿物燃料（煤、石油、天然气）的一次能源。如太阳能、水能、风能、地热能和生物质能等。

在交通能源领域所说的替代能源是指可以取代石油制品（汽油和柴油）的能源，并不局限于一次能源。

3. 按能源的再生性分类

1）可再生能源

指可以不断得到补充的一次能源，如太阳能、水能、风能、地热能和生物质能等。

2）非再生能源

指亿万年形成的短期无法恢复的一次能源，如煤、石油和天然气等。

4. 按能源的用途分类

（1）车用能源。

(2)船用能源。

(3)民用能源。

(4)发电用能源等。

不同用途的能源有不同的形式与种类,理化性能的要求更是千差万别。

5. 按对环境的影响分类

1)清洁型能源

指无污染或低污染的能源,如太阳能、水能、风能和地热能等。在交通能源领域,还有电能、醇醚燃料、天然气等。

2)非清洁型能源

指污染较为严重的能源,如煤和石油等。在交通能源领域,实际上就是石油制品——汽油和柴油。

对于能源的分类也有根据其含碳原子数的多少而划分的,如高碳能源、低碳能源。一般低碳能源污染小,也是清洁能源,高碳能源污染大,属于非清洁能源。为了降低能源对环境所造成的污染,高碳能源的低碳化使用是能源利用的发展趋势。

第三节　中国能源的特点

一、油气资源分布特点

我国石油资源集中分布在渤海湾、松辽、塔里木、鄂尔多斯、准噶尔、珠江口、柴达木和东海陆架八大盆地,占全国的81.13%;天然气资源集中分布在塔里木、四川、鄂尔多斯、东海陆架、柴达木、松辽、莺歌海、琼东南和渤海湾九大盆地,占全国的83.64%。从资源深度分布看,我国石油可采资源有80%集中分布在浅层(<2000m)和中深层(2000~3500m),而深层(3500~4500m)和超深层(<4500m)分布较少;天然气资源在浅层、中深层、深层和超深层分布却相对比较均匀。从地理环境分布看,我国石油可采资源有76%分布在平原、浅海、戈壁和沙漠,天然气可采资源有74%分布在浅海、沙漠、山地、平原和戈壁。从资源品位看,我国石油可采资源中优质资源占63%,低端资源占28%,重油占9%;天然气可采资源中优质资源占76%,低端资源占24%。

自20世纪50年代初期以来,我国先后在82个主要的大中型沉积盆地开展了油气勘探,发现油田500多个。表1-2是我国主要的陆上石油产地。

早在1966年联合国亚洲及远东经济委员会经过对包括钓鱼岛列岛在内的我国东部海底资源的勘察,得出的结论是,东海大陆架可能是世界上最丰富的油田之一,钓鱼岛附近水域可能成为“第二个中东”。据我国科学家估计,钓鱼岛周围海域的石油储量为30亿~70亿t。还有资料反映,该海域海底石油储量约为800亿桶,超过100亿t。

南海海域更是石油宝库。中国对南海勘探的海域面积仅有16万km^2,发现的石油储量达52.2亿t,南海油气资源可开发价值超过20亿万元人民币,在未来20年内只要开发30%,每年可以为中国GDP增长贡献1~2个百分点。而有资料显示,仅在南海的曾母盆地、沙巴盆地、万安盆地的石油总储量就将近200亿t,是世界上尚待开发的大型油藏,其中有一半以上的储量分布在应划归中国管辖的海域。经初步估计,整个南海的石油地质储量在230亿~300亿t,约占中国总资源量的1/3,属于世界四大海洋油气聚集中心之一,有“第二个波斯湾”之称。据中海油2003年年报显示，该公司在南海西部及南海东部的产区，截至2003年底的石油净探明储量为6.01亿桶。

国内主要石油产地

表1-2

油田名称	地理位置	累计生产原油	最高年产量(万t)	开发时间
大庆油田	黑龙江省西部	18.21亿t	5500万t	1960年
胜利油田	山东北部	7.46亿t	3355万t	1961年
辽河油田	辽河及内蒙古东部	2.65亿t	1500	1964年
克拉玛依油田	新疆克拉玛依市	18.29亿t(地质储量)	1500万t	1955年
四川油田	四川盆地	2356亿m^3(天然气)	15万t、160亿m^3(天然气)	1950年
华北油田	河北省中部	3.0亿t	1733万t	1975年
大港油田	天津市大港区	1.47亿t	507.1万t	1964年
中原油田	河南省濮阳地区	7723万t	871万t	1975年
吉林油田	吉林省扶余地区	18个油田	800万t(油气当量)	1961年
河南油田	豫西南的南阳盆地	1.7亿t(地质储)量	200万t	1972年
长庆油田	陕甘宁盆地	128.5亿t(石油资源量)	4505万t(油气当量)	1970年
江汉油田	湖北省	5126万t	162万t	1969年
江苏油田	江苏的扬州等	油气田22个	171万t	1975年
青海油田	青海省西北部	5亿t(地质储量)	500	1954年
塔里木油田	新疆南部的塔里木盆地	5.2亿t(地质储量)	800万t原油	1988年
吐哈油田	新疆吐鲁番哈密盆地	4170万t	155万t	1991年
延长石油集团	陕西北部	5.89亿t(地质储量)	1000万t	1905年

到目前为止，渤海湾地区已发现7个亿吨级油田，其中渤海中部的蓬莱19－3油田是迄今为止中国最大的海上油田，又是中国目前第二大整装油田，探明储量达6亿t。至2010年，渤海海上油田的产量将达到5550万t油当量，成为中国油气增长的主体。

国务院新闻办在《中国的能源状况与政策》白皮书中指出，中国能源资源是总量丰富、人均拥有量较低、分布不均衡、开发难度较大等特点。

能源资源赋存分布不均衡，中国能源资源分布广泛但不均衡。煤炭资源主要赋存在华北、西北地区；水力资源主要分布在西南地区；石油、天然气资源主要赋存在东、中、西部地区和海域。

能源资源开发难度较大。中国煤炭资源地质开采条件较差，大部分储量需要井下开采，极少量可供露天开采。石油天然气资源地质条件复杂，埋藏深，勘探开发技术要求较高。未开发的水力资源多集中在西南部的高山深谷，开发难度和成本较大。

二、能源的利用特点

能源以煤炭为主，可再生资源开发利用率低。已探明煤炭资源占煤炭、石油、天然气、水能和核能等一次能源总量的90%以上,煤炭在中国能源生产与消费中占支配地位。20世纪60年代以前中国煤炭的生产与消费占能源总量的90%以上,70年代占80%以上,80年代以来煤炭在能源生产与消费中的比例占75%左右,其他种类的能源增长速度较快,但仍处于附属地位。

交通运力不足,制约了能源工业的发展。我国能源资源的西富东贫和消费分布的不均衡性,大大增加了运输压力,形成了西煤东运、北煤南运的大批量、远距离输送格局。多年来,由于运力不足造成了大量的煤炭积压,严重制约了地区经济的发展。

能源供需形势从长期看依然十分紧张。我国的能源生产经过多年的努力,取得了十分显著的成绩,能源紧张的矛盾明显缓解。然而与经济的长远发展需要相比,仍存在着较大的差距,特别是洁净高效能源,缺口依然很大。

能耗水平高,能源利用率低下。尽管我国目前的人均能源消费量不高,然而,其能耗强度却跃居世界之前列。据有关部门的调查测算,我国能源系统的总效率(开采+加工+运输+利用)仅为9%,不及发达国家的一半。按万美元GDP能耗分析,我国高出平均水平的2倍多。产业、能源结构的不合理、能源品质低下和管理落后等,是造成能耗高的重要原因。

农村能源问题日趋突出,影响越来越大,农村生活用能严重短缺。过度的薪柴开发造成大面积植被破坏,引起了水土流失和土壤有机质减少等严重生态问题。随着农业生产机械化和化学化的发展,农业生产的能耗量急剧增长。乡镇工业能耗直线上升,能源利用率严重低下。

能源环境问题日趋严重,制约了经济社会发展。以城市为中心的环境污染进一步加剧,并开始向农村蔓延,生态破坏的范围仍在继续扩大。大气污染以煤烟型污染为主,烟尘和酸雨危害最大,TSP、PM2.5越来越受到人们的关注。

能源开发逐步西移。随着中部地区能源资源的日渐枯竭,开发条件的逐步恶化,近年来,我国能源开发呈现出逐步西移的态势,特别是水能资源开发和油气资源的勘察。

复习思考题

1. 为什么要发展甲醇替代燃料?
2. 汽车常规、非常规排放污染物是什么?
3. 车用燃料甲醇是一次能源还是二次能源?是可再生能源,还是非再生能源?
4. 中国石油对外依存度是多少?

第二章　汽车结构基础

第一节　汽车结构原理

汽车主要组成可以分为四个系统:汽车动力系统、汽车传动系统、汽车行驶系统及汽车车身,一辆汽车的基本部件如图 2-1 所示。

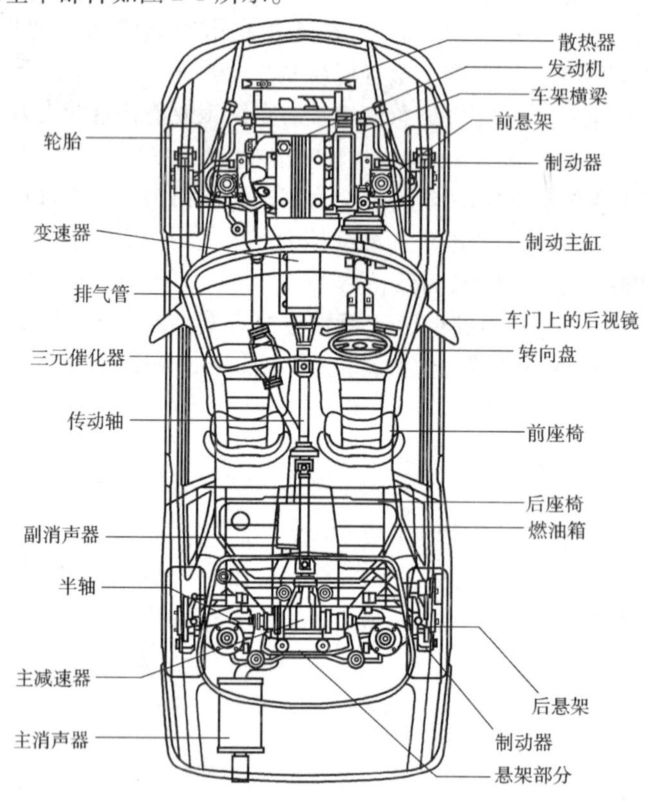

图 2-1　汽车主要结构部件

一、汽车动力系统

汽车动力系统核心部件是发动机。发动机是汽车的动力来源,大部分家用轿车安装的是汽油发动机,它通过燃烧汽油产生能量,然后将产生的能量转换为车辆的行驶动力。发动机基本工作过程包括进气、压缩、做功、排气四个行程,这种发动机称为四冲程发动机,并作为汽油机的主流形式存在于各种车辆上。对于汽油机的结构原理,我们将在下一章详细叙述。

二、汽车传动系统

目前常用轿车发动机有前置前轮驱动和发动机前置后轮驱动两种，也就是两轮驱动(2WD)，这种汽车的传动系统主要包括离合器、变速器、传动轴、差速器、半轴等部件，其基本结构如图2-2所示。

离合器安装在发动机和变速器之间，负责切断或者传递发动机的动力给变速器。主要分为手动式和自动式两种。手动式离合器一般与手动变速器配套使用，我们常见的手动挡车辆上使用的多是干式摩擦片离合器，其结构如图2-3所示。自动离合器一般与自动变速器配套使用，目前汽车上安装的大部分都是电磁式的自动离合器，在操作变速杆(按钮)时，会使离合器线圈中的电流自动变化，从而实现动力的传递和分离，不再需要离合器踏板。

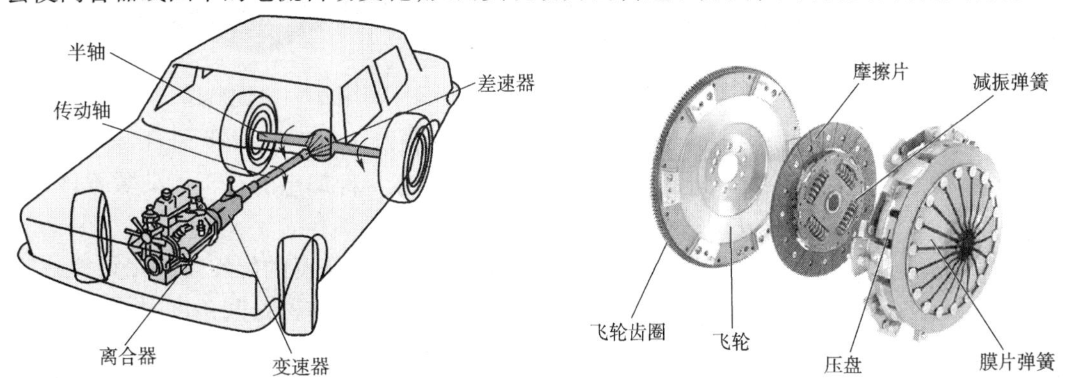

图2-2　前置后驱汽车传动系统

图2-3　干式摩擦片式离合器的结构

汽车从静止开始启动，直到100km/h，这么大的车速变化仅依靠发动机的转速变化是不能实现的。而且发动机的输出特性决定其在转速低时输出转矩(可以理解为输出的力)很小，而转速高时转矩大；这与汽车启动时需要很大的转矩，在车辆行驶时由于惯性需要很小的转矩相矛盾；而且发动机只能朝一个方向旋转，不能倒车，因此，汽车上安装了变速器，可以比对发动机的转速和转矩进行调整，并且能让车辆实现倒车。

变速器主要分为手动变速器和自动变速器两种。手动变速器(图2-4)内部有两根轴，其上有多个大小不同的齿轮。通过改变齿轮不同的接合组合来实现换挡。变速器壳底部有润滑油，通过齿轮的转动，可以带动润滑油进行润滑和冷却。一般手动变速器有3~6个前进挡，1个倒挡。按传动比从大到小依次为一挡、二挡、三挡，传动比最小一般为1。小于1的传动挡称为超速挡。传动比越大驱动力越大，对加速踏板的反应越灵敏。

自动变速器(图2-5)由于使驾驶操作简单易学，受到广大消费者的青睐，目前很多乘用车上都安装了自动变速器。常见的有自动离合手动变速器(AMT)、液力自动变速器(AT)以及无级变速器(CVT)三种。

其中AMT是以手动变速器为母体，将手动变速器的离合器分离拨叉及换挡拨叉等靠人力操纵的部件通过电动或液压动力实现自动操纵，其实是一种半自动有级式变速器，其价格低廉，多用于一些低档小型车上，其缺点是操作平顺性较差。

AT由液力变矩器、行星齿轮变速器、控制机构组成。目前AT多采用多片电磁离合器实现自动控制，并采用行星齿轮组和液力变矩器实现转矩的变换；其多设有P(驻车挡)、R(倒挡)、N(空挡)、D(前进挡)几个挡位，在这几个挡位下可以实现无级变速，因此AT实际上是一种介于有级和无级之间的自动变速器。

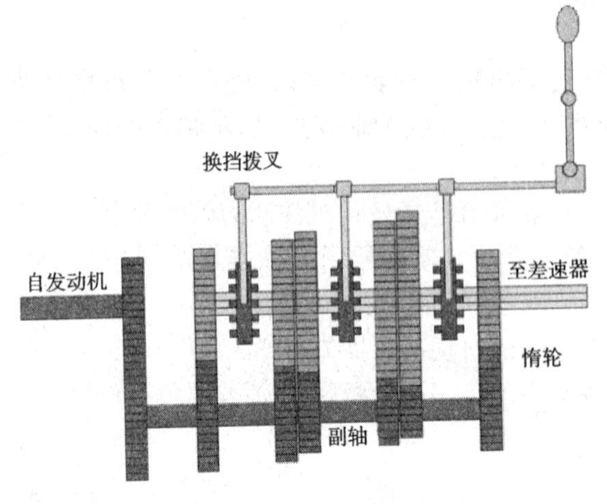

图 2-4　手动变速器

图 2-5　自动变速器(AT)

CVT 最大的特点是其传动比是连续变化的,因此其相对于 AT 和 AMT 而言,运行更加平顺,而且其燃油经济性和动力性也得到了一定的提高,是一种理想的汽车传动装置;因其生产成本较高,目前多用于高档车辆上。

传动轴存在于发动机前置后驱的汽车上,它的作用是将变速器的旋转传给差速器。变速器固定在车架上,而差速器随悬架上下振动,因此差速器和变速器之间角度、长度是不定的。传动轴两端设有万向节、滑动花键等装置,可以对其角度、长度进行调整。

半轴是差速器与驱动轮之间传递动力的实心轴。其作用与传动轴类似,也是调整角度变化的轴。它调整的是车轮与差速器之间的角度,因为汽车行驶时,车轮随悬架上下振动,其与差速器之间的角度也是不断变化的。

差速器连接在半轴上,由多个锥齿轮组成。当汽车在转弯处行驶时,内侧车轮行驶距离必定小于外侧车轮。如果内外侧车轮同转速旋转,则会造成内侧车轮边滚边滑,对轮胎磨损严重。汽车安装的差速器,就可以起到保证汽车在转弯时使内侧车轮的转速比外侧低,直线行驶时两车轮转速一致的作用。

三、汽车行驶系统

汽车行驶系统主要包括悬架和车轮、转向系统和制动系统。

1. 前轮定位

首先认识一下前轮定位。从外表看,车轮似乎是垂直布置的,但实际上车轮与车轴成一定倾斜角度。主要的角度包括主销后倾角、前轮外倾角、前轮前束角和主销内倾角四个,如图 2-6 所示。

主销后倾角与摩托车前叉类似,一般不超过 1°。作用就是保证汽车直线行驶的稳定性,如前轮遇到不平路面的外力发生偏转时,可以使前轮自动回正,后倾角越大,回正性越好,但是转向就越沉重。

前轮外倾角一般为 0.5° ~ 2°,主销内倾角一般为 10°左右。主销是转向节的回转中心,有一定的主销内倾角可以使转向轻便,有利于汽车回正。但是随着子午线轮胎的推广,大部分车辆可以不再调整主销内倾角。

从汽车上方往下看,汽车前轮的前段向内倾斜,两前轮前后端距离之间相差 2 ~ 8mm,

即形成了前轮前束。前轮前束可以防止车轮向外运动,保证汽车直线行驶,并使转向轻便。

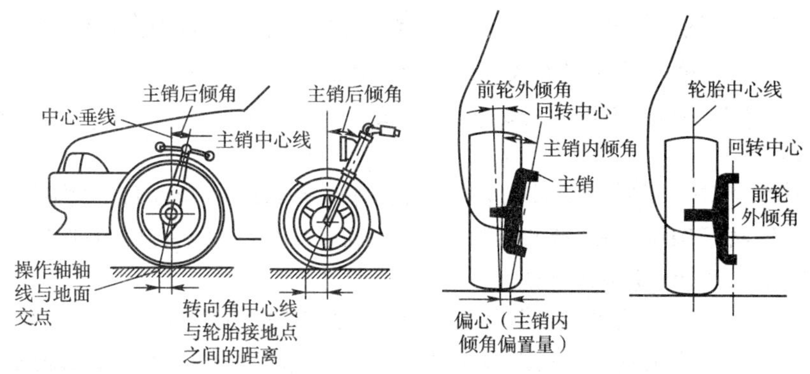

图 2-6　汽车前轮定位

2. 悬架系统

悬架系统(图 2-7)包括弹性元件、减振器和导向机构,它用来支撑汽车底盘,缓冲来自地面的振动,直接影响车辆的乘用舒适性和操作稳定性。目前大部分乘用车都是独立悬架,即可以使左右车轮单独运动的悬架。

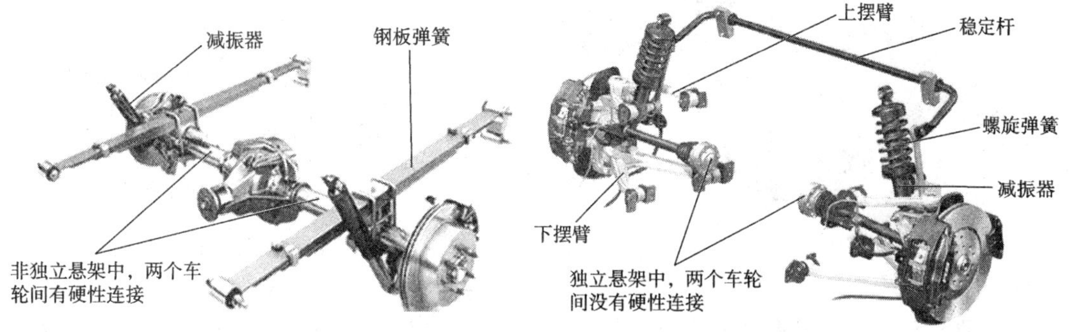

图 2-7　非独立悬架与独立悬架

悬架的弹性元件为各种弹簧,其中包括钢板弹簧、螺旋弹簧、空气弹簧、扭杆弹簧等,其中钢板弹簧质量较大且承重性好,一般用在货车和越野车上;普通乘用车采用的多是其他几种弹簧。

减振器一般与弹簧一体安装,也称为"悬架",主要用来抑制弹簧吸振后反弹产生的振荡及来自路面的冲击。在经过不平路面时,虽然吸振弹簧可以吸收路面的振动,但弹簧自身还会有往复运动,而减振器就是用来抑制这种弹簧跳跃的。大部分乘用车采用液力减振器,其形状与注射器相似,通过在密封缸内的活塞运动来实现减振作用。

传统的悬架系统,可以被动吸收路面的冲击,称为被动悬架。目前比较先进的主动悬架系统自身带有动力源,可以根据路面状况和车身振动调整减振器的刚度,维持车身高度不变。

3. 车轮

车轮由轮毂、轮胎和安装在车轮上的制动装置三部分组成。轮胎与地面直接接触,是受力最激烈的部件,其性能对汽车行驶影响最大。目前乘用车标准轮胎大都采用无内胎的子午线轮胎;子午线轮胎是指轮胎断面方向含有一层或两层子午线状的帘布层,这种轮胎的刚性和耐磨性很好,缺点是对路面振动很敏感,但随着悬架系统技术的进步,这个问题已经得到很好地解决;无内胎轮胎是指在轮胎内表面采用硫化方法黏附了一层橡胶气密层,部分内部还采用一层钢丝带,进一步增加气密性。无内胎轮胎不仅减轻了轮胎质量,还可以防止轮胎被刺破后快速漏气。另外乘用车还有一只轮胎,存放在行李舱中,就是汽车备胎。这只轮胎宽度很小,约为10cm,这是为了减小保存备胎的空间,增大行李舱的空间,这种设计导致汽车备胎只能在80km/h以下安全运行。

4. 转向系统

转向系统(图2-8)的核心部件为转向器,其作用是将转向盘的转动转换成转向轮的左右转动,为了使转向操作轻便,转向器都设计成减速传动机构。乘用车上常见的转向器多为机械式传动机构,有循环球和齿轮齿条式转向器两种。随着汽车高速行驶时,转向操作所需的力呈增大趋势,使用机械式转向器时会出现转向沉重等现象,因此一些乘用车上采用了转向助力装置,如采用液压或者电动机构为驾驶人提供转向辅助力,其可以根据车速或者发动机转速调节辅助力的大小,使转向盘的操作轻便且灵活。

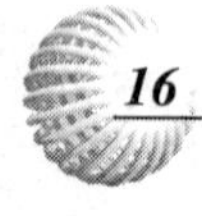

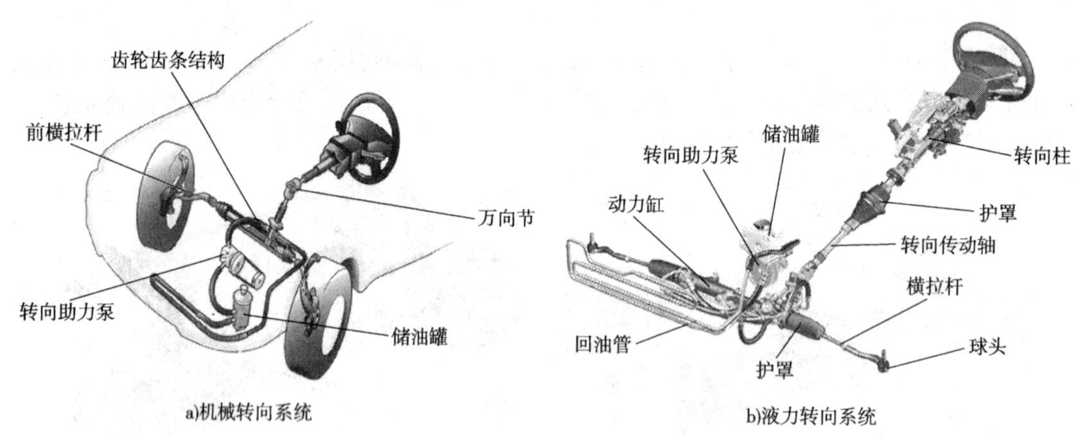

图2-8 转向系统

一般汽车只有前轮有转向装置,这种汽车转弯半径较大,行驶灵活性差,而且在汽车高速行驶时转弯,容易使后轮向外侧移动。目前,某些乘用车后轮也增加了转向装置,即四轮转向装置(4WS),其根据前轮的转向角和车速决定后轮转向角,可以大大改善汽车转向灵活性。

5. 制动系统

制动系统(图2-9)作用是使行驶中的汽车减速或停止。制动器根据产生制动力的摩擦面的不同,分为盘式制动器和鼓式制动器两种。其中鼓式制动器制动力比盘式制动器大,但由于其结构基本处于密封状态,导致其散热性较差,产生"热衰退"现象,影响制动性,严重时会导致安全事故。目前乘用车上多采用四轮盘式制动器或者前轮使用盘式制动器,后轮使用鼓式制动器两种方式。当驾驶人踩下制动踏板后,制动主缸向各制动轮缸供油,通过液压传动机构,使摩擦片接合产生摩擦力,从而实现制动。另外汽车上还有驻车制动器,其安装在汽车后轮上,停车时拉动驻车制动器操纵杆,即可通过拉锁机构将后轮锁止。

紧急制动时,制动力过大使轮胎抱死后滑动,这会造成制动距离变长且汽车不受控制。因此通过点制动能使汽车具有很大制动力且轮胎不抱死的装置称为防抱死制动系统(ABS)。ABS在猛踩制动踏板时才会工作,通常制动时不工作。

四、汽车车身

汽车说明书中一般都会记录车身尺寸,如轴距、轮距等,这些尺寸都会影响汽车的性能。

轴距长度决定了车内空间的大小，而且影响着汽车的直线行驶性能，轴距越长，空间越大，直线行驶性能越好，反之则转向性能好。汽车说明书中还记录了轮胎的转弯轨迹，即最小转弯半径，这个参数越小，说明汽车的回转能力和通过狭窄弯曲地带的能力越好。

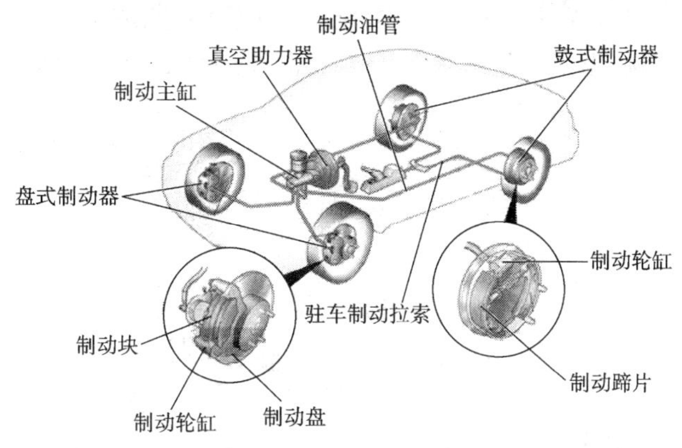

图 2-9　制动系统

汽车在行驶时，会受到地面的冲击以及加速、转弯时的力，因此车身需要具备一定的强度才能保持外形不变。通常车身内部会采用骨架结构增强强度，常见的汽车骨架结构有车架（即通常所说的大梁）和承载式车身（图 2-10）；目前乘用车为了减轻车身质量，大多采用的都是承载式车身。承载式车身就是将车架与驾驶室制成一体，车身底板采用厚度小于 1mm 的钢板制成，部分部位采用高强度钢板和铝合金制作，以保证强度，这样相对于车架而言可以大大降低车身质量，降低油耗，但车身的刚度与强度也有一定的下降。

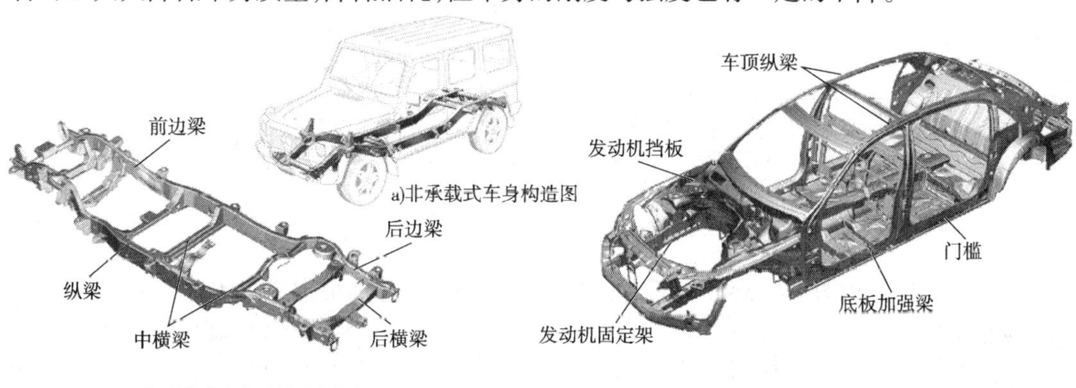

图 2-10　车架

汽车车身还包括一些与行驶安全相关的部件。比如保险杠、安全带、安全气囊及安全车身等，这些都属于被动安全装置，即发生事故后，才会起作用保护乘坐人员的装置。

第二节　汽油机结构原理

汽车使用的发动机种类很多，但大多数都是通过以燃烧汽油或柴油产生能量，驱动汽车行驶的内燃机。柴油发动机由于其运行时噪声和振动较大，一般乘用车上采用的大多都是汽油机。发动机按照工作方法分为二冲程发动机和四冲程发动机。发动机每次做功只需完成燃油燃烧、排气两项工作的称为二冲程发动机（曲轴转一圈）。发动机每次做功需要完成吸入可燃混合气、将混合气压缩、将混合气燃烧、排出混合气四项工作的称为四冲程发动机（曲轴转两圈）。二冲程发动机结构简单，成本低，但是燃料经济性差，一般只用于摩托车和船舶上。汽车上多用的是四冲程发动机。

汽油机的部件可以分为曲柄连杆机构、配气机构两大机构及进排气系统、燃油供给系统、冷却系统、润滑系统、电气系统五大系统，其基本结构如图 2-11 所示。

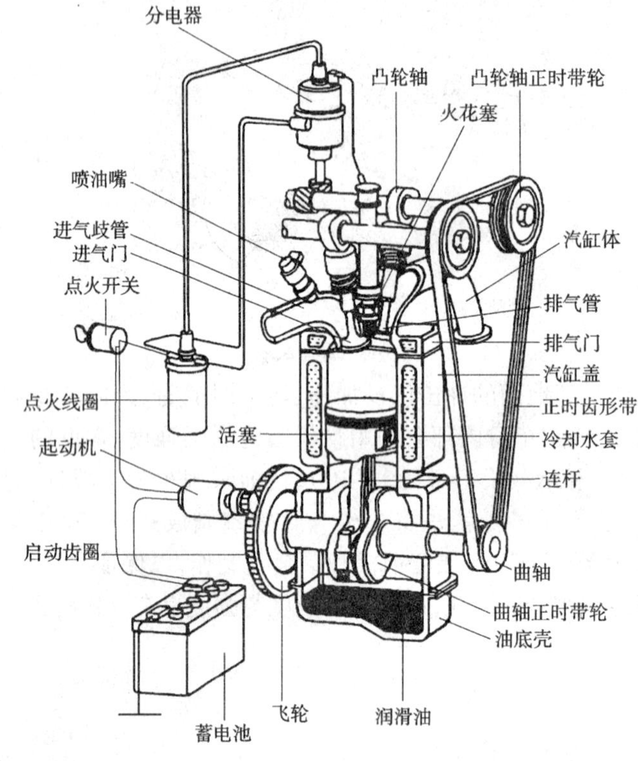

图 2-11　电控汽油机基本结构

一、曲柄连杆机构

曲柄连杆机构由活塞、连杆、曲轴及附属零件组成，其基本结构如图 2-12 所示。

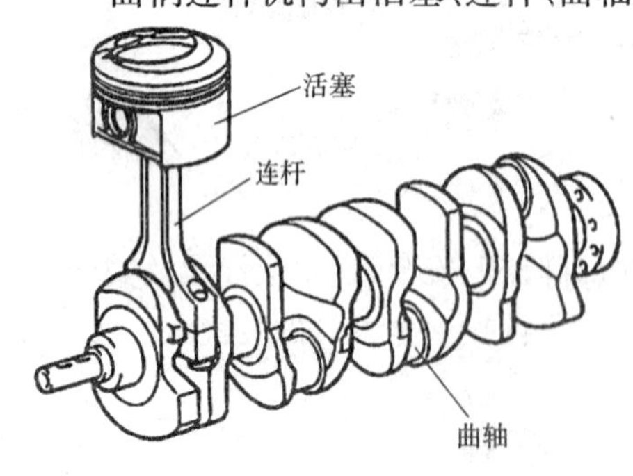

图 2-12　发动机曲柄连杆机构

活塞上一般有三道活塞环槽，其中包括两道气环槽，一道油环槽。安装的气环可以保证汽缸内部的密封性，油环是为了收集汽缸壁上多余的机油；部分高速发动机为了保证汽缸壁的耐磨性，只设置一道气环。当油环损坏或者失去弹性后，会在汽缸内壁残留大量机油，汽车会出现排气冒蓝烟、机油消耗过大等现象，这就是所谓的“烧机油”。

发动机运转时，活塞是作上下/前后的往复运动，曲轴的作用就是将这种往复运动转换成连续旋转运动。曲轴上有多个大铁块，是它的平衡重，可以保证发动机的平稳运转。

二、配气机构

配气机构是控制发动机汽缸进气与排气的机构，其由凸轮轴作为主要驱动部件，控制发动机进气门与排气门开启与闭合,其基本构造如图 2-13 所示。目前大部分乘用车的凸轮轴位于汽缸顶部,由曲轴靠皮带或链条带动。使用皮带传动成本低、不需要润滑、噪声小,但是耐用性较差,每行驶 10 万 km 就需要及时更换,否则在汽车运行时出现皮带断裂,严重的可以造成活塞与气门撞击,损毁活塞和气门的后果。

安装在汽缸盖上的几个蘑菇状的装置称为气门,其中控制可燃混合气进气的称为进气门,控制废气排出的称为排气门,目前大部分乘用车每缸上有两个排气门及两个进气门共四个气门,其中进气门尺寸略大于排气门,有利于增加进气量。

气门及其相关零件称为气门组,包括气门、气门弹簧、气门座等部件。气门工作环境非常恶劣,其工作温度可以达到900℃以上,而且开闭非常频繁,每秒可达数十次之多;因此气门要求具备较好的强度、耐热性、导热性、耐磨性及一定的自冷却性能。某些气门会采用封钠设计,以提高其冷却性能:这种气门杆会制成空心状,内部封入液态钠,当气门往复运动时,会带动液态钠激烈地运动,将热量从气门的伞形部位传递到气门杆顶部,并通过发动机机油对气门杆降温,完成冷却工作。气门弹簧多采用双弹簧嵌套的设计,这两只弹簧直径不同,螺旋方向也不同,是为了防止气门的运动频率与弹簧产生共振,导致气门颤动,损坏发动机。

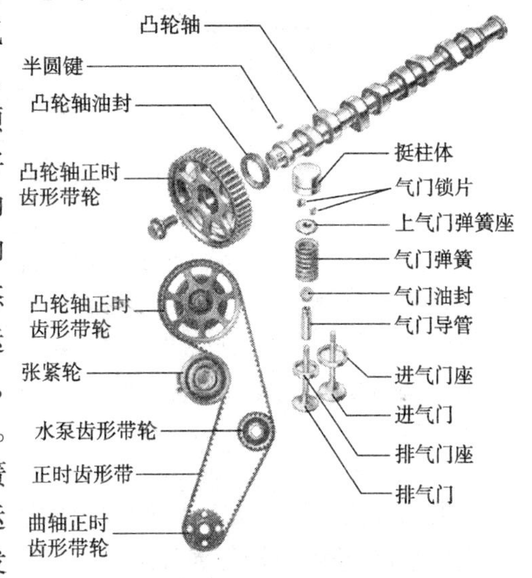

图 2-13 发动机配气机构

进排气门受到来自燃烧室的热量影响会发生膨胀,因此需要在凸轮和摇臂或者摇臂和气门间预留一定的缝隙,即"气门间隙",气门间隙一般调整到 0.2 ~0.5mm。目前某些注重降低噪声的免维护发动机上取消了气门间隙,而是安装了类似于油压阻尼器的气门间隙调节机构以应对气门的热膨胀。

发动机进排气门的开闭时间(也就是所谓的气门正时)是由凸轮轴的形状决定的。但是随着发动机转速的变化,可燃混合气气流的流速和燃烧速度都会发生变化,一般来说,转速越高,进气门需要越早开启;如果能够满足不同转速下对气门正时的要求,则会有效降低燃油消耗。但是由于凸轮轴的形状是固定不变的,因此需要采取一定的措施,才能使气门正时随转速变化而变化,即可变气门正时技术(VVT)。目前汽车上采用比较广泛的 VVT 装置是使用两套不同的凸轮轴,在发动机转速较低(一般低于 6000r/min)的时候,使用低速凸轮轴;转速高于 6000r/min 后,自动切换至高速凸轮轴,这就是我们常见的 D-VVT。

三、进排气系统

1. 进气系统

发动机的进气系统包括进气管、空气滤清器、节气门、进气歧管以及在其上安装的相关传感器等部件,其基本结构如图 2-14 所示。

节气门也被称为油门,节气门的开启度决定进气量,汽油机会根据进气量决定喷油量,从而影响发动机的输出功率。

空气滤清器可以起到去除空气中的灰尘、杂质的作用,一般有旋风式(大型载货汽车常用)、油浴式、干纸式及湿纸式几种。目前乘用车上常用的为湿纸式空气滤清器,其是将过滤滤纸上吸附了特殊的机油,这样可以有效提高过滤效果,但是不可以重复使用,使用一定时间就必须更换。

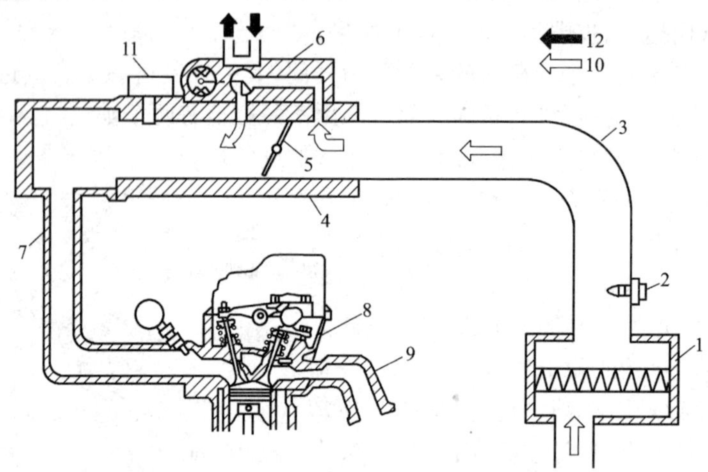

图 2-14　发动机进气系统

1-空气滤清器;2-进气温度传感器;3-空气滤清器出气软管;4-节气门体;5-节气门;6-怠速空气调节阀;7-进气歧管;8-汽缸盖;9-排气歧管;10-空气;11-进气歧管绝对压力传感器;12-发动机冷却液

2. 排气系统

发动机的排气系统由排气歧管、排气管及安装在排气管上的消声器、三元催化器、排气温度传感器、氧传感器等部件组成,其基本结构如图 2-15 所示。排气歧管结构与进气歧管类似,是连接发动机排气出口的管道,例如发动机有四个汽缸,就会有四个排气歧管与之连接,并最终汇集成一根总管。为了保证每个汽缸的排气不相互干涉或者回流,排气歧管应尽可能长;另外为了防止排气产生乱流,排气管内壁应尽可能光滑。

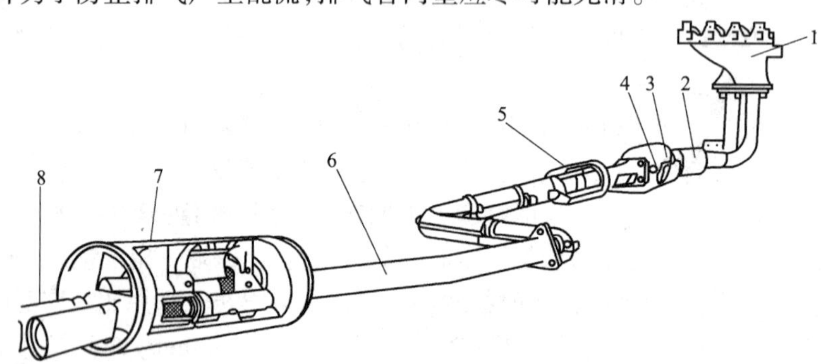

图 2-15　发动机排气系统

1-排气歧管;2-前排气管;3-三元催化器;4-排气温度传感器;5-副消声器;6-后排气管;7-主消声器;8-排气尾管

如果排气系统没有安装消声器,排气噪声将是发动机最大的噪声源。消声器安装在排气管上,一般都要比排气管粗,这样可以将尾气进行膨胀减压,降低噪声;另外消声器中填充了一些吸声材料,可以有效降低噪声。

为了保护环境,减少有害物质的排放,目前汽车排气管中都安装了三元催化器。所谓三元,是指排气中的一氧化碳(CO)、碳氢化合物(HC)以及氮氧化合物(NO_x)三种物质,三元催化器可以使这三种物质催化反应成对环境无害的二氧化碳、水和氮气等物质。以前汽车上出现过二元催化器,其只能对 CO 和 HC 起作用,随着排放法规的严格,目前基本已不再使用。三元催化器催化工作需要一定的条件：

(1)需要350℃以上的温度；

(2)需要混合气的浓度要适当(过量空气系数为1±0.03)；

(3)三元催化器的安装部位比较靠近排气歧管,可以获得足够的催化热量；

(4)要与使用氧传感器的闭环系统配套使用,因为氧传感器的信号有助于发动机精确控制可燃混合气的浓度,其控制机制我们在下一章燃油供给系统中将予以详细叙述；

(5)三元催化器对燃料也比较敏感,如果燃用的汽油中含有重金属类的物质(主要是四乙基铅、二茂铁、MMT等抗爆剂),这些重金属会对三元催化器造成不可逆转的损坏,即我们常说的三元催化器中毒,因此在加注汽油时,最好是去正规加油站,以免造成不必要的损失。

四、燃油供给系统

发动机的燃油供给系统可以根据发动机运行工况的不同,向其提供所需要浓度的空气与燃油的混合气。早期发动机的燃油供给系统为化油器式供油系统,随着技术的进步,化油器式供油系统已经被逐步淘汰,时至今日,这种供油系统只能在摩托车上还偶尔见到,目前汽油机采用的都是电喷供油系统。对于燃油供给系统的结构原理,我们将在下一章作专门的叙述,在此不做过多的讲解。

五、冷却系统

目前大部分乘用车采用的冷却方式都是水冷,即利用冷却液(水和乙二醇等物质的混合物)为冷却介质,吸收发动机运转时散发的热量,防止发动机过热引发故障,这种冷却系统的基本结构如图2-16所示。另外这种冷却方式还可以利用吸收了热量后的冷却液对某些需要保温、增温的部件(如冬季的进气预热、暖风空调等)进行加热,使整个发动机系统保持在适当的温度。冷却系统主要部件包括散热器、冷却风扇、散热器盖、节温器及水泵等。

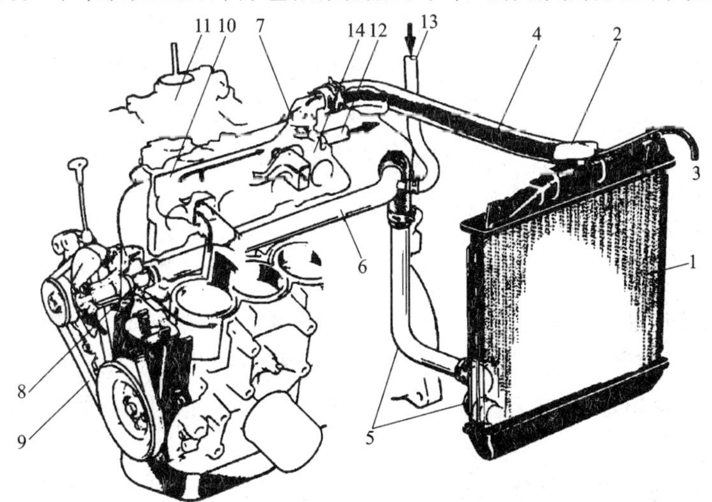

图2-16　发动机水冷式冷却系统

1-散热器；2-散热器盖；3-接到储水室；4-散热器进水软管；5-散热器出水软管；6-进水管；7-节温器；8-水泵；9-水泵皮带；10-进气管；11-节气门本体；12-暖风机进水软管；13-暖风机出水软管；14-汽缸盖

散热器是一个热交换器,吸收了发动机热量的冷却液流经其中时,会散发掉大量的热,流出的冷却液温度就会大大降低；为了增大散热效率,大多数散热器使用铝合金制成排管的形式,以期最大程度保证换热效率。冷却风扇可以为散热器通风,加速其散热,冷却风扇有发动机直接驱动的,也有电动机驱动的。直接驱动式装有风扇离合器,需要风扇转动时离合器接合,不需要风扇转动时离合器分离。水泵驱动冷却液在冷却系统中循环流动,其一般由风扇皮带直接带动,因此其转速与发动机转速成正比。当发动机转速升高时,水泵的泵水能力也随之上升,冷却液循环加快,提高了冷却性能。因此水泵不需要增加其他联动装置,就能满足发动机的要求。冷却液在冷却系统中有两个循环,即所谓的大循环和小循环:大循环包含小循环,冷却液在大循环中会在发动机缸体水套和散热器之间流动,冷却效果好;小循环时冷却液只在发动机缸体水套内流动,冷却效果差。大、小循环由节温器控制。

六、润滑系统

发动机在正常运转时必须用润滑油润滑,否则高负荷的运动会损坏大多数的装置,尤其是那些作高速、往复运动的部件。发动机润滑系统可以将润滑油输送到发动机各需要润滑的部位,对其进行润滑。润滑系统主要由机油泵、机油冷却器、机油滤清器以及复杂的油路组成,如图2-17所示。

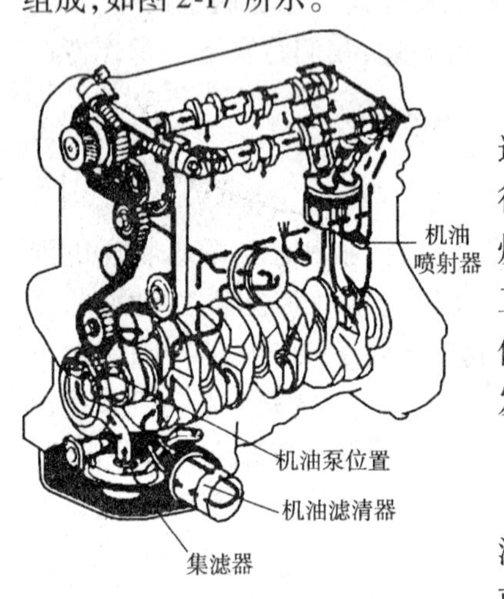

图2-17　发动机润滑系统及润滑油路

1. 发动机润滑油

发动机润滑油简称机油,其除了润滑一些部件之外还有其他一些功能,比如可以在循环过程中带走热量,进行冷却;防止部件生锈;密封零件之间的间隙以及清洗燃烧室内燃烧后产生的杂质。目前机油常用的是美国汽车工程师协会发布的SAE黏度指数。机油的SAE指数数值越大,表明其黏度越大,越适合于高温天气及高负荷的发动机使用。

2. 机油泵

机油泵由发动机驱动,可以将润滑油输送至需要润滑的部位,并且能提供一定的润滑油压,以保证曲轴等需要大量润滑的部件运转正常。一般汽车上常用的机油泵是内齿轮泵和余摆线泵,另外还有一些跑车和赛车上还使用齿轮泵。

七、电气系统

现在绝大部分汽油发动机已由电子控制,无论是燃油供给系统、冷却系统还是进排气系统,其中都不乏电子控制的身影。发动机电气系统主要包括电子控制单元(ECU)、各种传感器、各种执行器、蓄电池、发电机、起动机等。电气系统的部件已经完全和其他系统融合在一起。

电气系统笼统地可以分为受ECU控制的电气器件和不受ECU控制的电气器件。其中受ECU控制的电气器件包括怠速步进电动机、电子节气门、喷油器、ABS、四轮转向系统等。与之相配套提供相应信号的传感器包括节气门位置传感器、曲轴位置传感器、凸轮轴位置传感器、氧传感器等。不受ECU控制的电气器件主要是起动机、发电机以及提供电能的蓄电池。

点火系统的作用是利用来自蓄电池的电能将汽缸内的可燃混合气点燃。老式的点火系统点火时刻是由分电器控制，现在已不多见，我们主要根据目前常见的电控汽油机的点火系统进行介绍。电控点火系统主要包括负责控制的 ECU、判断点火时序的传感器、点火线圈以及火花塞等部件。

ECU 对点火系统的控制主要是保证点火正时，即保证能在压缩上止点前（点火提前角）精准的进行点火，以保证燃料燃烧做功的效率最高。其对点火时刻的判断依据一般来自某些位置传感器，一般来说主要是指曲轴位置传感器（也称转速传感器）以及凸轮轴位置传感器，并根据爆震传感器的反馈信号对点火提前角（点火时刻）进行修正。

曲轴位置传感器的信号可以反映一缸的上止点，但由于四冲程发动机每做一次功，会出现两次上止点，因此还需要凸轮轴位置传感器再次分辨，确定出压缩上止点，并根据曲轴位置传感器的信号明确提前角度（仅针对单缸单独点火系统而言，两缸同时点火的点火系统不需要凸轮轴位置信号）。我们都知道，发动机产生爆震后，无论其动力性、经济性还是排放性能都会恶化，但是在即将产生爆震但又未产生爆震那一刻，是发动机内混合气燃烧最完全、输出特性最好的时刻。因此对点火时刻的控制，还需要爆震传感器的反馈信号进行修正。当未发生爆震时，点火提前角适当提前；发生爆震后，立刻推迟点火提前角，这样就可以确定最合适的点火时间。

汽油机一般采用的是 12V 可充放电的蓄电池，但是实际测量时电池电压一般在 13 ~ 14V。蓄电池所起的作用主要是为起动机、ECU、车灯、电磁助力机构等电气设备提供电能。汽油机常用蓄电池为铅酸蓄电池。蓄电池内部充满稀硫酸，并用氧化铅制作成蓄电池的两极，通过氧化铅和稀硫酸的反应，进行充电和放电。由于稀硫酸中的水分会蒸发，因此必须定期检查、补充水分。目前免维护蓄电池得到了广泛的应用，这种蓄电池完全密封，可以保证水分不会外流，因此不需要反复检查水分、补充蒸馏水。它没有补水和检查用盖，可以很容易地从外观上与普通蓄电池区分开来。

第三节　汽油机燃油供给系统

汽车使用甲醇汽油时，由于甲醇和汽油理化性能的差异，造成燃用甲醇与汽油的发动机燃油供给系统差异较大。本章就汽油机的燃油供给系统进行相关介绍，希望读者能够了解汽油机的燃油供给系统工作原理，并且能理解在使用甲醇汽油时可能遇到的问题以及解决方法。

汽油机的燃油供给系统主要有两大类，一类是机械式的化油器燃油供给系统，另一类为电控燃油喷射系统。

虽然技术人员想尽方法，对化油器进行改进，在 20 世纪 80 年代，甚至还出现过电控化油器，但随着排放指标越来越严苛，人们对汽车经济性要求的提高，化油器系统已经不能满足这些要求。随之出现的是电控喷射式燃油供给系统（图 2-18），这种供给系统依靠汽车 ECU 控制，能按照发动机的工况精确控制喷油时间和喷油量，使发动机的动力性、经济性以及排放性能都得到了明显的提高。这种燃油供给系统主要分为缸外预混式电控喷射式燃油供给系统以及缸内直接喷射式电控燃油供给系统。

一、缸外预混式电控燃油供给系统

目前中低档汽油机上多使用的是缸外预混式的电控燃油供给系统。这种燃油供油系统将燃料喷射至进气歧管中，不需要高压喷油器，其价格便宜，应用较为广泛。其主要部件包括 ECU、各种传感器、喷油器、怠速阀以及燃油泵、油压调节器等，如图 2-19 所示。

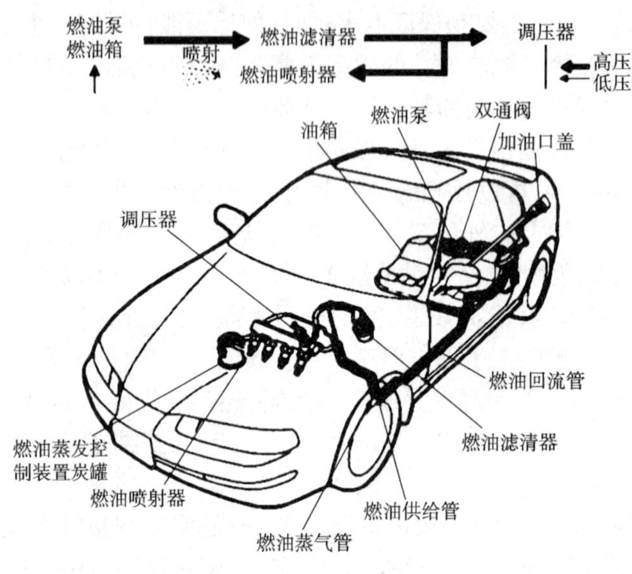

图 2-18　电控燃油供给系统结构

整个燃油供给系统的控制核心是 ECU，它可以根据各传感器传输的信号判断发动机工作状况，做出决定并将工作信号传递给执行机构——喷油器、怠速阀、油泵等。

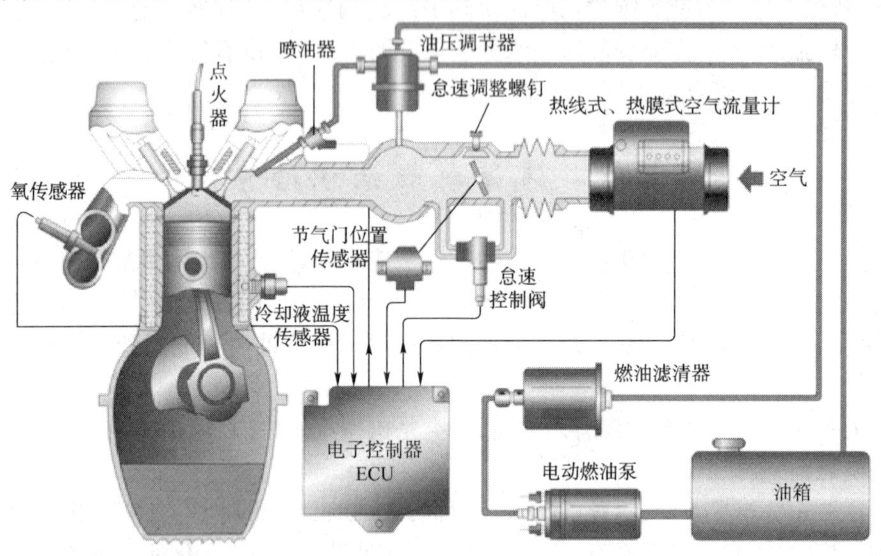

图 2-19　典型缸外预混式电控燃油供给系统的组成

1. 燃油泵

缸外预混式电控燃油供给系统一般使用电磁式燃油泵，由蓄电池供给 12V 直流电驱动。其可以将油箱内的燃料泵至油轨中，并利用油压调节器稳定油轨中的燃油压力，一般为 0.3MPa 左右，油轨中的燃油直接连接至喷油器的进油口，稳定油轨中的油压，可以使 ECU 仅需调整喷油时间即可控制喷油量，使控制策略大大简化。这里需要注意的是，油轨里所要求的 0.3MPa 的油压不是相对于大气压力，而是相对于进气歧管的空气压力，这样使喷油量的控制更为精确。打开点火开关后，会发现油泵运转2～3s后自动停止，这是因为油泵的启动也受ECU控制，ECU如果检测到发动机没有旋转，则会使油泵停止泵油，这样可以延长油泵的使用寿命。

2. 油压调节器

油压调节器是一个可控泄压阀，直接或者用管路与油轨相连，其内部含有一个弹簧张紧的密封膜片，当油轨内的油压高于规定值后，油压会将膜片推开，调节器将油轨中多余的燃油回至油箱，降低油压；若油压过低，则膜片在弹簧力的作用下移动并将泄压口封死，停止回油。如此反复工作，以保证油压稳定。目前还有些发动机将燃油泵与油压调节器集成为一体，只需一根出油管向外供油，外观上看不到回油管，这种燃油泵也被称为无回油式燃油泵。

3. 喷油器

缸外预混式燃油供给系统对喷油器要求没有缸内直喷式供油系统高，只要能保证在0.3～0.4MPa的油压下在接到ECU信号后能迅速完成开启、闭合动作，并且能保证其可靠性、密封性优良就可以了。因此一般使用的是电磁喷油器，其原理与电磁阀相似，控制信号会导通磁化线圈，将衔铁吸起，使针阀打开，有压力的燃油即自动喷射入进气管中。一般使用的控制方法是采用电压负控法，即ECU通过电压信号控制喷油器搭铁端导通的方法来控制喷油器的开启。如果是单点喷射系统（SPI），则只需一个喷油器喷油，其安装在节气门体上方，喷油后产生的混合气自然吸入汽缸，但是这种方法容易使部分混合气进入其他缸所对应的歧管内，尤其是歧管相对进气管分布不均匀的发动机。因此目前比较流行的是多点喷射系统（MPI），即每个缸对应一个喷油器，安装在进气歧管上方，喷射的燃料在歧管内与空气形成混合气，被吸入至汽缸，这个方式可以使进入各缸的混合气相对比较均匀，从而保证各缸能均匀工作。

4. 怠速阀

怠速阀安装在节气门附近，通过控制旁通空气孔道的大小来调整发动机怠速时的空气流量，当发动机磨损后发生摩擦力矩变化或者其他因素导致发动机怠速转速发生变化时，ECU可根据转速信号控制怠速阀的开度，稳定怠速转速；另外由于车辆的零部件和使用环境（如高原地带）的差异，导致每台车辆怠速情况也不尽相同，由ECU控制怠速阀开度可以精确稳定怠速转速。

目前常见的怠速阀主要有旋转滑阀式怠速阀、步进电动机式怠速阀以及电磁式怠速阀三种。怠速阀一般与机械拉索式节气门配套使用，而较高端的电子节气门由于已集成有控制怠速空气流量的功能，因此一般安装有电子节气门的发动机都取消了怠速阀。

5. 传感器

电控汽油喷射系统涉及很多传感器，有一些是与其他系统共用的，比如对喷油时刻进行正时的曲轴位置传感器和凸轮轴位置传感器是与点火系统共用的。下面对缸外预混式汽油喷射系统比较重要的传感器进行简单介绍。

1）节气门位置传感器

节气门位置传感器安装在节气门体内，其提供的信号可以反映节气门开度的大小，即向ECU提供发动机负荷的情况。部分发动机具备两个节气门位置传感器（尤其是带有电子节气门的发动机），这样可以使两个传感器的信号相互检测，当其中一个传感器发生故障时能立即识别，提高系统的可靠性。节气门位置传感器多采用可变电阻或者霍尔效应元件制成。

2）进气流量传感器

目前常用的进气流量测试方法有两种，一种是利用空气流量计直接测量空气流量，称为 L 系统，所使用的空气流量计有叶板式、热线式以及热膜式三种。另外一种测量方法是在进气管上安装进气压力传感器(有的还集成进气温度传感器，但以进气压力传感器的信号为主，温度传感器信号对进气流量判断起辅助作用)，根据测量的进气压力(及温度)，计算出进气的速度和密度值，从而间接得知进气流量。进气量是燃料控制系统计算喷油量的基础。

3)冷却液温度传感器

冷却液温度传感器与进气温度传感器性质一样，都是测量温度的传感器，一般多采用性价比较高的热敏电阻式温度传感器。冷却液温度传感器多安装在节温器体上，冷却液温度的变化会导致传感器内部电阻发生变化，根据这一特性，ECU 可以获知冷却液温度情况，并对喷油控制做出一定的调整。

4)氧传感器

氧传感器是电喷发动机中非常重要的传感器，它安装在排气管上，可以通过测量排气中的氧含量计算进气混合气的浓度，从而修正供油系统的喷油量，这一过程被称为负反馈，因此有氧传感器参与的喷油量调整系统也被称为负反馈系统。

目前常见的氧传感器根据制作材料的不同，主要有氧化锆和氧化钛两种。一般普通的缸外预混汽油机使用的是窄域氧传感器，又称跃变式氧传感器。这种氧传感器的输出信号在 $\lambda=1$ 附近会发生突变，也就是说它输出的信号只能判断混合气是浓还是稀，但到底是浓多少、稀多少、λ 值具体是多少，它都无法准确反映，如图 2-20 所示。

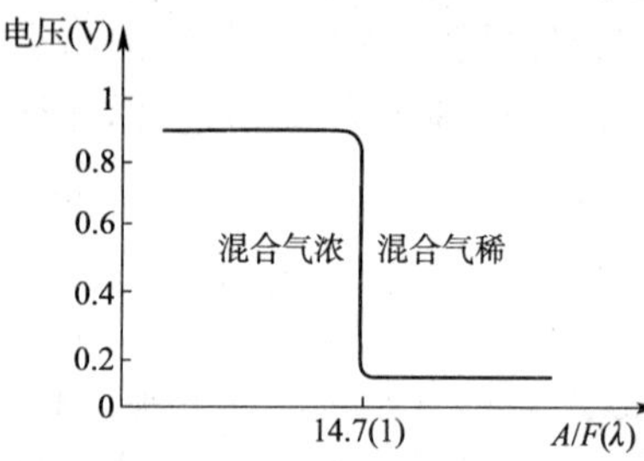

图 2-20　氧传感器信号随混合气浓度变化

一般发动机排气管上安装的氧传感器有两个，而且这两个氧传感器必须结构、参数一样。在三元催化转换器之前的氧传感器称为前氧传感器，它的作用主要是测定发动机燃烧后的排气中氧是否过剩，以确定汽油与空气是否完全燃烧，发动机 ECU 根据这一信息对喷油量进行调整，最终实现以过量空气系数达到 1 为目标的闭环控制，以确保三元催化器对排气中的 HC、CO 和 NO_x 三种污染物都有最大的转化效率，最大程度地转化和净化。安装在三元催化器后面的氧传感器称为后氧传感器，它的作用与前氧传感器完全不同。后氧传感器的信号是用来跟前氧传感器的信号进行对比，如果前后氧传感器的信号差别很大，说明三元催化器工作正常；如果前后氧传感器的信号基本一致，则判定三元催化器可能失效。

6. 控制策略

燃油供给系统主要的控制策略，即 ECU 是怎样根据传感器的信号控制喷油器进行燃料供给工作的。ECU 对喷油器的控制主要是控制喷油器什么时候开启以及开启的持续时间，我们称为喷油定时与喷油脉宽。由于油压在油轨中相对稳定，精确控制喷油脉宽就相当于精确控制喷油量。

大部分发动机在启动时是根据存储器中存储的冷启动喷油脉宽进行喷油控制，然后进行进气温度和蓄电池电压的修正，喷油脉宽随冷却液温度升高逐渐减小；启动后，基本喷油脉冲宽度由空气流量计信号或者进气歧管绝对压力传感器信号、节气门开度信号以及转速信号进行确定，然后根据各传感器信号再对基本喷油脉宽进行修正。喷油修正主要有以下几项。

1)启动加浓

为了改善启动性能,需要根据冷却液温度对喷油量进行修正,低温时(低于10℃),喷油量增加。

2)暖机加浓

发动机启动后,在一段时间内,需要额外增加一定的喷油量,使发动机保持稳定运转。喷油量的初始修正值根据冷却液温度确定,然后以一定的速率下降,逐步达到正常值。此过程在启动后很短时间内完成,一般不超过20s。

3)进气温度修正

基本喷油时间是以标准大气状态(温度293K,压力101kPa)为基准进行计算的,温度每上升或下降10℃,修正系数减少或增加0.01~0.03,对喷油脉宽的最大修正量为±10%。

4)冷却液温度修正

冷却液温度对发动机的喷油量影响比进气温度的影响大,其最大修正系数为±30%。冷却液温度高,修正系数小,反之,修正系数大。冷却液温度达到60℃时,就停止加浓。

5)λ 反馈修正

进行闭环控制工况下,λ 修正系数在±0.03波动,一般发动机对基本喷油脉宽的修正范围是±30%,如果超出修正范围,λ 值还是过高或过低,则判断相关器件故障。

6)电压修正

ECU以12V电压为基准,当电源电压低于12V时,使喷油脉宽增加;反之,使喷油脉宽减小。修正通电时间一般为0.15ms/V左右,即电压每升高或者降低1V,喷油脉宽缩短或延长0.15ms。

7)减速断油

发动机正常运转过程中,驾驶人松开加速踏板,车辆进入滑行并反拖发动机,此时汽车不需要发动机提供动力。而由于节气门完全关闭后,进气量很小,发动机会因燃烧不良而造成有害排放物增加,因此,系统在此时将切断供油,这样可以大大降低发动机有害排放物的生成,同时也能改善燃油经济性。当发动机转速降到1200~1500r/min时,喷油会恢复正常。

二、缸内直接喷射式电控燃油供给系统

1.缸内直接喷射式燃油供给系统的发展

传统的缸外预混式电控燃油供给系统将汽油以较大的油滴喷向进气门的背部和进气口附近的壁面上,只有少量的汽油能够在油滴到达壁面形成油膜之前直接在空气中蒸发。这种混合气形成方式在发动机稳定工况下尚可满足要求,但在变工况(如车辆加速时)和发动机冷启动时汽油的蒸发和油气混合严重不足,不得不过量喷油,然而这将造成大量未燃HC经排气门进入三元催化器。特别是在冷启动时,三元催化器正处于低温状态而尚未达到起燃温度,这样就会造成很高的有害物排放,成为车辆排放达标的主要障碍之一。尤其是从国Ⅲ排放标准开始,取消了最初的40s暖机阶段,而是从冷机一启动就开始进行排放测试,那么冷启动的排放问题将变得更为突出。

汽油缸内直接喷射从油气混合机理上可以解决上述变工况(如车辆加速时)和冷启动时油气混合不足的问题,从而达到减少发动机排放的目的。另外,缸内直接喷射还可带来很多其他好处:比如采用缸内直接喷射技术有利于汽油机采用增压,并应用较高的压缩比,提

高发动机的热效率；由于汽油直接喷入汽缸内，可实现稀薄混合气分层燃烧，并且可以避免发动机在换气过程中的泵气损失，有利于降低燃油消耗。

其实早在20世纪初，人们就已对汽油喷射方式进行过研究。1900年德国Deutz公司就曾经生产过汽油喷射的固定式发动机。以后，汽油喷射的应用范围逐步转移到活塞式航空发动机上。但一直到20世纪80年代末，汽油机缸内直喷分层稀燃技术仍未进入车用实用阶段。随着内燃机技术的进步，特别是微电子控制技术的迅速发展，为汽油机缸内直接喷射技术的重新发展提供了前提条件，同时迫于节能和环保要求日益严格的压力，各大厂商也对汽油机缸内直接喷射寄予新的期望，因此20世纪90年代各国纷纷加强了对汽油机缸内直喷技术的研究，至1996—1997年日本三菱和丰田公司率先相继将其开发的缸内分层稀燃直喷式汽油机投入批量生产，表2-1所示是目前市面上比较先进的几种缸内直喷发动机。

缸内直喷汽油机一览 表2-1

厂　商	发动机	主要技术介绍
欧宝	2.2 – Ecotec	能实现稳定的充量分层，有可能燃烧过量空气系数 $\lambda>2$ 的稀混合气；在稀燃排气后处理领域内已取得重大进展，通过采用 NO_x 吸附式催化器进行间歇式的 NO_x 排气后处理，在稀燃工况下 NO_x 排放降低了90%以上；由集成在燃油共轨上压力调节器和压力传感器共同调节系统压力(4～12MPa)；放弃了传统的分层充量燃烧方式
梅赛德斯奔驰	M272 DEV6 – 3.5L	世界上首次应用压电控制喷油器并采用喷油器中央布置的油束引导燃烧过程的直喷式汽油机；在更大的部分负荷范围内实现了充量分层运转，并以非常低的燃油消耗而著称；油束引导的燃烧过程，主要的特点在于压力高达20MPa的喷油系统，主要包括供油量可调节的高压燃油泵和压电直接控制的喷油器；发动机在部分负荷时采用充量分层($\lambda>1$)运行，并借助于靠近发动机布置的三元催化器和吸附式降 NO_x 催化器来实现废气净化
丰田	3.5L – 2GR – FSE	配备了新型的D – 4S汽油直接喷射系统；采用S – 高档方案和进气道喷射两种喷油器；缸内直接喷射被用于全负荷工况区
奥迪	2.0L – T – FSI	1.8L – T – FSI汽油机泵油压力现在已提高到15MPa，比2.0L – T – FSI汽油机提高了4MPa

2. 缸内直接喷射式燃油供给系统的特点

缸内直喷汽油机综合了汽油机和柴油机的特点，混合气的形成方式采用了柴油的方式，即在压缩上止点喷入一定量的燃料，在缸内形成混合气。这样的话，由于喷入缸内的燃油蒸发时吸收热量所起的冷却作用，可以提高抗爆性能，可以实现较高的压缩比($\varepsilon=12\sim14$)，从而有助于提高循环的热效率，降低燃油消耗。而混合气着火方式采用的是汽油机的着火方式，即使用电火花引燃混合气。

按照理论及实验分析，缸内直喷汽油机若要达到最佳工作状态，必须根据发动机负荷的不同，分为分层稀薄燃烧模式及均质燃烧模式两种：

(1)在部分负荷时燃油于压缩行程后期喷入，实现混合气分层稀薄燃烧(过量空气系数 $\lambda\geqslant1.9\sim2.2$)，并采用混合气质调节，以避免节气门的节流损失，力求达到与柴油机相当的燃油经济性。

(2)在中等至高负荷时，燃油在进气行程中喷入，根据运行工况的需要，实现均质稀薄混合气燃烧($\lambda=1.3\sim1.4$)或均质燃烧($\lambda=1.0$)或均质加浓混合气燃烧($\lambda<1.0$)，以保持

汽油机升功率高的优点。

但采用稀薄燃烧的发动机，混合气偏稀，这导致其无法使用三元催化器来降低排放，这种发动机需要使用无硫汽油，并且使用吸附式降 NO_x 催化器，这就大大增加了发动机生产成本；而且能普遍供应这种无硫燃油的国家和地区（如挪威、日本等）并不广泛，因此现代缸内直喷式汽油机基于性价比和使用条件的考虑，很多机型采用的是在所有运行工况下全部以 $\lambda=1$ 均质混合气燃烧运行。这样一来发动机的电控系统就要简单得多，也无需应用吸附式降 NO_x 催化器以及低硫汽油，电控单元和三元催化器基本上可与缸外预混式发动机通用，从而成本要明显优于以分层混合气燃烧运行的机型，只是其燃油消耗略为逊色，但仍要比缸外预混式汽油机低 5% ~9% 。

3. 缸内直接喷射式燃油供给系统分类

有上述可知，缸内直接喷射式燃油供给系统对燃油喷射系统的要求肯定要明显高于缸外预混方式，因为前者要满足在压缩行程后期活塞接近上止点时的喷射要求，因此其喷油压力要明显高于缸外预混喷射方式，需达到 5 ~ 12MPa。高压燃油泵和喷油器是现代缸内直喷式汽油机的重要部件，也是与缸外预混式汽油机区别最明显的地方。按喷射的介质不同，缸内直喷式汽油机的燃油喷射系统可分为高压燃油直接喷射系统和低压混合气直接喷射系统两大类，如图 2-21 所示。

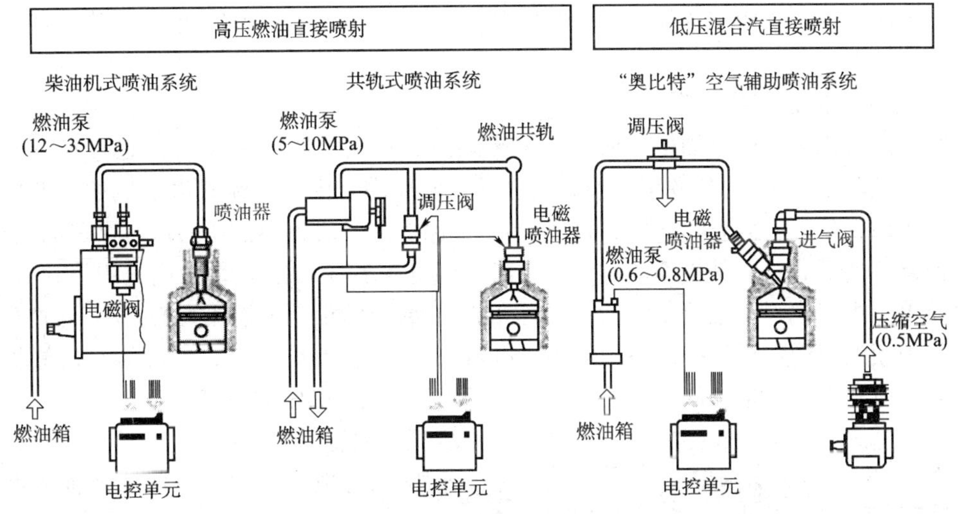

图 2-21　三种缸内直接喷射式燃油供给系统

1）柴油机式喷油系统

早期 Ford 公司 PROCO 缸内直喷式汽油机所采用的就是类似于柴油机的泵 - 管 - 嘴式燃油喷射系统，由于当时使用的仍是普通机械式的喷油器，为了便于实现喷油的电子控制，燃油泵压出的燃油不像柴油机那样直接打开喷油嘴针阀喷入汽缸，而是通过电磁阀开启的通道返回燃油箱，只有在电控单元关闭电磁阀后才使燃油产生高压（12 ~ 35MPa），将喷油嘴打开而喷入汽缸。

2）共轨式喷油系统

这是目前缸内直喷式汽油机应用最为广泛的一种喷油系统，其工作原理与当今柴油机使用的高压共轨喷油系统相同，只是燃油共轨压力要低得多，为 5 ~ 12MPa。这种共轨式喷油系统将燃油的高压产生与油量计量两大基本功能分离，分别由燃油泵和电控喷油器承担，这就为灵活而又精确地进行电子控制提供了前提条件，特别适合于现代缸内直喷式汽油机根据负荷的变化实现分层混合气和均质混合气模式运行的转换，因此，现代缸内直喷式汽油机几乎都采用了共轨式喷油系统。

3）空气辅助喷油系统

澳大利亚奥比特（Orbital）公司为二冲程汽油机开发的低压空气辅助喷射系统就是属于这种类型，其燃油以0.6~0.8MPa、压缩空气以0.5MPa的压力喷入预混合室，形成混合气后再喷入汽缸。喷雾的油滴直径优于高压喷射系统，只有10μm左右。为了能应用于四冲程汽油机，奥地利AVL公司还曾开发过另一种空气辅助喷射系统，即利用上一循环压缩行程中的高压气体进入预混合室与喷入的燃油形成混合气后再喷入汽缸。美国Ford公司也曾开发过一种类似的低压空气辅助喷射系统。这种系统虽然其改善了混合气的形成，在小缸径的情况下可避免燃油湿壁现象，但是需要额外的压缩空气。这导致此类系统不仅制造成本较高，而且会使汽油机的燃油消耗增加1%~4%，同时相对较低的喷油压力使得可供选择的喷油终点受到缸内压力的限制，尤其是在增压发动机上。至于AVL公司开发的那种空气辅助喷射系统，则与非直喷式柴油机类似，充量进出预混合室必将引起流动损失，对燃油消耗产生不利的影响。因此此类系统并没有得到广泛应用。

4. 喷油器

喷油器的喷雾品质是保证良好混合气形成，以实现分层与稀燃的关键之一，现代缸内直喷式汽油机喷油系统应用的喷油器，按针阀控制的方式可分为电磁阀控制式喷油器和压电控制式喷油器两种。

1）电磁阀控制式喷油器

当今的缸内直喷式汽油机一般采用电磁阀控制式喷油器（图2-22）。这种喷油器针阀的运动质量较小，能达到高频率喷油时快速开关的要求。由于直喷式汽油机的燃油压力随负荷变化而变化，当燃油压力升高时喷油器磁回路中应具有比燃油压力低时更多的能量，这样喷油器才能开启。但是当喷油器中的磁能存储得太多时，就会延缓关闭过程，为此在发动机电控单元中集成了一个控制喷油器的可变驱动器，能够根据燃油压力的大小，通过改变软件参数为喷油驱动器预先确定不同的驱动电流波形，以控制磁回路存储的能量恰好等于喷油器开启所必需的能量。从而大大改善了这种喷油器针阀的开闭速度。

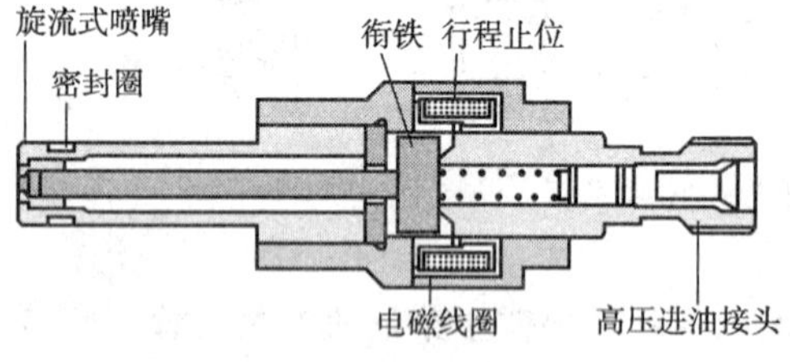

图2-22 电磁阀控制式喷油器

2）压电控制式喷油器

近几年，常规的电磁喷油器越来越多地被高速开关的压电控制式喷油器所替代（图2-23），这种喷油器具备更迅速的针阀开关特性并且对燃油计量更为精确，不仅能够降低噪声和燃油消耗，而且还能减少有害物排放。这种喷油器最重要的特点是压电执行器以及由其直接操纵的向外开启的针阀和机油阻尼热补偿器等，具有高的抗结焦能力和非常短的开关时间（200μs），并能够实现多次喷射以及喷嘴针阀的全升程和部分升程。

5. 电子节气门及宽域氧传感器

缸内直喷汽油机与缸外预混汽油机不同，它所使用的节气门必须将进气量调节与加速踏板调节功能分开，以便能够在低负荷工况时节气门全开实现发动机无节流运行，而在高负荷工况时又能用节气门来调节进气空气量。因此缸内直喷汽油机上必须采用带有驱动系统的电子节气门。同时由于直喷汽油机的混合气浓度调节范围较大，因此与普通缸外预混式汽油机不同的是，其要采用宽域氧传感器而不是普通的窄域氧传感器，以便对喷油量及进气量进行调节。

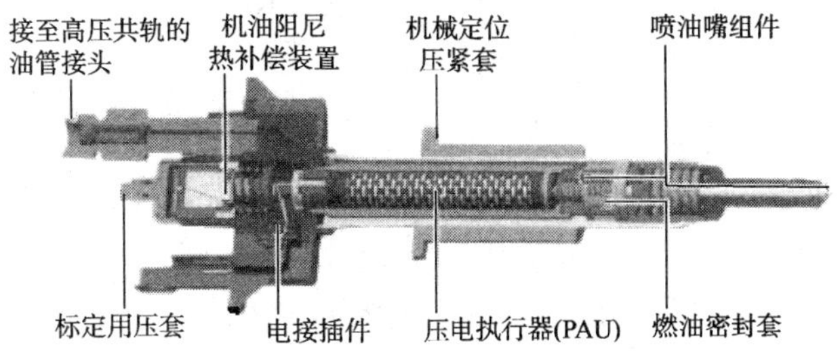

图 2-23　压电控制式喷油器

第四节　发动机性能指标

发动机铭牌上常常写有发动机的标定转速、标定功率等数据，这些都是表征发动机性能的指标。发动机性能指标主要有经济性指标、动力性指标、强化指标以及环境指标几大类。

发动机经济性和动力性指标以曲轴对外输出的功率为基础，代表了发动机整机性能，也被称为有效指标。

一、发动机动力性能

1. 有效功率 P_e

发动机有效功率 P_e（kW）是指发动机对外输出的功率，可以由测功机等仪器试验测试得到。功率就是通常说的马力，很多人有误区，认为功率大车劲就大，功率与发动机转速和转矩的乘积成正比，其中发动机输出的转矩才是通常意义上说的“车劲”。拖拉机、货车等使用的柴油机转速低而转矩大，反映在车辆上就是可以拖动大量的货物，但是跑不快；乘用车、摩托车等使用的是汽油机，转速高转矩小，使用这种发动机的车辆行驶速度快，但是不适合载重。汽油机铭牌上标明的标定功率可以理解为汽油机在正常使用中允许的最大有效输出功率，其是指发动机在节气门全开的情况下，在标定转速下输出的功率。汽油机最大功率是指节气门全开的情况下，能输出的最大功率，它一般要比标定功率大，但只能维持发动机短时间运行，长时间输出最大功率很可能造成发动机损坏。

2. 有效转矩 T_e

转矩是指使物体发生转动的力矩。发动机由动力输出轴（一般是指曲轴）输出的转矩称为发动机的有效转矩 T_e。其中在标定转速下；发动机节气门全开时速度特性曲线上的最大有效转矩值称为发动机的最大转矩，一般要比标定转矩要大。有效转矩 T_e 与有效功率之间的关系如下：

$$P_e = \frac{T_e \times n}{9550} \tag{2-1}$$

式中：P_e——有效功率，kW；

T_e——有效转矩，N · m；

n——发动机转速，r/min。

3. 平均有效压力 P_{me}

平均有效压力 P_{me}（MPa）是发动机单位汽缸容积输出的有效功。四冲程发动机的平均有效压力与为有效转矩 T_e 之间的关系如下：

$$P_{me} = 3.14 \times \frac{4T_e}{i \times V} \times 10^{-3} \tag{2-2}$$

式中：i——汽缸数；

V——每缸的工作容积，L。

平均有效压力 P_{me} 是评定发动机动力性的重要指标，P_{me} 越大，则表明发动机做功能力越强。汽油机平均有效压力的范围一般是0.7～1.3MPa。从式(2-2)可以看出工作容积一定的情况下，发动机的平均有效压力随输出转矩增大而增大。

二、发动机的经济性能

1. 有效热效率 η_e

有效热效率是指发动机的有效功 W_e(J)与所消耗燃料热量 Q(J)的比值，η_e 值越大，说明发动机的经济性能越好，一般汽油机的有效热效率为0.25～0.3。

$$\eta_e = \frac{W_e}{Q} \tag{2-3}$$

式中：W_e——发动机的有效功，J；

Q——发动机所消耗燃料热量，J。

2. 有效燃料消耗率 g_e

有效燃料消耗率 g_e 是指发动机输出1kW·h的有效功所消耗的燃料质量，其单位为g/(kW·h)，g_e 的值越小，说明发动机的经济性越好；一般汽油机的有效燃料消耗率为270～325g/(kW·h)。其计算关系式如下：

$$g_e = \frac{G_T}{P_e} \times 1000 \tag{2-4}$$

式中：G_T——发动机每小时的耗油量，kg/h。

三、发动机强化指标

1. 升功率 P_L 和比质量 m_e

升功率 P_L(kW/L)是指发动机每升工作容积所发出的有效功率，是衡量发动机工作容积利用程度的指标，发动机升功率越大，发动机性能越好，目前汽油机的升功率为30～70kW/L。发动机升功率与其平均有效压力 P_{me} 以及转速 n 成正比，它的计算关系式如下：

$$P_L = \frac{P_{me} \times n}{30\tau} \tag{2-5}$$

式中：τ——发动机冲程数。

比质量 m_e(kg/kW)是发动机的净质量 m(指发动机除去冷却液与润滑油等液体外的质量)与发动机的标定功率之比。发动机的比质量越大，表明发动机的质量利用程度越好，发动机的紧凑型越强。一般汽油机的比质量为1.1～4.0kg/kW。

2. 强化系数

发动机的平均有效压力 P_{me} 与活塞平均速度 C_m 的乘积被称为发动机的强化系数。发动机强化系数越大，说明发动机能承载的热负荷和机械负荷越高。目前汽油机的强化系数为8～17MPa·(m/s)。

四、汽油机的输出特性

1. 速度特性与外特性

速度特性：汽油机节气门开度固定不动，其有效功率 P_e、转矩 T_e、燃油消耗率 g_e、每小时消耗油量 G_T 等随转速 n 变化的关系。速度特性用于评定发动机的动力性能，特性曲线如图 2-24 所示。

节气门全开时速度特性称为外特性。节气门部分打开时的速度特性称为部分负荷速度特性。由于节气门的开启可以无限变化，所以部分负荷速度特性曲线有无数条，而外特性曲线只能有一条(图 2-25)。

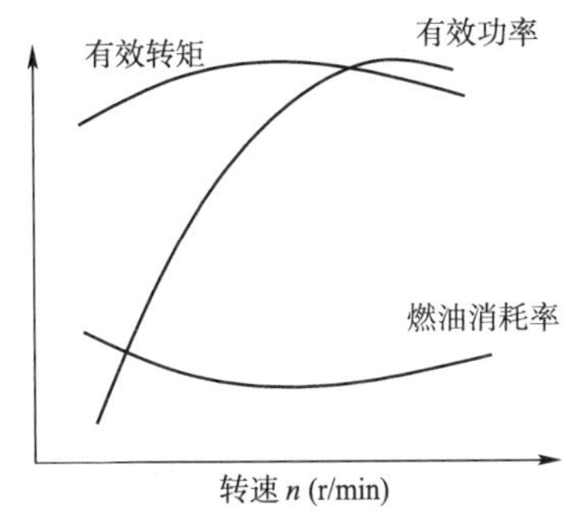

图 2-24　汽油机外特性曲线

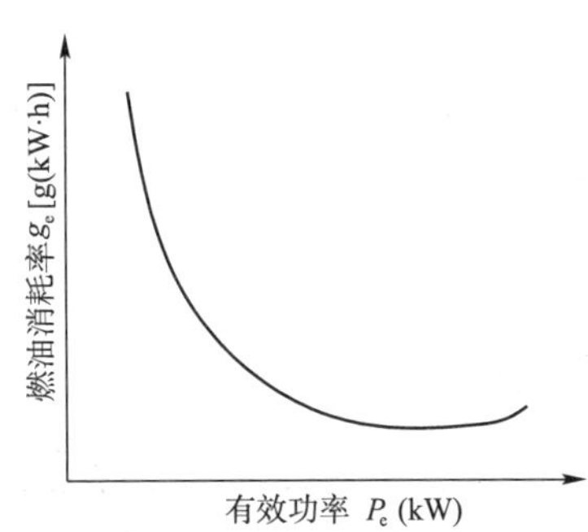

图 2-25　汽油机速度特性曲线

有效转矩曲线变化趋势：随着转速的增加，有效转矩逐渐增大，出现最大转矩后逐渐下降，且下降程度越来越大。曲线呈上凸形状。

有效功率曲线的变化趋势：当转速由低逐渐升高时，由于有效转矩、转速同时增加有效功率增加很快。在达到最大转矩转速后，再提高转速，由于有效转矩有所下降，使有效功率上升缓慢。某一转速时有效转矩与转速的乘积达最大值。此后，再增加转速，由于转矩下降超过转速上升的影响，有效功率反而下降。

燃油消耗率的变化趋势呈下凹状，在某一中间转速时出现最低值。

2. 负荷特性

负荷特性，是指当发动机转速一定时，经济性指标的燃油消耗率随发动机负荷的变化关系，负荷特性用于评定发动机的经济性能。利用这一变化曲线，可最全面地确定发动机在各种负荷和转速时的燃油消耗情况。汽油机是依靠节气门调节负荷的，因此汽油机负荷特性又称节流特性。由于发动机转速是经常变化的，需要测定发动机不同转速下的负荷特性，才能全面评价不同转速和不同负荷下发动机的燃油经济性。

普通汽油机负荷特性曲线的特征，开始启动时燃油消耗率最大(此时需要浓混合气)，但随节气门逐渐开启负荷增大而燃油消耗率减少直至最低点，此时节气门接近全开。继续开大节气门，燃油消耗率又会开始上升，曲线呈现一条内凹抛物线。曲线的最小燃油消耗率值越低越好，同时燃油消耗率随负荷的变化越平缓，发动机在不同负荷下工作的经济性越好。从曲线的形状，可以分析出哪一个负荷区域是最经济的。

第五节　汽车性能指标

汽车性能指标主要包括汽车动力性、使用经济性、行驶安全性、环境影响性、通过性、平顺性等。

一、汽车的动力性

汽车动力性指标主要包括驱动力、加速能力以及最高车速三个指标。

1. 驱动力

汽车驱动轮上的驱动力是指发动机输出的转矩经传动系统后传递到车轮的力，其计算公式如下：

$$F = \frac{T_e \eta i_g i_o}{r} \tag{2-6}$$

式中：F——汽车的驱动力，N；

T_e——发动机输出转矩，N · m；

η——传动系统机械效率；

i_g、i_o——变速器和主变速器的传动比；

r——车轮半径。

其中传动系统机械效率 η 值见表 2-2。

汽车传动系统机械效率　表 2-2

传动部件	机械效率(%)	传动部件	机械效率(%)
4～6 挡变速器	95	双极主减速器	92
8 挡以上变速器	90	传动轴万向节	98
单级主减速器	96		

2. 汽车加速能力

汽车加速能力由驱动力、阻力以及自身质量决定，计算方法如下：

$$\alpha = \frac{F - F_r}{\delta m} \tag{2-7}$$

式中：F——汽车驱动力；

F_r——汽车行驶中受到的阻力；

δ——汽车的旋转质量系数；

m——汽车质量。

其中 δ 值随挡位变化而变化，挡位越低，其值越大。载货汽车的旋转质量较大，导致其一挡的加速性常常低于二挡，因此这种汽车用二挡起步反而更好。

3. 汽车最高车速

当驱动功率与行驶阻力所需功率相等时的车速即为理论上的汽车最高车速，汽车的最高车速要求决定了传动系统的最小传动比的设计，为了提高汽车的加速和抗逆风能力，一般汽车所能达到的最高车速都比理论上的最高车速略低。部分汽车采用变速器传动比小于一的超速挡，这并不意味着其最高车速会与理论上的最高车速相当，而是比其要低，甚至低于某些直接挡的最高车速，设置超速挡位行驶只是为了降低油耗。

4. 测试方法

对汽车动力性的测试分为道路试验和室内试验台试验。其中试验台试验主要利用的是转鼓试验台，此处不多介绍，下面向读者介绍一下简单可行的道路试验。

道路试验时，首先要确定路面坡度较小（小于 0.1%），气温恒定，不要太高或太低

(-10~30℃),风速不要太大(小于3m/s),此时我们可以进行以下几个简单的试验测试汽车的动力性。

1)测试最高车速

将汽车达到最高车速(汽车使用手册上可以查得)后,测定其通过1km路段的时间,计算出最高车速。

2)测定加速能力

原地起步的加速性能,指低挡起步,按最佳换挡时刻逐次换至高挡,节气门全开,全力加速至80%最高车速的时间和距离。或者可以采用原地起步加速到某一车速(如120km/h)或者行驶一段距离(500m)所需的时间。

直接挡加速能力(或者叫超车加速能力),指用直接挡由40km/h全力加速行驶至80%最高车速的时间和距离。

二、汽车使用经济性

汽车使用经济性是指汽车完成单位运输量所支付最小费用的性能,汽车运行成本包括折旧、维护、燃料费用等,其中燃料费用是运行成本最主要的部分,占总成本的60%左右,所以燃料经济性是汽车使用经济性最主要的性能。

评定汽车燃料经济性主要有以下几种指标:

(1)汽车的百公里燃料消耗量(L/100km),即我们常说的百公里油耗,其用来评定相同容载量汽车的燃料经济性;

(2)汽车单位运输工作量所消耗的燃料量(L/100t·km),其用来评价不同容载量汽车的燃料经济性;

(3)汽车消耗单位燃料所行驶的里程数(km/L)。

对汽车燃料经济性的试验方法可以分为道路试验以及转鼓试验台试验两种。其中使用转鼓试验台试验,不受外界气候条件的干扰,能控制周围环境的影响;并且能测试汽车的排气污染;试验的重复性好。但是这种方法不容易准确模拟道路滚动阻力和空气阻力,还是需要进一步改进的。

相对而言,一般的企业都进行的是道路试验。我们知道影响汽车燃料经济性的因素主要有行驶的道路条件、行驶时的周围环境(包括雨、雪、风等)、车辆的质量、装载质量以及运行状况、驾驶人的驾驶习惯等。过去我国汽车运输企业经常采用一种不控制这些影响因素的道路试验,称为"不控制的道路试验",这种试验通常采用相当数量的汽车或者车队,进行长距离(一般能达到1万~1.6万km)的试验。这种试验周期很长,费用巨大,现在基本已经不再采用。目前常采用的是道路试验称为"控制的道路试验",即对某些影响燃油经济性的因素进行了控制。某些汽车试验站会选定一些路段作为试验的标准路段,如海南汽车试验站规定,海口市秀英港以南,海榆中线3km处入口,9km处出口,一条全长18km的便道作为汽车试验的标准恶劣路面;但一般国外或者国内某些有条件的单位(如上海大众、二汽、交通运输部、长安大学等单位)是在专用试验场内进行油耗试验。控制的道路试验会让汽车按规定的车速-时间规范地在试验路段反复运行,称为"道路循环试验"。比较简单的有等速百公里油耗试验和怠速油耗试验。但是等速试验与实际行驶情况差别很大,不能全面考核汽车运行燃料经济性,通常作为对比性的指标使用。另外还有模拟汽车以不同工况运行的循环油耗试验,通常要包括等速、加速、减速、冷启动、怠速行驶等多种工况,这种方法被称为工况法，相对来说测试结果较为准确。

三、行驶安全性

汽车的行驶安全性一般分为主动安全性和被动安全性两方面：主动安全性是指汽车本身能防止或者减少交通事故的性能，包括汽车的制动性、行驶稳定性等；被动安全性是指发生事故后，汽车能够减轻人员伤亡和货物损失的能力。

1. 汽车的制动性能

汽车制动性能表现在汽车行驶时能迅速停车并能保持方向稳定；下长坡时能稳定控制车速以及在坡道上驻车的能力。

影响汽车制动距离以及制动稳定的一个重要因素就是制动时车轮是否抱死。制动片将车轮抱死后，会使车轮完全在路面上滑移，这时车辆的滑移率会达到100%，首先会使制动距离增长，经实验研究，一般在混凝土路面上，滑移率大约在35%时，可以使制动距离达到最短；另外车轮抱死后，会影响汽车的制动稳定，制动时后轮抱死，车辆会出现甩尾的现象；制动时前轮抱死，则会失去转向能力；所有轮胎都抱死的话，汽车将不能承受侧向力，比如路面的不平、石子等微小的障碍物都会使车辆发生事故。总之，车轮应该避免抱死。后轮抱死是车辆最危险的行驶状态。目前乘用车上都安装了防抱死制动系统（ABS），可以有效解决汽车制动时的抱死问题，提高车辆的制动能力。

由于车辆制动器没有持续缓速制动的功能，在下长坡长时间持续制动时，可能会使制动器出现过热、性能衰退或者失效的现象。轿车由于车身较轻，一般不会产生这种问题；而重型车辆容易产生这种问题。一般可以采用排气制动、增加缓速器、对制动器降温等方法缓解下长坡热衰退问题。

对汽车制动性能采取的试验方法分为道路试验和试验台试验两种。试验台试验采用的是平板式或者滚筒式反力制动试验台，其可以测试轮胎制动力和制动协调时间。

道路试验需要选择标准路面或者在试验场进行试验。试验要求水平、附着系数（可理解为路面的粗糙度）不小于0.7的硬路面。风力尽量不影响试验结果（小于3m/s）；环境温度为0～37℃；试验中车辆不得偏离行驶方向，不得越出宽度为3.5m的车道界限。冷制动试验时要保证制动器温度低于100℃。

车辆需要进行冷制动试验及热衰退试验。冷制动试验是指：汽车加速到略大于规定的制动初速度，空挡滑行至规定制动速度后紧急制动到停车。通过试验可以测得制动距离、制动协调时间以及制动减速度。热衰退试验是指：汽车通过重复制动加热制动器，每次制动初速度为80%的最高车速，末速度为初速度的一半，制动减速度为$3m/s^2$，制动循环周期为45～60s，制动循环15～20次后测试剩余制动性能（不低于冷制动减速度的80%为合格）。

2. 汽车操纵稳定性

汽车操纵稳定性，指汽车能够抵抗力图改变其位置或行驶方向的外界影响的能力。汽车在路面上行驶时，由于路面不平、坡道、侧向风、障碍物等引起的颠簸、变向等会对其行驶方向造成影响，如果汽车对这种外界影响毫无抵抗力，势必影响行驶的安全性。

影响汽车操纵稳定性的因素包括车辆的四轮定位、轮胎刚度。保证汽车的四轮定位合格、不随便更换轮胎，保证轮胎载荷和气压符合规定，可以保证汽车的操纵稳定性。对于一定结构的车辆，操纵稳定性与车速有密切的关系，车速过高，直至超过临界车速，汽车会处于极度不稳定状态，这时驾驶人会有一种所谓的汽车在“发飘”的感觉。

操纵稳定试验需要在试验场或者标准路面上进行。涉及到的仪器包括车速仪、测力转向盘、加速度计以及陀螺测量仪等。需要进行稳态转向特性试验、瞬态横摆响应试验以及回正能力试验,试验结果能测试出汽车的侧向加速度、侧倾角、侧倾角速度、航向角等表征汽车操纵稳定性的指标,整个试验过程相对复杂,此处不多赘述。

3.汽车被动安全性

汽车被动安全性是建立在道路交通事故统计的基础上的。经过相关统计,我们总结出了以下几个事故特点:

(1)碰撞事故64%以上是正面碰撞,而且正面碰撞事故的车速往往高于侧面碰撞和追尾事故。

(2)大客车更容易发生追尾,尤其是右后角部位。

(3)汽车和自行车碰撞速度较低,不超过50km/h,而与摩托车的碰撞速度一般都超过了65km/h。

(4)大多数行人是在交叉路口和道路入口处从侧面被汽车正面相撞,碰撞速度不超过35km/h;如果碰撞车辆是轿车,车速超过40km/h,则可能造成行人死亡;若是货车,一般20km/h的车速就会造成行人死亡。

评价被动安全性最简单的指标是“事故严重程度因素”N,计算方法如下:

$$N = N_s / N_{sh}$$

式中:N_s——事故中死亡人数(当场死亡或事故后存活不超过7昼夜的伤员);

N_{sh}——事故中受伤人数。

提高汽车被动安全性的方法是降低人体在事故发生时的碰撞力或碰撞减速度,一般汽车上安装的具备碰撞折叠区的安全车身以及安全带、安全气囊等限制成员位移的约束式装置,都可以降低碰撞力,提高乘客的存活几率。经碰撞试验验证,采用三点式安全带可以在50km/h的碰撞事故中使驾驶人头部减速度降低一半以上,大大提高了驾驶人的存活率。

被动安全试验采用了车辆正面及侧向碰撞固定障碍壁的试验,以模拟真实的车辆道路事故。其中汽车采用电动机或者牵引车牵引碰撞;为了确定碰撞后车内乘员所受伤害程度,在车内需要放置特殊制造的、带有特殊传感器的假人。

四、环境影响性

汽车在行驶时产生损害人类生活环境的性能称为环境影响性。它产生的影响主要包括排气对大气的污染;行驶中产生的噪声对环境的危害;汽车电气设备产生的电波干扰以及制动蹄片、轮胎的磨损、车轮扬起的粉尘造成的粉尘公害等。排气污染来自发动机,我们已经对其进行了叙述,其对环境影响最大;噪声危害对环境的影响紧随其后,汽车的声压级一般处于60~90dB,影响面广,危害很大,当人处于高于90dB的环境中时,可能对人体造成永久性听力损伤,而且过大的噪声还会使驾驶人注意力下降,引发交通事故;汽车电气设备中的电感和电容回路会形成振荡回路,这种其产生的高频振荡不仅影响自身的电气设备的正常通信和运行,严重的还会对无线电、电视广播等通信造成干扰,目前许多国家对汽车点火系统的电波强度进行了限制,减少它的不良影响;粉尘危害不是指排放中的颗粒物,而是指汽车行车中扬起的灰尘,由于现在路面状况优异,其相对影响较小,只是在交通密度大的车流附近比较突出。

目前对汽车排放污染物的测试方法主要采用的是双怠速法和工况法。双怠速法是测试汽车怠速工况以及高怠速工况(空挡下增大节气门使发动机转速达到额定转速的50%的工况)下尾气中CO和HC的浓度以及过量空气系数λ值,这种方法使用的仪器小巧方便,测试方法简单,比较容易推广;但是这种方法只是测试了一种稳定工况,不能全面地反映汽车排气的污染状况。工况法可以模拟汽车若干常用工况以及排放污染较重的工况,在此基础上测试尾气中的污染物。这种方法需要转鼓试验台,仪器昂贵,测试方法比较繁琐,在一些有条件的试验、检测机构才能实施。

对汽车噪声的检测采用声级计,在汽车规定速度行驶时,对车内以及车外某些特定位置的噪声进行测试。其中要求普通轿车驾驶人耳边噪声不得超过90dB,普通轿车车外不得超过74~79dB(限定值与车质量、行驶里程、生产批次等有关)。

五、通过性

汽车通过性可分为轮廓通过性和牵引支撑通过性、其几何参数如图2-26所示。

所谓轮廓通过性,是指汽车在行驶时不会被地面凸起刮碰或者托起,在转弯时不会被障碍物卡住的性能。其与汽车车身几何尺寸关系较大;相关的指标主要有:

(1)最小离地间隙:这个指标就是我们常说的底盘高不高,越野车的底盘就比较高,它的最小离地间隙就很大。最小间隙越大,汽车底部的前桥、飞轮壳等越不容易与地面上物体刮碰,可以通过一定高度的涉水路面而不受影响等,这样就使汽车的通过性能提升。

(2)接近角与离去角:它表征的是汽车接近或离开小丘、水洼等凸起或凹陷的路面时,不发生碰撞的性能,接近角与离去角越大,汽车通过性越好。

(3)纵向通过角:其表征汽车无碰撞的通过一些类似于拱桥的凸起障碍物的能力,纵向通过角越大,汽车通过性越好。

(4)最小转弯直径和内轮差:其表征的是汽车的回转能力和通过狭窄弯曲路径的能力。

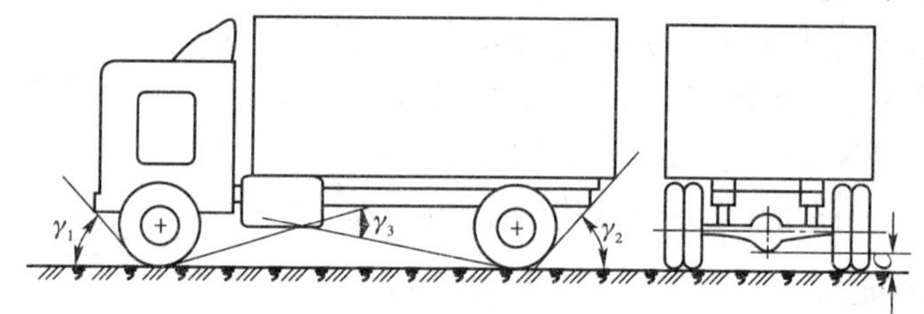

图2-26　汽车通过性几何参数

γ_1-接近角;γ_2-离去角;γ_3-纵向通过角;C-最小离地间隙

汽车牵引支撑通过性主要指汽车通过雪地、冰地等附着系数较低或者侧坡时的能力。它受汽车的车速、轮胎、轮距以及车身结构参数的影响。

(1)汽车低速行驶时,车轮发生滑转的几率较小,因此用低速行驶可以克服困难地段。

(2)汽车轮胎的花纹尺寸、气压、结构参数等都对汽车通过性有较大的影响。轮胎宽而深的花纹有利于挤出花纹内的积水,利于汽车在湿滑路面行驶;宽大的轮胎以及较低的轮胎气压能降低车轮对地面的压力,形成的车辙深度小,能降低汽车行驶阻力、使车轮不容易失陷于松软的路面内;相等的前后轮距可以使后轮沿前轮压实的车辙前行,减小汽车滚动阻力,提高通过性。

(3)汽车在遇到过大的侧坡或者高速曲线行驶时,可能发生侧翻。降低汽车质心(可以理解为质量中心)、增宽轮距可以避免倾覆。

六、行驶平顺性

汽车行驶平顺性是指汽车在行驶时,保证乘员不会因车身振动产生不适或疲劳的感觉,以及保证货物完好无损的性能。由于平顺性主要是根据乘员的舒适程度来评价,又称为乘坐舒适性。

影响汽车行驶平顺性的主要因素包括汽车悬架结构、轮胎以及非悬架质量等,这些因素对汽车平顺性的影响特点主要如下:

(1)采用可变刚性的主动悬架,可以提升汽车的行驶平顺性。

(2)减小轮胎的径向刚度,即采用弹性好的轮胎,可以提高汽车的行驶平顺性。

(3)座椅位置越靠近汽车的中部,振动越小,乘坐舒适性越好,这就可以解释为什么高档跑车常采用中置并列双座的布局。

(4)减小非悬架质量(即不由悬架支撑的质量,包括车轮、轮胎、制动总成以及后车轴等部件),可以提升行驶平顺性。

我国参照国际标准化组织制定的《人体承受全身振动的评价指南》以加速度的均方根值作为平顺性的评价指标。对 1 ~ 80Hz 的振动,人体的感觉以三个界限划分,分别是舒适—降低界限,疲劳—工效降低界限以及暴露极限。其中在舒适—降低界限以内,人体的感觉舒适,能顺利完成吃、读、写等动作;振动在疲劳—工效降低界限以内时,驾驶人可以正常进行驾驶,其振动加速度值约为舒适—降低界限的 3.15 倍;暴露极限是人体可以承受的振动量上限,人体承受的振动在此范围内时,可以保证健康和安全,其振动加速度值约为疲劳—工效降低界限的 2 倍。

复习思考题

1. 汽车可以分为哪几大系统?汽油机是由哪几大机构和系统组成的?

2. 自动变速器分为哪几类?它们都有什么特点?

3. 目前乘用车还采用车架吗?为什么?

4. 发动机增压装置主要有哪几类?目前市场上宣传的谐波增压器应该属于哪一类?

5. 发动机电控系统对喷油信号的修正主要有哪些?

6. 缸内直喷汽油机相比缸外预混汽油机优势有哪些?其结构的区别有哪些?

7. 目前甲醇发动机采用的应对冷启动问题的方法和装置有哪些?

8. 汽车排放污染物主要包括什么?目前车辆上采取的控制污染物排放装置和方法有哪些?

9. 汽车的主动安全性和被动安全性指什么?ABS 属于哪一类?

第三章 汽车燃料

传统的汽车燃料是汽油、柴油,目前,替代车用燃料有醇醚燃料(甲醇、乙醇、二甲醚)、天然气(CNG、LNG)、生物燃料(生物柴油)、氢燃料、电能(锂电池)等。汽油机汽车与柴油机汽车,其设计的基础是分别基于汽油的基本特性与柴油的基本特性,其他新能源只要不是针对特用燃料进行了专门化设计,当应用于汽油机汽车或柴油汽车时,都存在与汽车的适应性问题。如电动汽车,不仅是动力系统与汽油机、柴油机完全不同,传动系统、控制系统也完全不同,其结果是进行电动汽车的全新设计;天然气汽车,则是发动机的燃料供给系统与汽油机相比发生了较大的变化;低比例的甲醇汽油则可以直接应用与汽油机汽车,适应性非常好。适应性最终也体现在某些燃料只能应用于汽油机或只能应用于柴油机。

本章的教学目的在于使读者了解汽车传统燃料汽油、柴油的基本性能,因为它是应用对象发动机所提出的要求,只有这样当将不同的燃料与汽油、柴油性能进行对比分析时就不难发现这种新能源哪些性能适合于汽车,哪些不适合汽车,技术上还需要进行哪些方面的性能改进,以及事先就可以对技术与应用效果进行评估。

第一节 石油燃料

一、石油产品的分类

车用汽油、车用柴油同属石油制品。石油是有机混合物,它的主要原子是碳、氢,主要成分是碳氢组成的烃类及少部分非烃类物质,烃类含量的多少与种类决定了石油制品的性质。按照国家标准 GB 498—1987《石油产品及润滑剂的总分类》,根据石油产品的主要特征与用途将石油产品划分为六大类。

燃料(F):燃料是石油炼制的主要产品,占石油产品的 90% 以上。主要有气体燃料(G)、液化气燃料(L)、馏分燃料(D)、残渣燃料(R)。

溶剂与化工原料(S):是有机合成工业的原料。

润滑剂(L):约占石油产品总量的 5%,是润滑油的基础原料,添加不同添加剂后制成适合不同工作条件与不同机械的润滑油。

石油蜡(W):液体石蜡、凡士林、石蜡等,用于轻工、日用化学、食品、医疗等多种行业。

石油沥青(B):主要用于道路路面的铺设。

石油焦(C):化工生产的原料,多用于制造石墨电极。

二、燃料的种类

1. 汽油

汽油是石油加工制品中沸点低于205℃的烃类物质。汽油组分按照石油加工方式的不同有:直馏汽油、热裂化汽油、焦化汽油、催化裂化汽油(FCC)、加氢裂化汽油、催化重整汽油、烷基化汽油等。按照用途分类,汽油有车用汽油、航空汽油、工业汽油,车用汽油占汽油总消耗量的90%以上。

1)车用汽油

车用汽油是用于点燃式发动机汽车、摩托车和拖拉机的燃料,其供油系统可以是化油器式,也可以是电控喷射式。车用汽油按照GB17930—2011技术性能要求有车用汽油(Ⅲ)、车用汽油(Ⅳ)、车用汽油(Ⅴ)。车用汽油(Ⅲ)、车用汽油(Ⅳ)按照研究法辛烷值有90号、93号、97号三个牌号;车用汽油(Ⅴ)按照研究法辛烷值有89号、92号、95号三个牌号。

2)航空汽油

航空汽油主要用于活塞式航空发动机,通常由基础油、高辛烷值组分、异戊烷和添加剂组成,异戊烷用来调整汽油的蒸气压。

3)工业汽油

工业汽油又称溶剂汽油,馏程45~190℃,作为工业中的溶剂使用,如橡胶添加剂油、油漆溶剂油。

2. 煤油

煤油是馏程150~310℃的石油制品,相对密度为(20℃)0.790~0.850,主要由C_{12}-C_{16}的烃类组成。煤油有航空煤油与普通煤油。航空煤油是用于航空喷气式发动机与涡轮式发动机的燃料,馏程为60~280℃,热值高,稳定性好,密度大。普通煤油用于取暖及炊事灶具,馏程为170~280℃。

3. 柴油

柴油有车用柴油与特种柴油,根据馏分不同柴油又分为轻柴油与重柴油。柴油用于压缩燃烧的发动机,柴油主要由C_{16}-C_{20}的烃类组成,一般馏程为200~400℃,相对密度为0.830~0.880。轻柴油一般用于高速柴油机,以汽车、拖拉机为主;重柴油多为大型船舶发动机使用。特种柴油主要是精制的直馏轻柴油组分,是海军特种舰艇用燃料。

4. 燃料油

燃料油一般指重柴油以后的油料,相对密度为0.90~1.00,热值为41.8~46.0MJ/kg。燃料油用于锅炉、建筑工地、远洋轮船。

5. 气体燃料

气体燃料有天然气与液化石油气,天然气的主要成分是甲烷,液化石油气的主要成分是丙烷、丁烷,在常温、常压下两种燃料都是气体。天然气可以民用,也可以车用,当作为车用燃料时则经加压到20MPa形成压缩天然气(CNG)或经降温到-162℃形成液化天然气(LNG)使用;液化石油(LPG)是经加压到0.3~0.7MPa下形成液体燃料,主要作为民用燃料使用。

三、车用燃料的组分

车用燃料由烃类有机物质构成,包括烷烃、环烷烃、烯烃、芳香烃等,由于结构上的不同,当其以不同的组分组成车用燃料时所表现出的使用性能各异。

1. 烷烃

烷烃分子式通式为 C_nH_{2n+2}　根据 n 的大小,如 1、2、3…依次为甲烷、乙烷、丙烷等。

常温常压下,当:$n=1\sim4$,烷烃为气态;

$n=5\sim16$,烷烃为液态;

$n>16$,烷烃为固态。

烷烃分子结构有正构体与异构体,在正构体中碳原子直链排列,在异构体中碳原子支链排列。

当碳原子数 n 增大时,烷烃分子量增加,碳链变长,高温下越不稳定,自燃温度降低而容易发生氧化反应(燃烧),有利于在柴油机中使用,不利于在汽油机中使用。

烷烃的两个主要特点是相对密度小与热值高。相对密度小对实际使用没有太大影响,热值高使用中的燃料消耗量下降。

2. 烯烃

烯烃分子式通式为 C_nH_{2n},由于结构的原因,在常态下化学稳定性差,在汽油的存储与燃烧过程中易氧化成胶质与沉积物。某些烯烃还有很强的大气反应活性,在光的作用下,易与空气反应生成臭氧,造成大气污染。因而,出于对大气环境的保护,燃料中对烯烃的含量有一定的限制。

烯烃的相对密度略小,热值较低,辛烷值高,适宜在汽油机中使用。

3. 环烷烃

环烷烃分子通式:C_nH_{2n}(与烯烃相同)。

环烷烃结构为环状,属饱和烃。石油环烷烃碳原子 6 个的最多,5、7 个的次之。

环烷烃着火点介于正构烷与异构烷之间。相对密度略小于烷烃,热值略低。

4. 芳香烃

芳香烃分子通式:C_nH_{2n-6}碳原子最少为 6 个,为这种烃的基础,结构为环状。

芳香烃类不易着火,辛烷值高,热值高,性质最安定,是点燃式发动机的优质燃料。

第二节　汽油机对燃料性能的要求

一、汽油机燃料

汽油机是一种点燃式发动机,目前所使用的燃料有车用汽油、甲醇汽油、乙醇汽油、天然气。目前我国执行的车用汽油标准为 GB17930—2011。

自 21 世纪以来,国外在车用汽油质量升级方面的工作主要集中在降低硫含量上。理由是随着汽车尾气排放法规的不断严格,一方面需要采用发动机尾气后处理装置,如三元催化器,而这些装置的实际工作条件对硫含量非常敏感,需要大幅度地降低汽油中的硫含量才能保证其一定的转化效率;另一方面硫本身就是一种污染物,不仅影响发动机的燃料供给系统,燃烧后生成的二氧化硫对人、动物及植物都是有害的。

从欧洲车用汽油标准的发展可以看出,欧洲在实施不同阶段的汽车排放法规的同时,不断地降低汽油中的硫含量水平。如 2000 年开始推行欧Ⅲ排放标准时,要求汽油中的硫含量

不大于 150mg/kg;2005 年开始实施欧Ⅳ排放标准,将汽油中的硫含量下降到不大于 50mg/kg;2009 年实施欧Ⅴ阶段排放标准,要求汽油中的硫含量不得大于 10mg/kg。在美国,根据 EPA 的要求,目前全美的汽油中的硫含量平均值不大于 30mg/kg。日本跟随欧洲,在降低汽油中的硫含量方面也有很大的进步。例如在 JIS K2202:2004 标准中要求汽油中的硫含量不大于 50mg/kg,JIS K2202:2007 标准中,要求汽油中的硫含量不大于 10mg/kg。

我国自 2000 年开始限制含铅汽油的生产,在全国范围内实施硫含量不大于 1000mg/kg 的车用无铅汽油标准 GB 17930—1999 以来,一直把降低汽油中的硫含量作为我国汽油质量升级的主要目标。但是由于我国的炼油工业在其自身的发展过程中,形成了以催化裂化二次加工为主的特点,因此在制定国家标准时充分考虑到国内装置构成和技术改造等因素,在硫含量控制方面,可以与欧洲相同排放标准保持一致,而在汽油的烯烃方面,还有一定差距。在降低汽油的硫含量方面,不同阶段的汽油标准都有较大幅度的降低。2000 年国内汽油中的硫含量要求不大于 1000mg/kg,2003 年降低到不大于 800mg/kg,2005 年又降低到不大于 500mg/kg,2010 年车用汽油(Ⅲ)中的硫含量不大于 150mg/kg,车用汽油(Ⅳ)中的硫含量不大于 50mg/kg,建议中的车用汽油(Ⅴ)中的硫含量不大于 10mg/kg。在降低汽油的烯烃含量方面,满足国家第Ⅱ阶段排放要求的汽油中的烯烃含量的体积分数为不大于 35%;满足国家第Ⅲ、Ⅳ及Ⅴ阶段排放要求的汽油中烯烃含量体积分数分别为不大于 30%、28%、25%。

车用汽油(Ⅲ)、车用汽油(Ⅳ)及建议的车用汽油(Ⅴ)技术要求(GB 17930—2011)分别见表 3-1 至表 3-3。

车用汽油(Ⅲ)技术要求 表 3-1

项　目		质量指标			
		90	93	97	试验方法
抗爆性:					
研究法辛烷值(RON)	不小于	90	93	97	GB/T 5487
抗爆指数(RON + MON)/2	不小于	85	88	报告	GB/T 503、GB/T 5487
铅含量(g/L)	不大于	0.005			GB/T 8020
馏程:					GB/T 6536
10% 蒸发温度(℃)	不高于	70			
50% 蒸发温度(℃)	不高于	120			
90% 蒸发温度(℃)	不高于	190			
终馏点(℃)	不高于	205			
残留量(体积分数)(%)	不大于	2			
蒸气压(kPa)					GB/T 8017
11 月 1 日至 4 月 30 日	不大于	88			
5 月 1 日至 10 月 31 日	不大于	72			
溶剂洗胶质含量(mg/100mL)	不大于	5			GB/T 8019
诱导期(min)	不小于	480			GB/T 8018
硫含量(质量分数)(%)	不大于	0.015			SH/T 0689
硫醇(满足下列指标之一,即判断为合格):					
博士实验		通过			SH/T 0174
硫醇硫含量(质量分数)(%)	不大于	0.001			GB/T 1792

续上表

项　目		质量指标			
		90	93	97	试验方法
铜片腐蚀(50℃,3h),级	不大于	1			GB/T 5096
水溶性酸或碱		无			GB/T 259
机械杂质及水分		无			目测
苯含量(体积分数)(%)	不大于	1.0			SH /T 0713
芳烃含量(体积分数)(%)	不大于	40			GB/T 11132
烯烃含量(体积分数)(%)	不大于	30			GB/T11132
氧含量(质量分数)(%)	不大于	2.7			SH /T 0663
甲醇含量(质量分数)(%)	不大于	0.3			SH /T 0663
锰含量(g/L)	不大于	0.016			SH /T 0711
铁含量(g/L)	不大于	0.01			SH /T0712

车用汽油(Ⅳ)技术要求　　表 3-2

项　目		质量指标			
		90	93	97	试验方法
抗爆性:					
研究法辛烷值(RON)	不小于	90	93	97	GB/T 5487
抗爆指数(RON + MON)/2	不小于	85	88	报告	GB/T 503、GB/T 5487
铅含量(g/L)	不大于	0.005			GB/T　8020
馏程:					GB/T 6536
10%蒸发温度(℃)	不高于	70			
50%蒸发温度(℃)	不高于	120			
90%蒸发温度(℃)	不高于	190			
终馏点(℃)	不高于	205			
残留量(体积分数)(%)	不大于	2			
蒸气压(kPa)					GB/T 8017
11 月 1 日至 4 月 30 日	不大于	42 ~ 85			
5 月 1 日至 10 月 31 日	不大于	40 ~ 68			
溶剂洗胶质含量(mg/100mL)	不大于	5			GB/T 8019
诱导期(min)	不小于	480			GB/T 8018
硫含量(mg/kg)	不大于	50			SH /T 0689
硫醇(满足下列指标之一,即判断为合格):					
博士实验		通过			SH /T 0174
硫醇硫含量(质量分数)(%)	不大于	0.001			GB/T 1792
铜片腐蚀(50℃,3h),级	不大于	1			GB/T 5096
水溶性酸或碱		无			GB/T 259
机械杂质及水分		无			目测
苯含量(体积分数)(%)	不大于	1.0			SH /T 0713
芳烃含量(体积分数)(%)	不大于	40			GB/T 11132

续上表

项　目		质 量 指 标			
		90	93	97	试验方法
烯烃含量(体积分数)(%)	不大于	28			GB/T11132
氧含量(质量分数)(%)	不大于	2.7			SH /T 0663
甲醇含量(质量分数)(%)	不大于	0.3			SH /T 0663
锰含量(g/L)	不大于	0.008			SH /T 0711
铁含量(g/L)	不大于	0.01			SH /T0712

车用汽油(Ⅴ)建议性技术要求　　表 3-3

项　目		质 量 指 标			
		89	92	95	试验方法
抗爆性:					
研究法辛烷值(RON)	不小于	89	92	95	GB/T 5487
抗爆指数(RON + MON)/2	不小于	84	87	90	GB/T 503、GB/T 5487
铅含量(g/L)	不大于	0.005			GB/T 8020
馏程:					GB/T 6536
10%蒸发温度(℃)	不高于	70			
50%蒸发温度(℃)	不高于	120			
90%蒸发温度(℃)	不高于	190			
终馏点(℃)	不高于	205			
残留量(体积分数)(%)	不大于	2			
蒸气压(kPa)					GB/T 8017
11 月 1 日至 4 月 30 日	不大于	45 ~ 85			
5 月 1 日至 10 月 31 日	不大于	40 ~ 68			
溶剂洗胶质含量(mg/100mL)	不大于	5			GB/T 8019
诱导期(min)	不小于	480			GB/T 8018
硫含量(mg/kg)	不大于	10			SH /T 0689
硫醇(满足下列指标之一,即判断为合格):					
博士实验		通过			SH /T 0174
硫醇硫含量(质量分数)(%)	不大于	0.001			GB/T 1792
铜片腐蚀(50℃,3h),级	不大于	1			GB/T 5096
水溶性酸或碱		无			GB/T 259
机械杂质及水分		无			目测
苯含量(体积分数)(%)	不大于	1.0			SH /T 0713
芳烃含量(体积分数)(%)	不大于	40			GB/T 11132
烯烃含量(体积分数)(%)	不大于	25			GB/T11132
氧含量(质量分数)(%)	不大于	2.7			SH /T 0663
甲醇含量(质量分数)(%)	不大于	0.3			SH /T 0663
锰含量(g/L)	不大于	0.002			SH /T 0711
铁含量(g/L)	不大于	0.01			SH /T0712

GB17930—2011《车用汽油》国家标准第1号修改单：

2012年4月11日，国家标准化管理委员会批准GB 17930—2011《车用汽油》国家标准第1号修改单，自2012年5月1日起实施，修改内容如下。

（1）将第5章要求和试验方法修改为：

①车用汽油中所使用的添加剂应无公认的有害作用，并按推荐的适宜用量使用。车用汽油中不应含有任何可导致汽车无法正常运行的添加物和污染物。

②车用汽油（Ⅲ）和车用汽油（Ⅳ）技术要求和试验方法分别见表1和表2。

注：满足第Ⅴ阶段排放要求的建议性车用汽油技术指标参见附录A。

（2）表1、表2和表A.1中，在"溶剂洗胶质含量"栏目下增加一栏：

未洗胶质含量（加入清净剂前）（mg/100mL）不大于	30	GB/T 8019

二、汽油机对燃料性能的要求

1. 汽油的抗爆性

汽油的抗爆性是指汽油抑制汽油机出现爆震燃烧的能力。

正常情况下，在汽油机汽缸中的油气混合气一经电火花点火，便形成火焰中心，火焰从此中心以一定的速度（30～80m/s）连续地传播到整个燃烧室，在燃烧过程中燃料的化学能转变成热能，造成汽缸内温度、压力升高，高温、高压气体推动活塞做功，实现热能到机械能的转换，这一过程就是汽油机热功转换的正常过程，在这一过程中热能是做功的基础。

爆震是汽油机工作中出现的一种不正常的燃烧方式。爆震的实质是：处于汽缸末端的混合气在火焰尚未传播到达之前的自行燃烧，外部表现为听到汽缸内发出尖锐的金属敲击声，亦称之为敲缸；发动机冷却液过热、振动、工作不稳定；内部现象为燃烧后期的速度加快，火焰传播速度超过100～300m/s，强烈爆震时火焰传播速度达到1000～2000m/s。发动机产生爆震后会导致汽车油耗增加、功率下降、排放过高，甚至会造成活塞、气门的烧坏，轴瓦破裂等一系列问题，爆震燃烧时发动机主要零件的磨损超过正常燃烧过程的27倍。因此，汽油机不允许在严重的爆震下工作。

不同组分的汽油对爆震的产生表现出不同的抵御能力，汽油的抗爆性能用研究法辛烷值评价，我国汽油也以研究法辛烷值作为汽油的标号，汽油的辛烷值越高、标号越高抗爆震燃烧性能越好。车用汽油标准中所规定的90、93、97号汽油分别指辛烷值为90、93、97，要求实际销售中的车用汽油的辛烷值不得低于相应的数值。

根据实验控制条件的不同，辛烷值分为研究法辛烷值（RON）与马达法（MON）辛烷值，我国车用汽油标准以研究法作为汽油抗爆震指标，研究法辛烷值与马达法辛烷值之和的二分之一为抗爆震指数。

2. 汽油的蒸发性

在一定的温度下，汽油由液态转化为气态的能力，称为汽油的蒸发性。车用汽油在发动机中燃烧前，必须在汽缸内迅速汽化，与空气形成可燃混合气，该过程是保证燃料燃烧稳定、完全的先决条件。因此，蒸发性能是车用汽油重要的使用性能。

汽油机对汽油蒸发性的基本要求是：保证发动机在冬季易于启动，夏季不易产生气阻，并能充分燃烧。评价车用汽油蒸发性的指标有馏程与饱和蒸气压。

1)馏程

由于石油产品是多种烃类及少量非烃类衍生物组成的复杂混合物,与纯液体不同,它没有恒定的沸点,其沸点表现为一很宽的温度范围。油品在规定的条件下蒸馏,从初馏点到终馏点这一温度范围称为馏程,图 3-1 所示为车用汽油的馏程曲线。在车用汽油的馏程中选取 10%、50%、90% 蒸发温度(t_{10}、t_{50}、t_{90})、终馏点和残留量来评价汽油的蒸发性。车用汽油标准中要求的 t_{10}、t_{50}、t_{90} 分别是不高于 70℃、120℃、190℃。

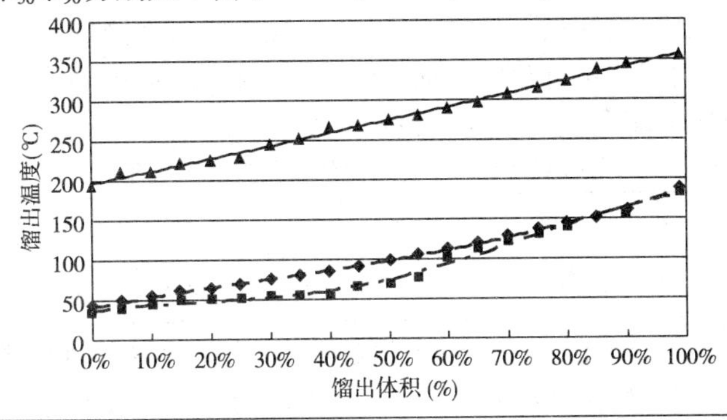

图 3-1 0 号柴油、M15 甲醇汽油和 93 号汽油的蒸馏曲线

(1)10% 蒸发温度(t_{10})。t_{10} 的高低主要说明车用汽油中含低沸点组分(轻组分)的多少,它决定汽油低温启动性和形成气阻的倾向。汽油发动机启动时转速较低(一般为 80 ~ 120r/min),吸入汽油量少,若 t_{10} 过高,表明缺乏足够的轻组分,其蒸发性差,则冬季或冷车不易启动。因此,车用无铅汽油规格中规定,10% 蒸发温度不能高于 70℃。若 t_{10} 过低,在高温的夏季行车,10% 蒸发的汽油在供油油路中形成气阻,使得正常供油中断,发动机出现抖动或熄火。

目前,车用汽油只规定了 10% 蒸发温度的上限,其下限实际上是由蒸气压来控制的,一般认为车用汽油的 10% 蒸发温度不宜低于 60℃。

(2)50% 蒸发温度(t_{50})。t_{50} 表征了车用汽油的平均蒸发性,它直接影响发动机的加速性、暖机时间和工作平稳性。t_{50} 低,发动机加速性能好,汽车提速快,暖机所需要的时间短;t_{50} 过高,发动机中容易出现燃烧不完全现象,使发动机功率降低。为此,规定车用汽油的 50% 蒸发温度不高于 120℃。

(3)90% 蒸发温度和终馏点(t_{90})。t_{90} 表示车用汽油中高沸点组分(重组分)的多少,决定汽油在汽缸中的蒸发完全程度。t_{90} 过高,表明汽油不易蒸发,重质组分过多,难以充分燃烧,排气易冒黑烟,微粒物排放增加。这不仅会增大油耗,降低发动机功率,使其工作不稳定,而且未充分燃烧的燃油还会流入曲轴箱,稀释润滑油,加剧零件磨损。试验表明,使用终馏点为 225℃ 的汽油,发动机的磨损比使用终馏点为 200℃ 的汽油增大 1 倍、耗油量增加 7%。

因此,车用汽油对 t_{90} 和终馏点均作了严格限制,要求 t_{90} 不高于 190℃,终馏点不高于 205 ℃。

(4)残留量。反映车用汽油储存过程中,氧化生成胶质物的含量。随残留量的增大,气门、化油器量孔及喷油嘴被堵塞的机会增多,汽缸内结焦量增加。因此,车用汽油要求残留量不大于 2%。

2）蒸气压

饱和蒸气压（简称蒸气压）是指在一定的温度下，气液两相处于平衡状态时的蒸气压力。车用汽油的蒸气压用雷德蒸气压表示，它是用特定的仪器，在规定的条件下测得的油品蒸气压。

蒸气压是评价汽油的汽化性能、启动性能、生成气阻倾向及储存时损失轻组分的重要指标。较高的蒸气压能保证汽油正常燃烧，发动机启动快，效率高，油耗低。但蒸气压过高，又易在输油管路中形成气阻，使供油不足或中断，造成发动机功率降低，甚至停止运转。随着大气温度的升高，应控制汽油保持较低的蒸气压，才能保证汽油机供油系统不发生气阻，大气温度与不致引起气阻的车用汽油蒸气压关系见表3-4。

大气温度与不致引起气阻的车用汽油蒸气压 表3-4

大气温度（℃）	10	16	22	28	33	38	44	49
蒸汽压（kPa）	97.3	84.0	76.0	69.3	56.0	48.7	41.3	36.7

为了兼顾启动性和防止气阻这一相互矛盾的要求，车用汽油技术要求蒸气压按季节不同规定有不同的指标，时段划分是从11月1日至次年4月30日及5月1日至10月31日。

3. 汽油的安定性

油品在储存、运输及使用过程中，保持其质量不发生永久变化，称为油品安定性。汽油安定性与其化学组成有关，如果汽油中含有大量的不饱和烃，特别是二烯烃，在运输、储存及使用过程中极易发生氧化反应，生成酸性物质、胶状物质和不溶沉渣，使油品颜色变深，辛烷值下降，并腐蚀设备。使用安定性差的汽油，会破坏发动机正常工作，增大油耗。

评定车用汽油安定性的指标主要有实际胶质与诱导期。

1）实际胶质

汽油在储存和使用过程中形成黏稠、不易挥发的褐色胶状物质称为胶质。根据溶解度的不同胶质可分为三种类型：第一种是不可溶胶质，即沉渣，它在汽油中形成沉淀物，可通过过滤的方法分离出来；第二种是可溶性胶质，这种胶质溶解于汽油当中，通过蒸发的方法才能使其作为不挥发物质残留下来；第三种是黏附胶质，其特点是黏附在容器壁面上，不溶于有机溶剂。

实际胶质也是溶剂洗胶质。由于车用汽油生产中常加入非挥发性油品或添加剂，因此，只有用正庚烷抽提的方法使之从蒸发残渣中除去后，所测结果才为实际胶质，否则称为未洗胶质。胶质以mg/100mL表示。实际胶质是用于评定车用汽油在发动机中生成胶质的倾向，判断燃料储存安定性的重要指标。根据实际胶质的大小，可判断其能否使用和继续储存，因此汽油应定期测定实际胶质。

2）诱导期

诱导期是指在规定的加速氧化条件下，油品处于稳定状态所经历的时间，以min表示。诱导期是评定汽油在长期储存中，氧化生成胶质倾向的指标。通常，诱导期越长，油品形成胶质的倾向越小，抗氧化安定性越好，油品越稳定，可以储存的时间也越长。直馏汽油的诱导期大于热裂化汽油的诱导期。

需要注意的是某些燃料诱导期长，实际胶质的生成并不一定就少，如含芳烃较多的催化裂化汽油诱导期长达720min，但是，在360min时实际胶质已达93mg/100mL。

4. 汽油的腐蚀性

汽油在储存、运输和使用过程中，对所接触的机械设备、金属材料、塑料及橡胶制品等能

产生破坏作用,这种破坏往往是汽油的腐蚀所造成的,由于机械设备和零件多为金属制品,因此,油品腐蚀性主要指的是对金属材料的腐蚀。腐蚀作用不但会生成不溶于油品的固体杂质,影响油品的洁净度和安定性,还会使机械设备故障率增加,使用寿命下降,而且金属被腐蚀后对储存、运输和使用带来更多的危害。对车用汽油腐蚀性的要求是,不腐蚀发动机零件和容器,绝对的不腐蚀是没有的,抑制腐蚀、延缓腐蚀使发动机在一定寿命范围内不出问题是比较合理的要求。

评定车用无铅汽油腐蚀性的指标有硫含量、硫醇、铜片腐蚀和水溶性酸、碱。

硫含量是指存在于油品中的硫及其衍生物的含量,以质量分数表示。

硫醇是"活性硫"之一,多存在于直馏产品中,它不但气味难闻,而且腐蚀性较强,特别是温度升高时,腐蚀作用会随之增大,因此限制车用汽油中的硫醇,对判断油品气味及其对燃料系统金属和橡胶部件的腐蚀性更具有实际意义。硫醇硫含量试验和博士试验都是检验油品中硫醇的试验,其中,硫醇硫含量的大小用质量分数表示;博士试验用通过(即无硫醇硫存在)或不通过(有硫醇硫存在)表示。

铜片腐蚀是定性检验油品有无活性硫的试验。

水溶性酸指的是无机酸和低分子有机酸,水溶性碱是指氢氧化钠或碳酸钠等,它们通常为石油产品酸碱精制过程中的残留物,是强腐蚀性物质。水溶性酸几乎对所有金属都有腐蚀作用,尤其是有水存在的情况下,其腐蚀性更为严重;水溶性碱对金属,特别是对铝质零件有较强腐蚀性。

5.汽油的清洁性

机械杂质和水分是评价车用汽油清洁性的两项重要质量指标。

车用汽油中是不含水分的,但在储存、运输、加注和使用过程中,总是不可避免地受到外界污染,使水进入汽油中。汽油含水主要破坏其低温流动性,如水分在冬季可能冻结成冰,严重时会堵塞滤清器或油路,甚至造成供油中断;水分还会沉积在汽油油箱底部,造成发动机无法启动;其次,水分降低油品抗氧化性能,影响储存安定性。

所谓机械杂质是指存在于油品中所有不溶于特定溶剂的沉淀状物质或悬浮状物质。汽油中的机械杂质都是在储存、运输、加注和使用过程中,受到外界污染而混入的,主要有砂子、尘土、纤维、铁锈、铁屑等。

汽油中混有机械杂质,易堵塞滤清器,减少供油量,甚至使供油中断;同时也会加剧喷油器喷嘴和汽缸活塞组件的磨损。因此,车用汽油中不允许含有机械杂质。

6.汽油中的有害物质

车用汽油中的有害物质主要有苯、芳烃、烯烃和硫等物质。

1)苯

苯虽然对汽油辛烷值的贡献较大,但它却是公认的致癌物,由于蒸发和燃烧不完全而排入大气,可对人体造成危害,因此从环境保护考虑,限制车用汽油中的苯含量是十分必要的。

2)芳烃含量

芳烃是汽油辛烷值的重要贡献者,其能量密度大,但燃烧后生成的沉积物多。试验还表明,随着汽油中芳烃含量的增高,汽油尾气中的苯含量也增多。我国车用汽油控制芳烃含量,既考虑了减少排放有害污染物的要求,又照顾到维持辛烷值达到必要的水平。

3)烯烃含量

烯烃也是提高辛烷值的重要成分,但其稳定性差,一些烯烃有很强的大气反应活性,在光的作用下，易与空气反应生成臭氧，造成大气污染。

4）铅含量

过去我国汽车一直使用含铅汽油，含铅汽油是在汽油中加入四乙基铅，使用四乙基铅的目的是提高汽油的辛烷值，用来消除汽油燃烧时产生的爆震。四乙基铅的另一个重要作用是在摩擦区内被润滑油的其他添加剂还原成金属铅沉积在零件的接触表面，这对工作条件十分恶劣的汽缸壁、活塞环和环槽来说，是一种十分可贵的润滑剂，它能大幅度降低这些零件的磨损程度。但是，四乙基铅是一种剧毒物质，而且具有潜在的致癌性，人体中过量含铅不仅损害神经系统和肾，还能导致智商降低，影响生理机能和造血机能，尤其对少年和幼儿中枢神经损伤最大。因此，车用汽油中规定不许加入含铅类添加剂。

5）甲醇与氧含量

由于甲醇具有很强的吸水性，因此车用汽油标准中对汽油中甲醇的含量做了严格的规定，要求甲醇的质量分数不大于0.3%；同时由于甲醇中的氧含量较多，因此汽油中加入甲醇也会使氧含量增多，所以国家标准规定汽油中的氧含量的质量分数不得大于2.7%。而甲醇汽油是在汽油中加入大量的甲醇，因此为了减小甲醇的吸水性与腐蚀性，需要在甲醇汽油中加入添加剂来减小甲醇在这些方面的影响。

三、车用汽油性能的检测

1. 汽油抗爆性的检测

车用汽油的抗爆性用辛烷值和抗爆指数来评价。

图3-2　辛烷值试验机

辛烷值的检验按GB/T 5487—1995《汽油辛烷值测定法（研究法）》进行。测定汽油辛烷值的设备是连续可改变压缩比的单缸发动机，标准规定的试验设备是美国制造的ASTM－CFR试验机，如图3-2所示。机上装有测量爆震强度的爆震表（实际上是一个毫伏表，用0～100分度来显示爆震强度），可以把被测油样的爆震强度准确指示出来，通过转换，得到试样的辛烷值。

辛烷值是利用规定的试验发动机在规定的试验条件下测定，并通过和标准燃料进行比较最终确定燃料辛烷值的大小。标准燃料规定异辛烷的辛烷值为100，正庚烷的辛烷值为0，辛烷值采用和被测燃料具有相同抗爆性的标准燃料中异辛烷的体积分数来表示。

根据测试条件的不同，分为研究法和马达法两种辛烷值。研究法辛烷值是发动机在600r/min条件下测定的，它表示点燃式发动机低速运转时，汽油的抗爆性能。马达法辛烷值是在900r/min的发动机中测定的，用以表示点燃式发动机在重负荷条件下及高速行驶时汽油的抗爆性能。目前，马达法辛烷值只作为航空汽油的质量指标。两种辛烷值测定时所用的试验机基本相同。研究法和马达法所测辛烷值可以用下式近似换算：

$$MON = RON \times 0.8 + 10 \tag{3-1}$$

根据研究法辛烷值的不同，我国将车用汽油分为90号、93号和97号。

2. 汽油馏程的检验方法

车用汽油的馏程按GB/T 6536—1997《石油产品蒸馏测定法》进行。该标准试验方法适用于测定所有发动机燃料、溶剂油和轻质石油产品的馏程。检测仪器为石油产品蒸馏测定仪如图3-3所示。

蒸馏测定时，将100mL汽油试样在规定条件下进行蒸馏，冷凝管较低的一端滴下第一滴冷凝汽油时的温度计读数，称为初馏点；之后，按照蒸馏出汽油5%的体积增量记录相应的温度，当馏出物体积分数为试样的10%、50%、90%时，蒸馏瓶内的温度计读数分别称之为10%、50%、90%馏出温度。蒸馏过程中的最高温度计读数，称为终馏点。蒸馏烧瓶底部最后一滴液体汽化瞬间所观察到的温度计读数称为干点，此时不考虑蒸馏烧瓶壁及温度计上的任何液滴或液膜。由于终馏点通常在蒸馏烧瓶底部液体全部蒸发后才出现，故与干点往往相同。初馏点到终馏点这一温度范围即称为馏程。蒸馏结束后，以装入试样100%计算，去除馏出液体和残留物的体积分数，所得之差值称为损失。以横坐标为相对蒸馏量，纵坐标为蒸馏温度可绘制蒸馏曲线如图3-1所示。

3. 汽油蒸气压检测

车用汽油的蒸气压按GB/T 8017—1987《石油产品蒸气压测定法(雷德法)》测定，测试仪器为饱和蒸气压自动测定仪，如图3-4所示，它不仅适用于测定汽油，而且还适用于测定易挥发性原油及其他易挥发性石油产品的蒸气压。

蒸气压测定装置由蒸气压测定器、压力表和水浴三部分组成，测定器又分空气室和汽油室，两者的体积比为4:1。测定蒸气压时，将冷却的试样充入蒸气压测定器的汽油室内，并使汽油室与37.8℃的空气室相连接，将该测定器浸入恒温浴(37.8℃ ±0.1℃)中，定期振荡，直至安装在测定器上的压力表读数稳定，此时的压力表读数经修正(用汞压力计修正)后，即为雷德蒸气压。

4. 汽油铜片腐蚀性检测

铜片腐蚀是定性检验油品有无活性硫的试验。车用汽油标准中规定铜片腐蚀(50℃，3h)不大于1级。

铜片腐蚀试验按GB 5096—1985《石油产品铜片腐蚀试验法》进行。该标准主要适用于测定航空汽油、喷气燃料、车用无铅汽油、天然汽油或具有雷德蒸气压不大于124kPa(930mmHg)的其他烃类、溶剂油、煤油、柴油、馏分燃料油、润滑油和其他石油产品对铜的腐蚀性。

铜片腐蚀测定仪如图3-5，测定时，将一块已磨光的铜片浸没在一定的试样中，并按产品标准要求加热到指定的温度，保持一定的时间，待试验周期结束时，取出铜片，经洗涤后与标准色板进行比较，确定腐蚀级别。表3-5为标准色板的分级，腐蚀标准色板分为4级，1级为轻度变色；2级为中度变色；3级为深度变色；4级为腐蚀。

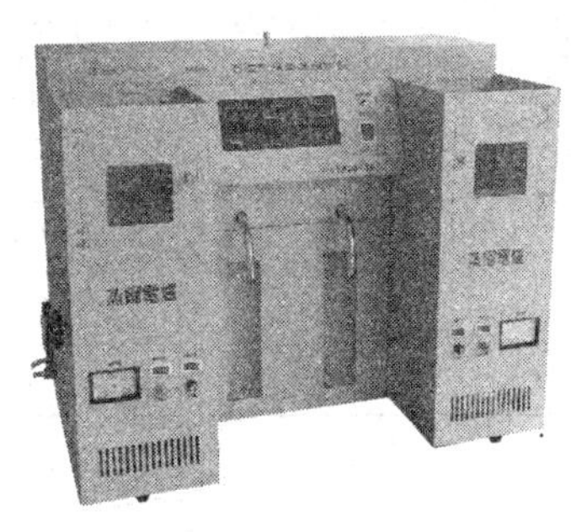

图3-3 蒸馏测定仪

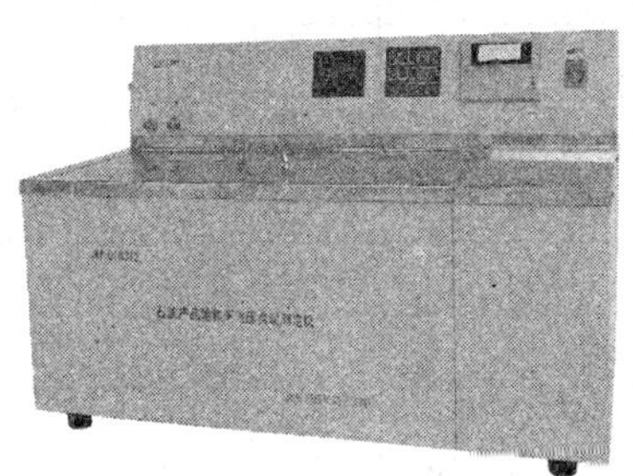

图3-4 蒸气压测定仪

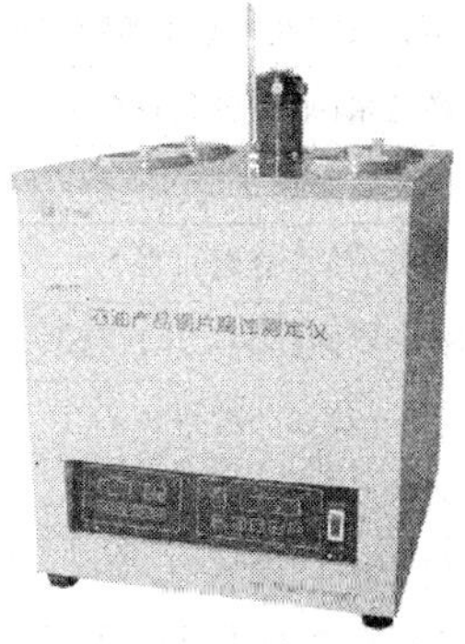

图3-5 铜片腐蚀测定仪

铜片腐蚀的标准色板分级 表 3-5

级 别	名 称	说 明
1	轻度变色	(1)淡橙色,几乎与新磨光的铜片一样; (2)深橙色
2	中度变色	(1)紫红色; (2)淡紫色; (3)带有淡紫蓝色或银色,或两种都有,并分别覆盖在紫红色上的多彩色; (4)银色; (5)黄铜色或金黄色
3	深度变色	(1)洋红色覆盖在黄铜色上的多彩色; (2)有红和绿显示的多彩色(孔雀绿),但不带灰色
4	腐蚀	(1)透明的黑色、深灰色或仅带有孔雀绿的棕色; (2)石墨黑色或无光泽的黑色; (3)有光泽的黑色或乌黑发亮的黑色

第三节 柴油机对燃料性能的要求

柴油主要由 $C_{15}-C_{24}$ 的各族烃类化合物组成,外观为淡黄色。柴油是压燃式发动机——柴油机的燃料。柴油机因其热效率高,与汽油机相比能够节约燃料 15% ~20%,适合在重型载货汽车上应用,目前,已经成为汽车发动机的首选,即车用发动机的柴油机化。因而,我国每年柴油的消耗量比汽油多 1 倍,发达国家这一比例更高。

柴油按照沸点范围分为 180 ~370℃和 350 ~410℃两种,前者为轻柴油,后者为重柴油,车用柴油为轻柴油,重柴油主要用于大型、低速舰船发动机。

车用柴油执行标准为 GB 19147 -2009,标准中对车用柴油按照凝固点不同划分为 6 个牌号,即 5 号、0 号、-10 号、-20 号、-35 号和 -50 号。各地区根据不同季节的环境温度选择供应柴油。

表 3-6 为车用柴油技术要求和试验方法。

车用柴油的质量标准 表 3-6

项 目		5 号	0 号	-10 号	-20 号	-35 号	-50 号	试验方法
氧化安定性/(总不溶物)(mg/100mL)	不大于	2.5						SH/T0175
硫含量(质量分数)(%)	不大于	0.035						SH/T0689
10%蒸余物残炭(质量分数)(%)	不大于	0.3						GB/T268
灰分(质量分数)(%)	不大于	0.01						GB/T508
铜片腐蚀(50℃,3h)(级)	不大于	1						GB/T5096
水分(体积分数)(%)	不大于	痕迹						GB/T260
机械杂质		无						GB/T511
润滑性 磨痕直径(60℃)(μm)	不大于	460						SH/T0765
多环芳烃含量(质量分数)(%)	不大于	11						SH/T0606
运动黏度(20℃)(mm^2/s)		3.0 ~8.0		2.5 ~8.0		1.8 ~7.0		GB/T265

续上表

项　　目		5 号	0 号	-10 号	-20 号	-35 号	-50 号	试验方法
凝点(℃)	不高于	5	0	-10	-20	-35	-50	GB/T510
冷滤点(℃)	不高于	8	4	-5	-14	-29	-44	SH/T0248
闪点(闭口)(℃)	不低于	55			50	45		GB/T261
着火性(需满足下列要求之一)								
十六烷值	不小于	49			46	45		GB/T386
十六烷值指数	不小于	46			46	43		SH/T0694
馏程								GB/T6536
50% 回收温度(℃)	不高于	300						
90% 回收温度(℃)	不高于	355						
95% 回收温度(℃)	不高于	365						
密度(20℃)(kg/m^3)		810～850			790～840			GB/T 1884 GB/T 1885
脂肪酸甲脂(体积分数)(%)	不大于	0.5						GB/T23801

一、柴油的蒸发性

在燃烧室工质状态与喷油设备性能一定的条件下，柴油发动机中油气混合气的形成速度与质量决定于柴油的蒸发性，由于高速柴油机所给予油气混合气形成的时间极短，故对柴油的蒸发性有较高要求。车用柴油主要用于高速柴油机，它对蒸发性的质量要求是：在很短的时间内能完全蒸发，迅速与空气形成较均匀的可燃混合气，以保证发动机着火与后续的及时、完全燃烧。

车用柴油蒸发性的评定同样是采用相对蒸馏曲线，与汽油不同的是在车用柴油的馏程中选用 50%、90% 和 95% 回收温度 t_{50}、t_{90}、t_{95} 评价。

1. t_{50}

t_{50}反映车用柴油的启动性。该点温度低，表明柴油中的轻质馏分含量多，柴油机易于启动，我国车用柴油要求 50% 回收温度不高于 300℃。但轻质馏分含量也不能过多，否则会使喷入汽缸的柴油蒸发过快，易引起柴油燃烧过于集中，造成压力剧增，使柴油机工作粗暴、振动、不稳定，车用柴油用闪点控制蒸发性下限。

2. t_{90}、t_{95}

t_{90}、t_{95}的高低表明柴油中重质馏分含量的多少，直接影响车用柴油的燃烧完全性。该点温度过高，不仅增大了汽车运行中的油耗，降低了柴油机的动力性，而且还加大机械磨损，易引起发动机汽缸内积炭增多，造成发动机过热。我国车用柴油要求 t_{90}不高于 355℃，t_{95}不高于 365℃。

柴油的馏分过轻、过重都不适宜柴油机的工作，我国车用柴油馏程一般控制在200～380℃。

3. 馏程的检测方法

车用柴油的馏程测定按 GB/T 6536—1997《石油产品蒸馏测定法》进行。与汽油相比，

其测量方法、测量仪器基本相同。

二、柴油的闪点

1. 闪点与爆炸界限

闪点是将液体油品置于专门仪器内在规定条件（常压）下加热，其蒸气与空气形成的混合气与火焰接触，发生瞬间闪火的油品最低温度。闪点是油品一项安全性指标，闪点低于45℃的液体为易燃液体，闪点高于45℃的液体为可燃液体。同时闪点也能够说明液体蒸发性的好坏。

液体油品蒸发与空气混合，遇火发生爆炸性燃烧的油品体积分数称为爆炸界限，过浓与过稀混合气是不可能燃烧的，因而，爆炸界限是一个范围，最低体积分数为爆炸下限，最高体积分数爆炸上限。

通常情况下，高沸点油品的闪点为其爆炸下限的油品温度，而低沸点油品的闪点为其爆炸上限的油品温度。如汽油是极易挥发的油品，在室温条件下油气浓度已经大大超过其爆炸下限，其闪点实际上是它爆炸上限的油品温度。闪点为其爆炸下限的油品，当达到闪点温度时出现瞬间闪火，燃烧并不能持续；而闪点为其爆炸上限的油品，当达到闪点温度时，只要氧气条件保障，燃烧是能够持续进行的。测定低沸点油品的爆炸下限没有实际意义。

自燃点是将油品加热到一定温度后，再使之与空气接触，无须引火点燃，油品即因剧烈氧化反应而产生火焰的最低温度。

油品的馏分越轻，沸点越低，闪点越低，自燃点超高。汽油的自燃点为415～530℃，煤油为380～425℃，柴油为350～380℃。

闪点又分为开口闪点与闭口闪点两种，测定所用仪器与测试条件不同，闭口闪点多用于轻质油品，开口闪点用于润滑油与重质油品。

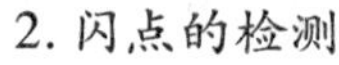

2. 闪点的检测

车用柴油闪点的测试按 GB/T 261—1983《石油产品闪点测定法（闭口杯法）》进行，测试仪器为自动闭口闪点测定仪，如图3-6所示。

图3-6　自动闭口闪点测定仪

影响闭口闪点测定的主要因素有试样含水量、加热速度、点火控制、试样装入量和大气压力等。其中大气压力对柴油的闪点影响比较大：气压低，油品易挥发，闪点有所降低；反之，闪点则升高。

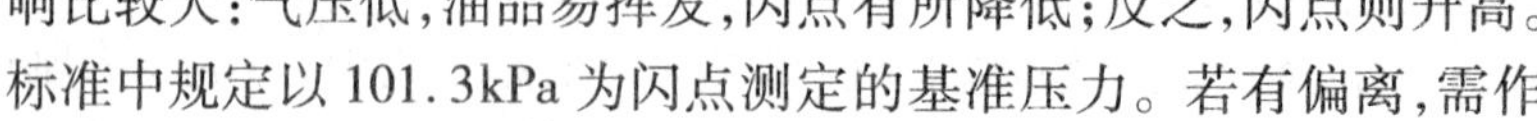

标准中规定以101.3kPa为闪点测定的基准压力。若有偏离，需作压力修正。

闭口闪点的压力修正公式为：

$$t_0 = t + 0.25(101.3 - P) \tag{3-2}$$

式中：t_0——基准压力（101.3kPa）时的闪点，℃；

t——实测闪点，℃；

P——实际大气压力，kPa。

闪点测试时，将试样装入油杯至环状刻线处，在连续搅拌下加热，按要求控制恒定的升温速度，在规定温度间隔内用一小火焰进行点火试验，点火时必须中断搅拌，试样表面上蒸气闪火时的最低温度，即为闭口杯法闪点。

三、柴油的着火性

1. 着火滞后期

从理论上讲，当柴油喷入燃烧室后，便已具备了着火燃烧的基本条件。但实际上从柴油喷入至自燃，还有一定的时间间隔，这是由于柴油需要雾化、蒸发、扩散完成与空气充分混合、先期氧化及形成局部着火点等物理化学准备的缘故。从喷油器开始喷油到柴油开始着火这段时间，称为着火滞后期或称为滞燃期。正常情况下，柴油的自燃点较低，着火滞后期短，燃料着火后，边喷油、燃烧边进行，发动机工作平稳，热效率高。但如果柴油的自燃点过高，则着火滞后期延长，以致在开始自燃时，汽缸内积累较多的柴油同时自燃，温度和压力剧烈增高，这就使柴油机突爆。柴油机的突爆与汽油机的爆震同属不正常工作现象，同样会使燃料燃烧不完全，形成黑烟，油耗增大，功率降低，并使零件磨损加剧，甚至损坏，但是，两者产生的根源是不同的。

2. 十六烷值与十六烷指数

十六烷值与十六烷指数是评价车用柴油着火性的重要指标。十六烷值是表示柴油在发动机中着火性能的一个约定量值。它是在规定操作条件的标准可变压缩比发动机试验机中，将柴油试样与标准燃料进行比较测定，当两者具有相同的着火滞后期时，标准燃料的正十六烷值即为试样的十六烷值。

标准燃料是用着火性能好的正十六烷和着火性能较差的七甲基壬烷按不同体积比配制成的混合物。规定正十六烷的十六烷值为100，七甲基壬烷的十六烷值为15。则试样的十六烷值为：

$$CN = \phi_1 + 0.15\phi_2 \tag{3-3}$$

式中：CN——标准燃料的十六烷值；

ϕ_1——标准燃料中正十六烷的体积分数，%；

ϕ_2——标准燃料中七甲基壬烷的体积分数，%。

计算结果，取两位小数。

与汽油机对汽油辛烷值的要求不同，柴油机对柴油十六烷值的要求并不是越高越好，十六烷值过低，柴油机启动困难，过高的十六烷值会造成柴油机工作时的冒烟，一般柴油机对十六烷值的要求在40～50。

十六烷指数是表示柴油自燃性能的一个计算值，它是用来预测馏分燃料十六烷值的一种辅助手段。该方法适用于计算直馏馏分、催化裂化馏分以及两者的混合燃料的十六烷指数，特别是当试样量很少或不具备发动机试验条件时，计算十六烷指数是估计柴油自燃性能的有效方法。

3. 十六烷值的检测

柴油十六烷值按GB/T 386—2010《柴油着火性质测定法（十六烷值法）》测定。测定仪器是一台可改变压缩比的专用单缸柴油机（900r/min），压缩比可调范围为7.95～23.50。测定十六烷值的基本原理是：在标准操作条件下，将试样的着火性质与已知十六烷值的两个标准燃料相比较，其中两个标准燃料的十六烷值分别比试样略高或略低，在着火滞后期相同的情况下，测定它们的压缩比，据此用内插法计算试样的十六烷值。图3-7所示为柴油十六烷值单缸试验机。

目前，已研制出多种便携式十六烷值测定仪，应用于柴油的生产、质检和科研中。它们多为快速、简便、数显式多功能分析仪器，一般能同时测定柴油的十六烷值、十六烷指数、十六烷添加剂等多种参数。如图3-8所示为便携式柴油十六烷值测定仪。

图3-7　柴油十六烷值单缸试验机

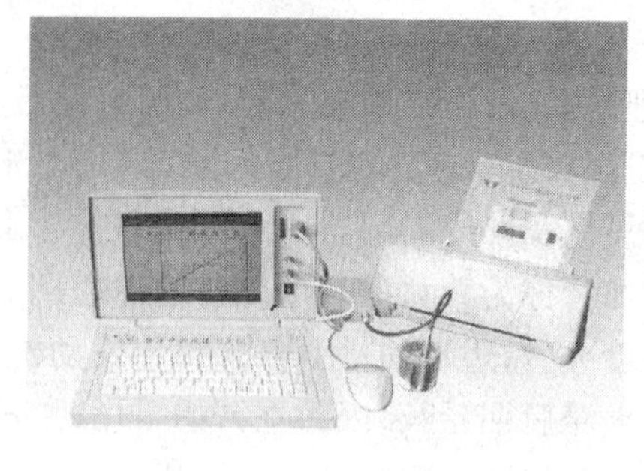

图3-8　柴油十六烷值测定仪

四、柴油的安定性

与汽油相似，影响柴油安定性的主要原因同样是油品中的不饱和烃（如烯烃、二烯烃）以及含硫、氮化合物等不安定组分。安定性差的柴油，长期储存，颜色会变深，易在油罐或油箱底部、油库管线内及发动机燃油系统生成胶质和沉渣。在使用过程中，油箱温度可达60～80℃，由于剧烈振荡，油品中的溶解氧可达到饱和程度。进入燃油系统后，温度继续升高，在金属的催化作用下，不安定组分会急剧氧化生成胶质。这些胶质堵塞滤清器；沉积在喷嘴上，会影响喷雾质量，导致不完全燃烧，甚至中断供油；沉积在燃烧室壁，会形成积炭，加剧设备磨损。车用柴油要求安定性好，在储存时生成胶质及燃烧后形成积炭倾向要小。

评价轻柴油和车用柴油安定性的指标主要有总不溶物和10%蒸余物残炭。

1. 总不溶物

总不溶物是评价车用柴油固有安定性的指标。固有安定性是在没有水、活性金属表面及污物存在的情况下，试样暴露于大气中的抗氧化能力。

柴油是复杂的有机混合物，其中也有以聚集状态存在的胶体化合物，在大量溶剂的稀释下，其固有的胶体稳定性被破坏，使胶体凝集而沉降下来，此即为不溶物。总不溶物包括黏附性不溶物和可过滤不溶物两部分。其中，黏附性不溶物是试验条件下，试样在氧化过程中产生的，黏附在氧化管壁上，且不溶于异辛烷的物质。可过滤不溶物是试验条件下，试样在氧化过程中产生的能过滤分离出来的物质，它包括氧化后在试样中悬浮的物质和在管壁上易用异辛烷洗涤下来的物质。

我国车用柴油要求总不溶物含量不大于2.5mg/100mL。

2. 总不溶物的检验方法

总不溶物的测定按SH/T 0175—1994《馏分燃料油氧化安定性测定法（加速法）》进行。该标准试验方法适用于评定初馏点不低于175℃，90%点温度不高于370℃的中间馏分燃料油的固有安定性。

测定时，将已过滤的350mL试样注入氧化管中，通进氧气，流量为50mL/min。在95℃的温度条件下氧化16h；然后将氧化后的试样冷却到室温，过滤，得到可过滤的不溶物；用三合剂（等体积混合的分析纯丙酮、甲醇和甲苯液体）把黏附性不溶物从氧化管上洗下来，蒸发除去三合剂后，即得黏附性不溶物；可过滤的不溶物与黏附性不溶物之和即为总不溶物量，以 mg/100mL 表示。

3.10% 蒸余物残炭

油品在规定的仪器中隔绝空气加热，使其蒸发、裂解及缩合所形成的残留物，称为残炭，10% 蒸余物残炭，指的是把测定柴油馏分中馏出 90% 以后的残留物作为试样所测得的残炭。残炭是评价油品在高温条件下生成焦炭倾向的指标。由于车用柴油馏分轻，直接测定残炭值很低，误差较大，故规定测定 10% 蒸余物残炭。车用柴油 10% 蒸余物残炭反映油品的精制深度或油质的好坏。10% 蒸余物残炭值大的柴油在使用中会在汽缸内形成积炭，导致散热不良，零件磨损加剧，缩短发动机使用寿命。

4. 检验方法

车用柴油 10% 蒸余物残炭在测定前先按 GB/T 6536—1997《石油产品蒸馏测定法》对 200mL 试样进行蒸馏，收集 10% 残余物作为试样。

图 3-9 残炭测定仪

图 3-9 所示为残炭测定仪（康氏法），该残炭测定仪是在 GB 268—1987《石油产品残炭测定法（康氏法）》规定的试验条件下，把已称重的试样置于坩埚内进行分解蒸馏。残余物经强烈加热一定时间即进行裂化和焦化反应。在规定的加热时间结束后，将盛有炭质残余物的坩埚置于干燥器内冷却并称重，计算。

五、柴油的运动黏度

通俗讲，黏度是指液体的黏稠程度，物理学上的运动黏度是液体在重力作用下流动时内摩擦力的量度，其数值为相同温度下液体的动力黏度与其密度之比。黏度是车用柴油的重要指标，是保证柴油正常喷射、雾化、燃烧及油泵润滑的重要质量指标。黏度过大的柴油，发动机的供油量减少，同时油束射程增大，油滴颗粒大，雾化性能不好；黏度过小，则影响油泵润滑，加剧磨损。因此，柴油机需要有一个适宜黏度范围的燃料。

黏度有动力黏度与运动黏度之分，两者有简单的换算关系，车用柴油的黏度用运动黏度评价。

$$V_t = U_t / \rho_t \tag{3-4}$$

式中：V_t——油品在温度 t 时的运动黏度，m^2/s；

U_t——油品在温度 t 时的动力黏度，$Pa \cdot s$；

ρ_t——油品在温度 t 时的密度，kg/m^3。

图 3-10 运动黏度测定仪

实际生产中，常用 mm^2/s 作为油品运动黏度单位，$1m^2/s = 10^6mm^2/s$。柴油运动黏度测定按 GB/T265—1988《石油产品运动黏度测定法和动力黏度计算法》进行，主要仪器是玻璃毛细管赫度计，该法适用于属于牛顿型流体的液体石油产品。

图 3-10 所示为运动黏度测定仪，符合 GB/T265—1988、ASTM D445 标准要求，可用于测定透明和不透明液体石油产品的运动黏度。

六、柴油的低温流动性

油品的低温流动性能是指油品在低温下使用时，维持正常流动，顺利输送的能力。例

如,我国北方地区冬季气候寒冷,室外发动机或机器的启动温度与环境温度基本相同,流动性差的柴油,往往造成不能可靠供油,严重时甚至使发动机无法启动工作。因此,车用柴油要求有良好的低温流动性能,以保证在使用条件下无结晶析出,不堵塞滤清器,容易泵送,供油正常。

评定车用柴油低温流动性的指标主要有凝点和冷滤点。

1. 凝点

油品的凝点(或称凝固点)是指油品在规定的条件下,冷却至液面不移动时的最高温度,以℃表示。凝点是油品完全失去流动性的温度,我国车用柴油按凝点划分牌号,如 -10号车用柴油,其凝点不高于 -10℃。

柴油凝点的测定按 GB 510—1983《石油产品凝点测定法》进行。该标准方法适用于测定深色石油产品及润滑油的凝点。图 3-11 所示为多功能低温测定仪,可以测量石油产品倾点、凝点和冷滤点。

2. 冷滤点

在规定条件下,柴油试样在 60s 内开始不能通过过滤器 20mL 时的最高温度,称为冷滤点,以℃表示。车用柴油要在高于其冷滤点 5℃的环境温度下使用。

七、润滑性

柴油机要求车用柴油具有一定的润滑性,以保护供油系统精密偶件的正常工作,润滑性用标准钢球的磨痕直径来评价,并要求磨痕直径(60℃)不大于 460μm ,按 ISO 12156-1:1997 的要求,用高频往复试验机(图 3-12)测定车用柴油的润滑性,它是由计算机控制的往复磨损测试系统,通过该仪器可对燃料油和润滑油的磨损性进行快速、可重复地测试。

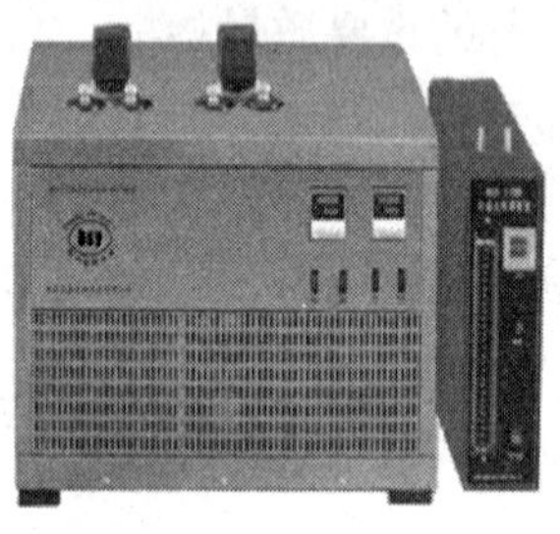

图 3-11　多功能低温测定仪

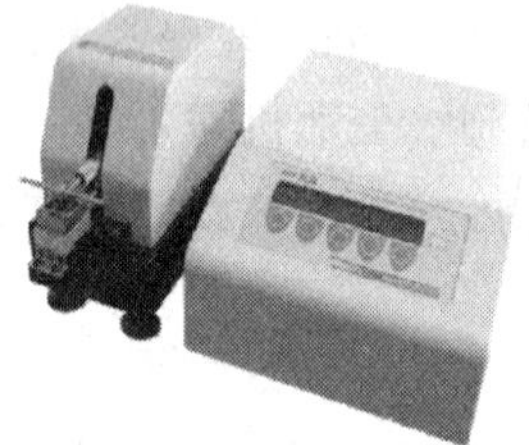

图 3-12　高频往复试验机

第四节　燃料的燃烧

发动机工作性能的优良程度决定于发动机供油系统、进气系统、燃烧系统、控制系统的兼容与匹配水平,每一个系统的设计都是针对其所用燃料进行的,都离不开所用燃料的基础性能参数。如:发动机的汽油供给系统不能用来供给柴油,柴油的供给系统也不能用来供给醇类燃料,其他系统也是同样的道理。本节以汽油、甲醇、天然气燃料为例进行燃料燃烧所需基础参数的计算,并作相关分析。

一、理论空气量的计算

发动机中进行的是热能到机械功的转换,热能是热功转换基础,热能来自于燃料中碳与氢的氧化反应,即燃烧。燃料的燃烧过程离不开氧气,空气是氧气的主要来源,某些含氧燃料其燃料本身也为燃烧提供了部分氧气,即便是同等质量的燃料由于本身所含碳、氢、氧数量的不同,燃烧时需要空气中给予的氧气量也不同。获得某种燃料燃烧所需要的氧气量后,就不难计算出其所需要的空气量。1kg 燃料完全燃烧理论上所需要的空气量可以按照式(3-5)计算:

$$L_0 = \frac{28.95}{0.21}\left(\frac{g_c}{12} + \frac{g_H}{4} - \frac{g_o}{32}\right) \tag{3-5}$$

式中:L_0——1kg 燃料完全燃烧理论上所需要的空气量,kg/kg;

g_c——1kg 燃料中碳的质量分数;

g_H——1kg 燃料中氢的质量分数;

g_o——1kg 燃料中氧的质量分数。

汽油、甲醇及天然气的 L_0 的计算结果见表 3-7 ,每千克甲醇燃烧仅需要 6.5kg 空气,为汽油所需空气量的 44% ,天然气燃烧较之于汽油燃烧需要更多的空气,以需要空气的数计算相差 15.4% 。

燃料燃烧的理论空气量 表 3-7

燃 料	L_o(kg/kg)	质量分数(%)		
		g_c	g_H	g_o
汽 油	14.9	85.5	14.5	0.0
甲醇	6.5	37.5	12.5	50.0
天然气	17.2	75.0	25.0	0.0

二、过量空气系数

过量空气系数定义为 1kg 燃料燃烧,实际所供给的空气量(L)与理论上完全燃烧所需要的空气量(L_0)之比,用符号 λ(或 α)表示。过量空气系数 λ 是混合气浓度指标。

$$\lambda = L/L_0 \tag{3-6}$$

混合气浓度也有用空燃比表示的。空燃比指的是燃料燃烧时实际进入汽缸的空气量与燃料量之比,用符号 A/F 表示。

当 $\lambda = 1$ 时 表示实际燃烧所供给的空气量与理论上完全燃烧所需要的空气量相等,理论上讲,燃烧结果空气中的氧气量被全部用完,燃料也完全被燃烧,这种混合气称为理论混合气。

当 $\lambda > 1$ 时 表示实际燃烧所供给的空气量大于理论上完全燃烧所需要的空气量,理论上讲,燃烧结果空气中的氧气量有剩余,燃料被完全燃烧,这种混合气称为稀混合气。

当 $\lambda < 1$ 时 表示实际燃烧所供给的空气量少于理论上完全燃烧所需要的空气量,理论上讲,燃烧结果空气中的氧气量被全用完,燃料有剩余,这种混合气称为浓混合气。

可见,λ 值越大,混合气越稀,λ 值越小,混合气越浓。

从汽油机工作性能方面来分析,不同的混合气浓度汽油机的工作性能不同,主要表现在汽油机的动力性、经济性、排放性能上。

当 $\lambda = 1.05 \sim 1.15$ 时,混合气中的燃料能够完全燃烧,汽油机效率高,经济性好,这种混合气称为经济混合气。

当 $\lambda = 0.85 \sim 0.95$ 时,混合气燃烧火焰具有更高的传播速度,汽油机动力性好,这种混合气称为功率混合气。

当 $\lambda = 1.00 \pm 0.03$ 时，汽油机排放后处理系统三元催化器工作效率最高，排放污染最低，这种混合气称为排放混合气。

早期的汽油机受设计、制造水平的限制，为了获得所需要的功率，燃烧的是功率混合气；由于燃料供应的紧缺，要求汽车的燃油消耗量越来越低，汽油机混合气的供给按照大负荷时供给功率混合气，保证其动力性，中小负荷下供给经济混合气，降低汽车的油耗；从 20 世纪末开始，随着人们环保意识的增强，排放标准的严格，只有混合气浓度接近理论混合气时，三元催化器才能充分工作，排放污染才能满足标准中的限值。因而，目前的汽油机所使用的是排放混合气。国家排放标准 GB 18285—2005《点燃式发动机汽车排气污染物排放限值及测量方法（双怠速法及简易工况法）》中要求 λ 在 1.00 ± 0.03，如果 λ 超出此范围即便是排放污染物限值合格，也判定排放检测不合格。

柴油机是依靠混合气浓度的不同来调整负荷的，对 λ 来讲是一个变化的量值，混合气浓时，λ 可小到 1.2～1.3，混合气稀时 λ 可大到 6 以上。

三、燃料的低热值

燃料的热值是指一定质量的这种燃料完全燃烧生成稳定的产物，并冷却到初始温度所释放出的全部热量。固体或液体发热量的常用单位有：千焦耳/千克（kJ/kg）、兆焦耳/千克（MJ/kg）、兆焦耳/标准立方米（MJ/Nm^3）。

燃料热值有高位热值与低位热值之分。高位热值是指燃料在完全燃烧时释放出来的全部热量，即在燃烧生成物中的水蒸气凝结成水时的发热量，也称毛热；低位热值是指燃料完全燃烧，其燃烧产物中的水蒸气以气态存在时的发热量，也称净热。高位热值与低位热值的区别在于燃烧产物中的水呈液态还是气态，水呈液态是高位热值，水呈气态则是低位热值。低位热值等于从高位热值中扣除水蒸气凝结成为液态水的热量。

以车用燃料为例，发动机的排气温度均超过水蒸气的凝结温度，不可能利用水蒸气凝结释放出来的热量，所以在能源利用中一般都以燃料的低位热值作为计算基础。燃料的低热值可以通过热值仪测定，在不具备测定的条件下可由式(3-7)进行估算。

$$h_u = 4.187 \times (8100 \times g_c + 24600 \times g_h) \tag{3-7}$$

汽　油：$h_u = (8100 \times 0.855 + 24600 \times 0.145) \times 4.187 = 43932.1$　(kJ/kg)

甲　醇：$h_u = (8100 \times 0.375 + 24600 \times 0.125) \times 4.187 = 25593.0$　(kJ/kg)

天然气：$h_u = (8100 \times 0.750 + 24600 \times 0.250) \times 4.187 = 51186.1$　(kJ/kg)

燃料低热值的大小直接影响汽车运行中的燃料消耗量，影响的是燃料经济性。燃料低热值大，以汽车运行经济指标 kg/100km 或发动机 g/(kW·h) 计，燃料消耗量减少，反之燃料消耗量增大。

汽油的低热值高于甲醇的低热值，考虑到估算的误差并扣除甲醇的汽化潜热，甲醇的实际测试低热值大约为 21.5MJ/kg，甲醇汽油中甲醇的含量越多，燃料的低热值越低，运行中的燃料消耗量也越大。

天然气燃料的低热值比汽油高 16.5%，不同地区天然气甲烷的含量有一定差别，并且含有二氧化碳及其他气体，实际加入车辆中的天然气燃料低热值略有降低。

四、混合气热值

燃料在发动机中是以混合气的方式存在并参与燃烧的，在热功转换与能量传递效率一定的情况下发动机的动力性能决定于单位时间内所燃烧的混合气的数量，而在发动机排量相同时则决定于混合气热值的高低。在同等混合气浓度时，如取理论混合气浓度（过量空气系数为 1），按式(3-8)计算混合气热值。

混合气热值的计算式为：

$$H_m = \frac{h_u}{\alpha L_0 + \frac{1}{m_T}} \tag{3-8}$$

式中：H_m——可燃混合气热值；

α——过量空气系数；

m_T——燃料的分子量。

理论混合气：$\alpha = 1$

汽油的其他各项参数为：$h_u = 43932.1$ (kJ/kg)

$L_o = 14.9$ (kg/kg) $= 0.515$ (kmol/ kg)

$m_T = 114$

甲醇的其他各项参数为：$h_u = 21500.0$ (kJ/kg)

$L_o = 6.5$ (kg/kg) $= 0.225$ (kmol/ kg)

$m_T = 32$

天然气的其他各项参数为：$h_u = 51186.1$ (kJ/kg)

$L_o = 17.2$ (kg/kg) $= 0.594$ (kmol/ kg)

$m_T = 16$

汽油理论混合气热值：$H_m = 83839.9$ (kJ/kmol)

甲醇理论混合气热值：$H_m = 83984.4$ (kJ/kmol)

天然气理论混合气热值：$H_m = 77968.1$(kJ/kmol)

甲醇较汽油理论混合气热值高；天然气理论混合气热值较汽油理论混合气热值低，与汽油相比，甲醇燃料汽车动力性能不会下降，天然气汽车动力性能一定会降低。

复习思考题

1. 石油产品划分为几大类？
2. 辛烷值表征汽油的什么性能？
3. 十六烷值表征柴油的什么性能？
4. 什么是过量空气系数？
5. 目前汽油机的过量空气系数为多少？
6. 燃料的低热值、混合气的低热值各影响汽车的什么性能？

第四章 甲醇燃料

第一节 车用燃料甲醇

一、甲醇

甲醇是一种无色、透明、高度挥发、易燃液体。由碳、氢、氧原子组成，其中含碳量为37.5%，含氢量为12.5%，含氧量为50%，分子式为 $C-H_4-O$，分子量为32.04，相对密度为0.792，熔点为-97.8℃，沸点为64.7℃，闪点为8℃，自燃点为436℃。蒸气与空气混合物爆炸限为6.0%~36.5%，能与水、乙醇、乙醚、苯、酮、卤代烃和许多其他有机溶剂相混溶。遇热、明火或氧化剂易着火。

近年来，中国甲醇行业仍保持发展势头，相关统计数据显示，我国甲醇产能在2006年首度突破千万t，2007年为2000万t，2010年突破3000万t，2011年产能在4543万t，2012年产能突破5000万t；2010年行业新增产能640万t，2011年新增产能814万t，2012年新增产能550万t，根据甲醇下游市场的开发需求，甲醇行业还将有较大的发展空间。

煤制甲醇所占比例在70%以上，2012年1—11月，全国甲醇累计产量为2437.9742万t，较2011年同期增长16.03%，表4-1为2012年1—11月分省甲醇统计产量；2012年甲醇累计产量达到2600多万t，累计进口量达到520万t左右，表观消费量将达到3100万t左右。

为改变甲醇行业产能严重过剩的现状，传统的甲醇下游如甲醛、醋酸等已不被看好，应加快拓展二甲醚、甲醇汽油、烯烃等新兴下游。二甲醚作为液化气的替代燃料，饱受争议，在政策、标准、市场、价格等关系理顺之后，仍然具有较大的回升潜力。甲醇燃料与甲醇汽油将成为甲醇应用的主体。

甲醇汽油方面，有关资料显示，2011年我国的甲醇汽油使用量已经达到600多万t，节约汽油280万t。2012年，中国政府为加快甲醇燃料和甲醇新能源汽车的推广应用，工业和信息化部确定山西省、陕西省、上海市作为首批甲醇汽车试点地区，通过两省一市的示范运营，积累经验，然后再扩展到其他重点省市。

2011年、2012年甲醇产量(单位:t)　　表4-1

省(自治区)份	2012年	2011年	同比增减(%)
全国	26482547	22153555	19.54
河北	940159	945819	-0.60
山西	1467967	1405323	4.46

续上表

省(自治区)份	2012 年	2011 年	同比增减(%)
内蒙古	5525286	3702391	49.24
辽宁	147971	149262	-0.86
吉林	47122	39299	19.91
黑龙江	503288	496818	1.30
上海	527767	620770	-14.98
江苏	761903	696505	9.39
浙江	144384	135572	6.50
安徽	404978	432996	-6.47
福建	217774	237474	-8.30
江西	19002	20674	-8.09
山东	4040718	3382209	19.47
河南	1854247	2300730	-19.41
湖北	369286	368506	0.21
湖南	33648	42613	-21.04
广东	35701	35933	-0.65
广西	136663	100402	36.12
海南	1425918	1428551	-0.18
重庆	1045843	724040	44.45
四川	616455	402859	53.02
贵州	346857	274364	26.42
云南	348168	335688	3.72
陕西	2693965	1666157	61.69
甘肃	561231	364620	54.74
青海	909453	596380	52.50
宁夏	852564	840962	1.38
新疆	501220	409875	22.29

甲醇的用途非常广泛,是有机化工、高分子化工、精细化工中多种产品的原料。

1.有机化工的主要原料

甲醇进一步加工,可制得多种有机化工原料。国内已有成熟生产工艺,甲醇作为原料的下游产品有甲胺、甲醛、甲酸、甲醇钠、氯甲烷、甲酸甲酯、甲酰胺、二甲基甲酰胺、二甲基亚砜、硫酸二甲酯、亚磷酸三甲酯、氯氟乙烯、丙烯酸甲酯、甲基丙烯酸甲酯、氯甲酸甲酯、氯乙酸甲酯、二氯乙酸甲酯、氯甲醚、二甲醚、环氧化乙酰蓖麻油酸甲酯、二甲基二硫代膦酸酯、十一烯酸、氨基乙酸、月桂醇、聚乙烯醇、醋酸、醋酐、碳酸二甲酯、溴甲烷、对苯二甲酸二甲酯、甲硫醇、乙二醇等。

1)甲醛

甲醛是甲醇最重要的下游产品之一,占甲醇消耗总量的30% ~40%。甲醛用途十分广泛,主要用于生产脲醛树脂、酚醛树脂、三聚氰氨-甲醛树脂、乌洛托品、多元醇、尼龙-4、维纶等化工产品。另外在医药、农药和染料等方面的应用也较多,含甲醛40%、甲醇8%的水溶液称为福尔马林(Formalin),是普遍使用的杀菌剂和防腐剂。

甲醛是最简单的脂肪醛，化学性质活泼。1910 年，随着酚醛树脂的开发成功，甲醛工业得到迅猛发展。目前各国的甲醛生产大多采用甲醇空气氧化法。甲醛在常温下是无色的具有强烈刺激性的气体，它易溶于水，可形成各种浓度的水溶液，一般以 37% 的水溶液形式存在。甲醛气体能与空气形成爆炸性混合物。

甲醇催化制甲醛主要有三种途径，即甲醇氧化脱氢、甲醇单纯氧化和甲醇单纯脱氢。前两种是目前工业上主要合成甲醛的方法，后一种是正在研究开发的新方法，用于生产高浓度甲醛。

2）二甲醚

二甲醚（dimethyl ether　DME）是最简单的脂肪醚，也是重要的甲醇下游产品。主要作为冷冻剂、萃取剂、溶剂、气雾剂的抛射剂和燃料等。近年来，二甲醚替代液化石油气作为城市民用燃料具有较大的发展，与液化石油气（LPG）相比，二甲醚燃烧更为完全，但是，热值较低，用于家庭做饭，15kg 一瓶的液化石油气如果使用 30 天，而同样质量的二甲醚只能使用 20 天左右。二甲醚作为城市燃气也是一种低污染燃料。

3）碳酸二甲酯

碳酸二甲酯（简称 DMC）是重要的甲醇衍生物。1992 年，DMC 在欧洲通过了非毒性化学品（NonToxic Substance）的注册登记，属于无毒或微毒化工产品，因此，被誉为 21 世纪有机合成的一个"新基石"和"绿色化工产品"，可以在许多领域替代硫酸二甲酯（DMS）、氯甲烷等剧毒或致癌物，生产多种重要的高附加值精细化学品，在医药、染料、合成材料、农药、食品添加剂、电子化学品等领域有广泛的应用前景。

DMC 常温下为无色液体，与其他溶剂相比，DMC 具有闪点高、蒸气压低、空气中爆炸极限高等特点，在储运、使用中安全性高，且毒性数据优于其他溶剂，对人体的危害小，作为溶剂的清洁性较好。

碳酸二甲酯分子中氧含量高达 53%，比 MTBE（18%）高许多，且和汽油的相溶性好，蒸气压低，有利于提高汽油辛烷值和减少汽车尾气排放，作为新一代汽油添加剂具有良好的应用前景。DMC 的抗爆性与 MTBE 接近，优于汽油，但毒性及危害远低于 MTBE。

4）甲基叔丁基醚

20 世纪 70 年代，美国率先颁布降低汽油中铅含量的法规，世界各国陆续采取相应的措施，推动了醚类化合物作为汽油添加剂的应用。甲基叔丁基醚（MTBE）因其辛烷值高、与汽油互溶性好、毒性低，尤其是可以通过丰富的甲醇和异丁烯大规模工业生产，而获得广泛应用。

甲基叔丁基醚（MTBE）与醇类添加剂相比沸点低、与汽油有更好的互溶性，是最理想的高辛烷值汽油添加剂，被称为"第三代石油化学品"，是 20 多年来销量最大、发展最快的化学品。目前，甲基叔丁基醚仍然是我国汽油提高辛烷值的主要添加剂。

2. 在精细化工与高分子化工中的应用

甲醇作为重要的化工原料，在农药、染料、医药、合成树脂与塑料、合成橡胶、合成纤维等工业中也得到了广泛应用。

1）农药生产中的应用

多种农药的生产直接以甲醇为原料，如杀螟松、乐果、敌百虫、马拉松等。有些农药虽未直接使用甲醇，但在生产过程中要用甲醇的一次加工产品，如甲醛、甲酸、甲胺等。生产中需以甲醛为原料的农药有甲拌磷等，生产中需用甲胺为原料的农药有灭草隆等，生产中需用甲酸为原料的农药有灭虫咪等。

2）医药工业中的应用

甲醇作为基本有机化工原料，在多种医药工业中应用，例如长效磺胺生产过程中需以甲醇、氢氧化钠进行甲氧基化反应，盐酸吡多辛（维生素 B6）需以甲醇进行酯化反应，糖精生产中需用次氯酸钠进行降解与酯化等。也有些药物生产过程中需用甲醇的一次加工产品，如氨基比林生产中需用甲醛，麻黄素生产过程中需用甲胺，乙酸水杨酸（阿司匹林）生产过程中需用醋酐或醋酸，安乃近、冰片、咖啡因生产中需用甲酸等。

3）染料工业中的应用

许多染料生产过程中用甲醇作原料或溶剂，例如：红色基 RG、蓝色基 RT、分散红 GLZ、分散桃红 R3L、分散蓝 BR、活性深蓝 KFGR、阴离子 GRL、阳离子桃红 FG、酞菁素紫等。这些染料生产中，每吨产品耗甲醇量从 0.6 ~ 25t 不等。还有相当多的染料生产过程中需用甲醛、甲胺、醋酸、醋酐、甲酸、硫酸二甲酯等做原料。

4）合成树脂与塑料工业中的应用

有机玻璃（聚甲基丙烯酸甲酯）是一种高透明、无定型热塑性材料，适合于制作具有一定强度的防爆、防振和易于观察等特点的透明零件及生活用品，需以甲醇为原料，生成甲基丙烯酸甲酯单体，再聚合而成。聚苯醚（PPO）、聚甲醛、聚三氟氯乙烯、聚砜等工程塑料生产过程中需要甲醇作重要原料。以甲醛、甲胺、醋酸、醋酐、二甲基亚砜为原料的树脂和塑料种类很多，甲醇及其一次加工产品在塑料和树脂生产中有广阔的应用市场。

5）橡胶工业中的应用

合成橡胶工业中作为异戊橡胶、丁基橡胶重要单体的异戊二烯可用丁烯－甲醛法生产，需用甲醇一次加工产物甲醛做原料。

6）化纤工业中的应用

合成纤维品种很多，其中不少纤维需用甲醇及其一次加工产品为原料，如聚酯纤维以丙烯腈与对苯二甲酸二甲酯为原料，聚丙烯腈纤维以丙烯腈与丙烯酸甲酯为原料，聚乙烯醇缩甲醛纤维以聚乙烯醇与甲醛为原料。

二、甲醇的生产原料

1. 天然气制甲醇

天然气是制造甲醇的主要原料。天然气的主要组分是甲烷，还含有少量的其他烷烃、烯烃与氮气. 以天然气生产甲醇原料气有蒸汽转化、催化部分氧化、非催化部分氧化等方法，其中蒸汽转化法应用得最广泛，它是在管式炉中常压或加压下进行的。由于反应吸热必须从外部供热以保持所要求的转化温度，一般是在管间燃烧某种燃料气来实现，转化用的蒸汽直接在装置上靠烟道气和转化气的热量制取。

由于天然气蒸汽转化法制的合成气中，氢过量而一氧化碳与二氧化碳量不足，工业上解决这个问题的方法一是采用添加二氧化碳的蒸汽转化法，以达到合适的配比，二氧化碳可以外部供应，也可以由转化炉烟道气中回收。另一种方法是以天然气为原料的二段转化法，即在第一段转化中进行天然气的蒸汽转化，只有约 1/4 的甲烷进行反应，第二段进行天然气的部分氧化，不仅所得合成气配比合适而且由于第二段反应温度提高到 800℃ 以上，残留的甲烷量可以减少，增加了合成甲醇的有效气体组分。

天然气进入蒸汽转化炉前需进行净化处理清除有害杂质，要求净化后气体含硫量小于 $0.1mL/m^3$。转化后的气体经压缩进入合成工段合成甲醇。

2. 煤、焦炭制甲醇

煤与焦炭是制造甲醇粗原料气的主要固体燃料。用煤和焦炭制甲醇的工艺路线包括燃料的气化、气体的脱硫、变换、脱碳及甲醇合成与精制。

用蒸汽与氧气(或空气、富氧空气)对煤、焦炭进行热加工称为固体燃料气化,气化所得可燃性气体通称煤气是制造甲醇的初始原料气,气化的主要设备是煤气发生炉,按煤在炉中的运动方式,气化方法可分为固定床(移动床)气化法、流化床气化法和气流床气化法。国内用煤与焦炭制甲醇的煤气化一般都沿用固定床间歇气化法,煤气炉沿用 UCJ 炉。在国外对于煤的气化,目前已工业化的煤气化炉有柯柏斯 - 托切克(Koppers - Totzek)、鲁奇(Lurge)及温克勒(Winkler)三种。还有第二、第三代煤气化炉的炉型主要有德士古(Texaco)及谢尔 - 柯柏斯(Shell - Koppers)等。

用煤和焦炭制得的粗原料气组分中氢碳比太低,故在气体脱硫后要经过变换工序。使过量的一氧化碳变换为氢气和二氧化碳,再经脱碳工序将过量的二氧化碳除去。原料气经过压缩、甲醇合成与精馏精制后制得甲醇。

3. 油制甲醇

工业上用油来制取甲醇的油品主要有两类:一类是石脑油,另一类是重油。原油精馏所得的220℃以下的馏分称为轻油,又称石脑油。以石脑油为原料生产合成气的方法有加压蒸汽转化法,催化部分氧化法、加压非催化部分氧化法、间歇催化转化法等。目前用石脑油生产甲醇原料气的主要方法是加压蒸汽转化法。石脑油的加压蒸汽转化需在结构复杂的转化炉中进行。转化炉设置有辐射室与对流室,在高温、催化剂存在下进行烃类蒸汽转化反应。石脑油经蒸汽转化后,其组成恰可满足合成甲醇之需要。既无须在转化前后补加二氧化碳或设二段转化,也无须经变换、脱碳调整其组成。

重油是石油炼制过程中的一种产品,根据炼制方法不同,可分为常压重油、减压重油、裂化重油及它们的混合物。以重油为原料制取甲醇原料气有部分氧化法与高温裂解法两种途径。裂解法需在1400℃以上的高温下,在蓄热炉中将重油裂解,虽然可以不用氧气,但设备复杂,操作麻烦,生成炭黑量多。

重油部分氧化是指重质烃类和氧气进行燃烧反应,反应放热,使部分碳氢化合物发生热裂解,裂解产物进一步发生氧化、重整反应,最终得到以 H_2、CO 为主,及少量 CO_2、CH_4的合成气供甲醇合成使用。重油部分氧化法所生成的合成气,由于原料重油中碳氢比高,合成气中一氧化碳与二氧化碳含量过量,需将部分合成气经过变换,使一氧化碳与水蒸气作用生成氢气与二氧化碳,然后脱除二氧化碳,以达到合成甲醇所需之组成。

合成后的粗甲醇需经过精制,除去杂质与水,得到精甲醇。

4. 联醇生产方法

与合成氨联合生产甲醇简称联醇,这是一种合成气的净化工艺,以替代我国不少合成氨生产用铜氨液脱除微量碳氧化物而开发的一种新工艺。

联醇生产的工艺条件是在压缩机五段出口与铜洗工序进口之间增加一套甲醇合成的装置,包括甲醇合成塔、循环机、水冷器、分离器和粗甲醇储槽等有关设备,工艺流程是压缩机五段出口气体先进入甲醇合成塔,大部分原先要在铜洗工序除去的一氧化碳和二氧化碳在甲醇合成塔内与氢气反应生成甲醇,联产甲醇后进入铜洗工序的气体一氧化碳含量明显降低,减轻了铜洗负荷,同时变换工序的一氧化碳指标可适量放宽,降低了变换的蒸汽消耗,而且压缩机前几段汽缸输送的一氧化碳成为有效气体,压缩机电耗降低。

联产甲醇后能耗降低较明显，可使每吨氨节电 50kW·h，节省蒸汽 0.4t，折合能耗为 200 万 kJ。联醇工艺流程必须重视原料气的精脱硫和精馏等工序，以保证甲醇催化剂使用寿命和甲醇产品的品质。

5. 二氧化碳加氢制甲醇

走以天然气、煤、油为原料制甲醇的技术路线，由于天然气、煤、油都是不可再生资源，甲醇也是不可再生能源，如果走沼气（主要成分为甲烷）制甲醇的技术路线，甲醇又是可再生能源。更为可喜的是诺贝尔化学奖获得者美国人乔 A. 奥拉在其所著的《跨越油气时代：甲醇经济》一书中提出二氧化碳加氢制甲醇，并且指出最有希望的方法是通过催化氢化或电化氢化把二氧化碳用化学的方法转化为甲醇，接着还可以转化为烃类。实际上 80 多年前化学家们已经知道如何用二氧化碳加氢制取甲醇，20 世纪早期一些化工厂也曾经利用二氧化碳加氢制取甲醇。随着新型催化剂的出现，二氧化碳加氢制取甲醇技术在进一步走向实用。

甲醇作为燃料应用，免不了与其他传统能源的市场竞争，考虑到生产的成本与市场接受能力，目前，甲醇仍然是以煤、天然气生产或联产最为有利，在我国则以煤为主；由于沼气的可再生性，近期还可以研究发展沼气制取甲醇；中期，采用二氧化碳加氢制取甲醇，二氧化碳利用工业排放出的二氧化碳；远期，采用二氧化碳加氢制取甲醇，二氧化碳可以从空气中获得。依此看来，甲醇不但是可再生能源，也是取之不尽，用之不竭的能源。

三、车用燃料甲醇

甲醇有工业用甲醇、化学试剂甲醇与车用燃料甲醇，工业用甲醇执行标准为 GB 338—2011，化学试剂甲醇执行标准 GB/T 683—2006，车用燃料甲醇执行标准 GB/T 23510—2009。

工业用甲醇主要适用于以煤、焦油、天然气、轻油、重油为原料合成的工业甲醇，主要用于化学工业、医药工业、农药行业，工业用甲醇分为优等品、一等品、合格品；技术要求见表 4-2；化学试剂甲醇主要作为化学分析检测中的试剂使用，要求甲醇含量不低于 99.5%，分为分析纯与化学纯两种；车用燃料甲醇是传供汽车燃料使用的甲醇或调配甲醇汽油使用的甲醇，技术要求见表 4-3。

工业用甲醇技术要求　　表 4-2

项目		指标		
		优等品	一等品	合格品
色度/Hazen 单位（铂－钴色号）	≤	5		10
密度（ρ_{20}）（g/cm^3）		0.791～0.792	0.791～0.793	
沸程（0℃，101.3 kPa，在 64.0～65.5℃，包括 64.6±0.1℃）（℃）	≤	0.8	1.0	1.5
高锰酸钾试验（min）	≥	50	30	20
水混溶性试验		通过试验（1+3）	通过试验（1+9）	—
水的质量分数（%）	≤	0.10	0.15	—
酸的质量分数（以 HCOOH 计）（%）	≤	0.0015	0.0030	0.0050
或碱的质量分数（以 NH_3 计）（%）	≤	0.0002	0.0008	0.0015
羰基人物质量分数（以 HCHO 计）（%）	≤	0.002	0.005	0.010
蒸发残渣的质量分数（%）	≤	0.001	0.003	0.005
硫酸洗涤试验/Hazen 单位（铂－钴色号）	≤	50		—
乙醇的质量分数（%）	≤	供需双方协商	—	

车用燃料甲醇技术要求　　表 4-3

项　目		指　标
外观		无色透明液体，无可见杂质
密度(ρ_{20})(g/cm^3)		0.791 ~ 0.793
沸程(0℃,101.3kPa,在64.0 ~ 65.5℃,包括64.6℃ ±0.1℃)(℃)	≤	1.0
水质量分数(%)	≤	0.15
酸(以 HCOOH 计)质量分数(%) 或碱(以 NH_3 计)质量分数(%)	≤ ≤	0.003 0.0008
无机氯含量(mg/L)	≤	1
钠含量(mg/ kg)	≤	2
蒸发残渣质量分数(%)	≤	0.003

1. 车用燃料甲醇检验规则

检验分为出厂检验和型式检验。

出厂检验项目为表 4-3 中的外观、密度、沸程、水分、酸度或碱度，应逐批进行检验。型式检验项目为表 4-3 中的所有项目，在正常生产的情况下，每三个月应至少进行一次型式检验。

车用燃料甲醇由生产厂的质量检验部门进行检验。生产厂应保证每批出厂产品都符合本标准的要求，并附有一定格式的质量证明书，内容包括：生产厂名称和厂址、产品名称、生产日期或批号、净含量和本标准编号等。

在原材料、工艺不变的条件下，产品连续生产的实际批为一个组批，但若干个生产批构成一个检验批的时间通常不超过一天。

2. 车用燃料甲醇的标志、包装、运输、储存

车用燃料甲醇产品包装容器上应涂有牢固的标志，其内容包括：生产厂名称、产品名称、本标准编号、商标、批号、净重及 GB 190 中规定的“易燃液体”和“有毒品”标志。

包装应使用专用的清洁干燥的容器包装，包装容器应严加密封。

运输过程中不得与易燃、易爆、有腐蚀性的物品混装混运。运输过程中应防止外界水分的吸入。装卸时应轻装轻卸，防止剧烈振荡、撞击；远离热源和火种。运输、装卸工作中应按照危险货物运输规定进行。

产品应储存在干燥、通风、低温、不受日光直接照射并隔绝热源和火种的地方。库区应符合国家有关防火设计规范要求。露天储罐应有喷淋水或其他冷却设施。产品不得与易燃、易爆、有腐蚀性的物品混合存放。

3. 车用燃料甲醇的安全

危险警告：车用燃料甲醇是易燃液体，闪点为 8℃，自燃温度为 436℃。空气中爆炸极限为 6% ~36.5%（体积分数）。遇热、明火易引起激烈燃烧或爆炸。车用燃料甲醇有毒，甲醇蒸气对神经系统有刺激作用，吸入人体内，可引起失明和中毒。

安全措施：车用燃料甲醇溢出时应立刻用水冲洗。着火时，用砂子、干粉或抗溶性泡沫灭火器、石棉布等进行扑救。应避免车用燃料甲醇与皮肤接触，如果溅到皮肤上或眼睛里时，应迅速用大量清水冲洗，急速医治。

第二节　车用甲醇汽油

一、车用甲醇汽油

车用甲醇汽油是指在汽油组分中，按体积比加入一定比例的车用燃料甲醇及少量添加剂调配而成的一种新型清洁车用燃料。

车用甲醇汽油名称表示为车用甲醇汽油（M15）、车用甲醇汽油（M25）、车用甲醇汽油（M85）、车用燃料甲醇（M100）。字母“M”表示甲醇，M 后的数字代表甲醇在车用甲醇汽油中的体积含量。如甲醇含量为 25% 的车用甲醇汽油，其名称为车用甲醇汽油（M25）。简称 M25 甲醇汽油。

车用甲醇汽油产品标识为 M15－90#、M15－93#、M15－97#；M25－90#、M25－93#、M25－97#；M85、M100。由于 M85 与 M100 基本以甲醇为主，也称为车用甲醇燃料。

车用甲醇汽油的外观状态为透明、高度挥发、易燃液体，与基础汽油同色，在添加染色剂后为淡红色。

车用甲醇汽油分为低比例甲醇汽油，中比例甲醇汽油，高比例甲醇汽油。高比例甲醇汽油又称车用甲醇燃料。车用甲醇汽油中甲醇含量小于 30%，称为低比例甲醇汽油；车用甲醇汽油中甲醇含量大于 30% 而小于 70%，称为中比例甲醇汽油；车用甲醇汽油中甲醇含量大于 70%，称为高比例甲醇汽油（燃料）。

之所以对甲醇汽油进行如此划分，是基于以下考虑。当甲醇含量低于 30% 时，甲醇汽油中的氧含量不超过 15%，以目前汽油发动机供油系统的调节能力，可以将空燃比 λ 调整在国家标准所要求的 $\lambda = 1.00 \pm 0.03$ 以内，能够确保发动机的燃烧及工作状态不发生变化，作到燃料适应汽车，也就是说使用低比例甲醇汽油，发动机不需要进行任何改装。需要说明的是不同类型的汽油发动机，供油系统的调节能力有一定的差别，汽油机对燃料中氧的适应能力各不相同，选取 15% 氧含量这一限值，基本上可以满足我国现行生产车辆的要求。另一方面，低比例甲醇汽油需要添加甲醇汽油添加剂，尤其是助溶剂，助溶剂的添加比例一般不超过 3%。

甲醇含量大于 30% 而小于 70%，为中比例甲醇汽油。一方面是因为当甲醇含量大于 30% 之后，汽车发动机的燃料供给系统已经无法调整空燃比 λ 在国家标准所要求的范围内，在用车辆要使用中比例甲醇汽油就必须安装汽车灵活燃料控制器，汽车灵活燃料控制器的功能是扩大发动机供油系统的调整范围。另一方面，中比例甲醇汽油互溶性能最差，需要大量使用助溶添加剂，中比例甲醇汽油助溶剂的用量在 4% ~6%，助溶添加剂数量的增加大大地增加了中比例甲醇汽油的成本。

在用车辆使用高比例甲醇燃料需要安装汽车灵活燃料控制器，新设计的应用高比例甲醇燃料的汽车供油系统控制程序需要进行调整。高比例甲醇燃料不需要添加助溶添加剂，高比例甲醇燃料的抗水性能也非常强，但是，金属缓蚀剂、分散剂、抗氧稳定剂等需要添加。

高比例甲醇燃料添加剂的功能与中、低比例的完全不同，添加量也要少得多，一般添加比例为百分之零点几，甚至更少。高比例甲醇燃料成本低，使用中的燃料经济性能更好。

低比例甲醇汽油的优势在于汽车完全适应燃料，推广应用方便；高比例甲醇燃料经济性能好，可以替代更多汽油；相比之下中比例甲醇汽油没有什么优势。大量的技术研究成果与实践也证实低比例甲醇汽油与高比例甲醇燃料具有较好的市场应用价值，这也是国家只出台一高、一低甲醇汽油标准的依据。

甲醇与汽油的基本性能参数对比见表4-4。

甲醇燃料的理化性质 表4-4

项目		甲醇	汽油
化学式		CH_3OH	$C_4 \sim C_{12}$的烃化合物
分子量		32	95~120
质量成分	碳含量（质量比%）	37.5	85~88
	氢含量（质量比%）	12.5	12~15
	氧含量（质量比%）	50.0	0
20℃密度（kg/L）		0.791~0.793	0.730~0.748
理论空燃比（质量比）		6.5	14.9
雷德蒸汽压（37.8℃）（MPa）		0.037	0.05~0.09
沸点（℃）		64.5	30~190
凝固点（℃）		-97.8	-57
闪点（℃）		8	-43
自燃温度（℃）		470	260~370
水中溶解度（mg/L）		互溶	100~200
汽化潜热（kJ/kg）		1109	310
燃料低热值（MJ/kg）		21.5	43.9
层流燃烧速度（cm/s）		52	39~47
空气中燃烧上限体积百分数（%）		36.5	7.6
空气中燃烧下限体积百分数（%）		6.1	1.4
辛烷值	研究法（RON）	112	84~96
	马达法（MON）	92	70~84

二、车用甲醇汽油技术

1. 甲醇汽油对添加剂的要求

1）互溶性能

汽油的密度为0.730~0.748kg/L，车用燃料甲醇的密度为0.791~0.793kg/L，甲醇与汽油混合后会产生相分离，密度大的甲醇位于容器底部，密度小的汽油位于上部，在低温条件下表现得更为突出，甲醇汽油添加剂要求具有互溶作用，能够将甲醇与汽油互溶成单一稳定的液相。

2）遇水抗相分离性能

甲醇吸水能力非常强，能够无限溶于水，甲醇汽油吸收空气中的水分后也会产生相分离。

3）抗腐蚀性

甲醇是一种含氧量极高的物质，并且具有较高的化学活性，应用于汽车中对汽车的金属部件会产生一定的腐蚀作用。因而，甲醇汽油燃料添加剂必须具有抗腐蚀能力，可通过加入抗腐蚀剂、缓蚀剂等解决。

4)抗溶胀性

甲醇汽油会对汽车供油系统的橡胶、塑料零部件造成溶胀,使其失去弹性而引起密封不严、漏油等现象。除采用添加剂解决此问题外,关键在于汽车采用改性橡胶与塑料。

5)储存的稳定性

添加剂必须能够使甲醇汽油在较长时期内保持相对稳定,不产生相分离、氧化、变色等现象。

6)添加剂的燃烧性

甲醇汽油添加剂自身要具有良好的燃烧性能,只有具备良好的燃烧性能后才能对汽车的使用产生最小的影响。

7)润滑性

对高比例的甲醇汽油必须添加具有一定润滑能力的添加剂,防止汽车喷油嘴、电磁阀、油泵等部件的早期磨损。

8)甲醇汽油添加剂的添加比例

甲醇汽油添加剂在满足上述要求的条件下,其添加量越少越好,添加量少不仅使甲醇汽油的生产成本降低,而且对汽油的使用性能影响减小。添加剂的加入量过多也会使汽车的动力性能下降,燃料消耗量增加,排放污染物加重。甲醇汽油添加剂的加入量也是衡量添加剂性能优劣的一项重要指标。目前,保证甲醇汽油在 -25℃低温下不产生相分离,车用 M15 甲醇汽油添加剂的加入量在 1.5% ~3.0%;M25 甲醇汽油添加剂的加入量为 3.5% ~5.0%。

2. 甲醇与汽油的互溶性

由于汽车使用环境的恶劣及工作状况多变性,这就相应地对所使用的燃料提出了更高要求,即便有些环境我们可以人为的改变,但是季节变化和温度变化,人们还是无能为力。甲醇和汽油的互溶性一直是甲醇汽油研究的一个重点问题。甲醇和汽油能否互溶或者说互溶性的好坏,对燃料储存和使用都有很大的影响。不但要解决甲醇汽油的互溶性问题,还要有预防温度变化导致的分层。因为甲醇汽油的分层,对电动燃油泵来说直接关系到燃料的泵送性能,混合不均会导致燃料实际供给失控,所以我们这里有必要说明一下。甲醇与汽油的互溶性取决于温度、甲醇的含量和水的含量,如图 4-1 所示。

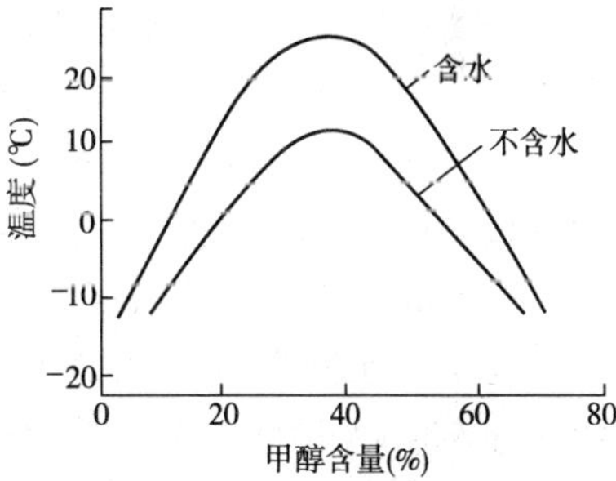

图 4-1 甲醇汽油互溶性和水的关系

在同一配比下,甲醇与汽油的互溶性随温度升高而改善,反之亦然。当甲醇含量较小时,甲醇与汽油的互溶性下降,分层区域扩大。当甲醇含量达到一定比例时,互溶性最差。继续加大甲醇含量,互溶性回升,分层区域减少。当混合燃料中水的含量增加时,甲醇与汽油的互溶性下降,分层区域扩大。

这里就涉及到甲醇与汽油的混合方法。

若不采取措施直接将甲醇加入汽油,两者的互溶性很差。实验表明,在 20℃、-5℃ 和 -20℃时不分层的甲醇最大加入量分别为 5%、2% 和 1%。考虑北方冬季的使用环境,可以认为甲醇与汽油是不互溶的。

可以采用不同的方式促使甲醇与汽油相互溶合,如机械搅拌方法,采用叶片搅拌、齿轮泵加波纹管、高压喷射等措施对甲醇汽油实施搅拌。

叶片搅拌:分别进行了不同转速、不同搅拌时间、不同甲醇含量的实验,结果表明,叶片搅拌可以使相同温度下不分层的甲醇含量增加，但是效果甚微。而且，搅拌过程中造成汽油氧化生胶，当搅拌时间大于10min时（叶轮转速为600r/min），混合油底部出现胶质与甲醇的混合物。此外，叶片搅拌也不满足大批量生产的要求。

齿轮泵加波纹管：此方法虽然不会促使汽油生胶，也适合大量生产，但是混合效果不如叶片搅拌。

利用高压喷射方式将甲醇以高压喷入汽油中，效果也不十分明显。

研究结果表明，直接混合或机械混合的预混方法是行不通的。目前使用化学方法，加入添加剂。在甲醇和汽油混合燃料加入助溶剂是改善互溶性的有效措施。有无助溶剂甲醇和汽油的互溶性有很大区别，如图4-2所示。

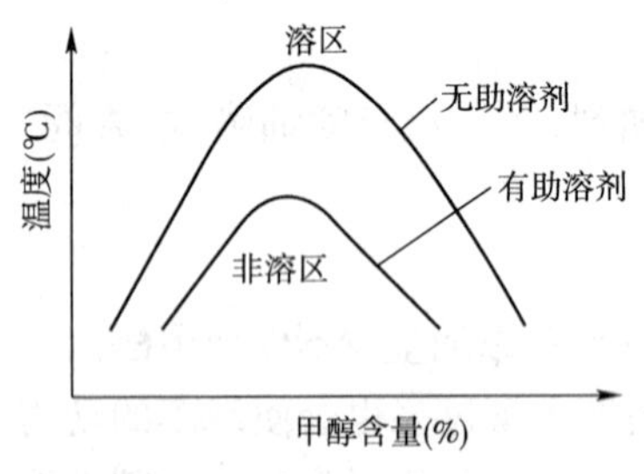

图4-2 助溶剂对互溶的影响

可以用作甲醇与汽油助溶剂的物质有高碳醇、MTBE、乙醇和杂醇等。

在M5混合燃料中加入8%苯、二甲苯不能使甲醇和汽油互溶，可以证明苯和二甲苯等没有助溶作用。

在M15混合燃料中加入1%高碳醇，可以在0℃存放一个月以上不分层。加入1.5%高碳醇，可以在-20℃下存放一个月以上不会分层。加入2%高碳醇，可以在-30℃下存放一个月不会分层。

MTBE、异丙烯也有一定的助溶效果，但是考虑它们会恶化甲醇汽油的排放和化学性质，所以不宜使用。

同时，在这里还涉及一个使用中需要注意的一个问题，就是如果甲醇汽油存放在无风干燥的空气里，能够维持相当长时间的互溶，但是如果暴露在潮湿有风的空气中，甲醇汽油会很快分层。这个现象的原因，就是因为甲醇有很强的吸水性，吸收空气中的水分使得甲醇和汽油分离。那为什么有风的情况下会很剧烈呢？主要是因为在没有空气流动的情况下甲醇和汽油的挥发抵制水分的吸收，有风的时候甲醇和汽油的挥发被扰动加快水分的吸收。其实，对于汽油也存在这个问题，只是情况要比甲醇汽油好一点。甲醇汽油一定要密封储存，这也是易挥发类物质的保存条件。

3. 甲醇汽油的抗水性能

表4-5为不同比例的甲醇汽油在添加一定量的添加剂后对水分的承受能力，达到表中的水分含量后，甲醇汽油开始出现分层现象。中、低比例的甲醇汽油抵抗水分的能力较差，高比例甲醇汽油的抗水性能非常好，但这并不代表这种含水量的燃料可以在汽车上应用。实验是在常温下进行，所使用的水为蒸馏水。

甲醇汽油能承受的水分含量 表4-5

燃料 \ 体积含量	甲醇(%)	汽油(%)	添加剂(%)	蒸馏水(‰)
M15	15	82.5	2.5	3.00
M25	25	70.5	4.5	8.00
M50	50	42.0	8.0	2.25
M85	85	15.0	0	≥60*
M90	90	10.0	0	≥60*

注：*表示蒸馏水含量达到60‰以后，油样表面有零星不溶油滴出现，但不属于明显的分层现象，由于在判别上没有标准可依，所以暂定试验油样可承受的蒸馏水含量至少为60‰。

4. 甲醇汽油对非金属的溶胀性

发动机燃料供应系统中许多部件都是由橡胶、塑料材料制成，如橡胶油管、垫圈、塑料滤网、塑料油泵支架等，甲醇汽油燃料对某些橡胶和塑料部件有一定的溶胀作用。塑料制品在甲醇汽油中会溶胀、变黏，橡胶制品在甲醇汽油中也会发生溶胀、变硬、变脆或软化等现象，纤维垫片会逐渐软化而导致漏油。汽车油管所使用的橡胶属于耐油橡胶，并不一定能够耐受甲醇，大量的实验证明四丙氟橡胶（TP－2）、硅橡胶（MVQ）、氯丁橡胶（CR）等对甲醇具有较好的耐受能力。需要说明的是，随着甲醇汽油的推广应用，汽车生产厂家的不断改进，橡胶、塑料部件对甲醇的耐受能力也在不断提高。

为了改善甲醇汽油性能而使用的添加剂中的某些成分也会对橡胶和塑料部件产生腐蚀性，因此，在配制甲醇汽油添加剂时，务必注意原材料的选取。

5. 甲醇汽油的毒性

毒性和安全性问题，涉及到接触人群的生命安全，是人们非常关心的一个敏感问题。甲醇有毒，不能作为食用饮料，对人致死量为59.36g，比剧毒物大600～1800倍，比高毒物大2～20倍，与汽油同在中等毒性30.0～250.0g范围内。世界各国，尤其是美国能源部和福特汽车公司，都注意到了甲醇汽油的毒性问题，在他们开发甲醇燃料之前，就严格地进行了有关的试验研究。我国在“六五”期间，原国家科委委托北京医科大学，就“甲醇中毒机理”、“甲醇中毒解毒药”和“甲醇对人体健康的影响”等课题，进行了为期三年的甲醇毒性跟踪试验研究，并和不接触人群进行了严格对比。我国由此得到的结论与美国能源部及福特公司的结论是一致的：只要遵守操作规程（不要用嘴吸甲醇、防止甲醇溅入眼中，手接触甲醇后要用清水冲洗等），没有发现人体健康有异常。

人们之所以认为甲醇毒性远大于汽油，是因为甲醇具有一定的芳香气味，不法商人将甲醇添加在酒中造人员的伤亡，汽油具有较大的刺激性气味，没有人会误饮汽油。当甲醇作为车用燃料使用时，使用面扩大，接触人群增多，使用安全性问题不可轻视，为此国家标准中规定在甲醇汽油中加入一定的染色剂，以提醒使用者在使用时务必注意。

可见，甲醇及甲醇汽油的毒性并不是想象中的那么可怕，在研究和实践中，只要使用正确，操作规范，并采取相应的处理措施，其毒性的危害完全可以控制，并不影响人体的健康。

6. 甲醇汽油的腐蚀性

汽油在不含水时，对金属的腐蚀性主要是硫化物引起的铜片腐蚀，当甲醇汽油中掺入水时，会产生酸性腐蚀和电化学腐蚀，原因在于甲醇汽油中存在水分时，将引起酸的电离，使活泼金属的酸腐蚀性加剧，并激活其他腐蚀行为。

甲醇与甲醇汽油对金属片的腐蚀情况可以通过实验获得，表4-6为车用甲醇汽油（M15）、车用甲醇汽油（M85）不同水分含量下的对紫铜的腐蚀结果。

紫铜腐蚀级 表4-6

甲醇含量	水含量（%）	腐蚀级	甲醇含量	水含量（%）	腐蚀级
M15	0.1	<1	M85	0.1	<1
	0.2	<1		0.2	1a
	0.3	1a		0.3	1b
	0.4	1b		0.4	1b

由表4-6可知，国标法测定紫铜腐蚀级别，所有组分的腐蚀级别都不大于1级，符合国家标准要求，相同甲醇含量甲醇汽油中，随着水分的增加，腐蚀级呈现增长趋势，原因在于水

分的增加会使甲醇汽油中游离酸性离子增加，腐蚀性加强；随着甲醇汽油中甲醇含量增加，腐蚀性加强，原因在于甲醇汽油中酸性离子主要来源与甲醇，因此甲醇比例增加，酸性增强，腐蚀性严重。

常温腐蚀试验紫铜腐蚀结果对比标准色板见表4-7。

常温紫铜腐蚀级 表4-7

甲醇含量	水含量(%)	缓蚀剂含量($\times10^{-6}$)	紫铜腐蚀级
M85	0	0	1a
	0.2	0	1a
	0.4	0	1b
	0.6	0	1b
	0.8	0	1b
	0.8	2	1a
	0.8	3.5	1a

从表4-7中可以看到在相同甲醇汽油中，随着水含量的增加，综合比较腐蚀片腐蚀后的金属光泽、金属色、锈斑及试验后试样的清澈程度，腐蚀片总体呈现腐蚀趋于严重，并在水分含量达到0.8%时最严重；在M85+0.8%水中分别加入2×10^{-6}、3.5×10^{-6}的缓蚀剂，发现腐蚀程度明显降低，且加入量增多，效果变好。

三、车用甲醇汽油的特点

(1)甲醇的质量低热值约为汽油的50%，因此，在同等的热效率下，醇类燃料的有效质量燃油消耗率高。一般情况下，车用甲醇汽油(M15)较普通汽油燃料消耗量增大3.0%～5.0%；车用甲醇汽油(M25)燃料消耗量增大7.0%～9.0%；车用甲醇汽油(M85)燃料消耗量增大40.0%～50.0%；车用甲醇燃料(M100)燃料消耗量增大65.0%～85.0%。

(2)按质量计算，甲醇中含有50%的氧，使燃烧速度快，而且比较完全；甲醇完全燃烧所需的空气量比汽油少，燃烧后尾气带走的热量也相应减少，使发动机总热效率得到提高。

(3)甲醇的汽化潜热是汽油的3.6倍，高的汽化潜热及低的蒸气压和较低的沸点，将导致混合气形成困难和发动机起动困难，但可以降低进气温度，提高充气效率；同时，由于甲醇的汽化潜热大，可以改善发动机燃烧后的内部冷却，改善发动机的动力性，降低排气温度。

(4)甲醇具有较高的辛烷值，具有较高的抗爆震性能，对通过提高发动机压缩比来提高发动机的热效率很有利，所以，甲醇是良好的汽油机代用燃料，也是提高汽油辛烷值的优良添加剂。以90号汽油为基础调配甲醇汽油，M15甲醇汽油辛烷值可达到94～95，M25甲醇汽油可达到96～97，M85可达到103，M100可达到105～108。

(5)甲醇的着火界限比汽油宽，能够使发动机在较稀的混合气下工作，这将使发动机的工况范围比较宽，对排气净化和降低油耗非常有利。

(6)甲醇的燃点温度比汽油高，不易于发生火灾事故，比使用汽油安全。

(7)甲醇对某些非金属材料(如塑料、橡胶等)有溶胀作用，对某些金属材料(如Sn、Pb、Al等)有轻微的腐蚀作用，在使用中应采取相应的措施。

(8)醇类燃料含有羟基，能与水互溶，而烃类燃料憎水性强，因而甲醇与汽油的相溶性差，甲醇与汽油按一定比例混合时，在一定温度范围内具有分层现象。

(9)甲醇汽油常温常压下为液体,操作容易,储带方便。

(10)甲醇汽油具有一定毒性,使用中要严格执行操作规程。

第三节 车用甲醇汽油的性能指标

为了推动甲醇汽油清洁能源的发展,提升甲醇汽油技术水平,规范市场应用,在2003年山西省、陕西省率先出台了低比例M5、M15、M25车用甲醇汽油及车用燃料甲醇标准,拉开了甲醇作为燃料应用的规范性帷幕。其后,浙江省、四川省、上海市等省市也相继颁布了甲醇汽油的地方与企业标准。地方标准的出台催生了国家标准的论证、研究、编制与实施。

在2007年,国家标准化委员会国标委计函〔2007〕21号文件"关于下达2007年第二批国家标准制修订计划的通知",制定"变性燃料甲醇"、"车用甲醇汽油(M85)"、"车用甲醇汽油(M15)"国家标准的工作;2008年9月23日,全国醇醚燃料标准化技术委员会成立;2009年11月1日GB/T 23510—2009《车用燃料甲醇》国家标准实施,2009年12月1日GB/T 23799—2009《车用甲醇汽油(M85)》国家标准实施;《车用甲醇汽油(M15)》国家标已经等待批准;2010年国家标准化委员会下达了"车用甲醇汽油添加剂"、"甲醇含量的测试方法"两项国家标准的编制任务书,两项国家标准预计于2013年完成。

一、车用甲醇汽油(M85)

1. 车用甲醇汽油(M85)技术要求

车用甲醇汽油(M85)GB/T 23799—2009标准修改采用了ASTM D5797－07《点燃式发动机汽车用燃料甲醇(M70～M85)标准规范》,规定产品组成为84%～86%(体积分数)的甲醇,16%～14%(体积分数)的车用汽油(符合GB 17930—2011《车用汽油》),改善使用性能的添加剂。并对术语、定义、标识、要求和试验方法、检验规则、标志、包装、运输和储存及安全等作了相应规定。

表4-8为车用甲醇汽油(M85)的技术要求和试验方法。

车用甲醇汽油(M85)的技术要求和试验方法　　表4-8

项　目		质量指标	试验方法
外观		橘红色透明液体,不分层,不含悬浮和沉降的机械杂质	目测[a]
甲醇＋多碳醇(C_2～C_8)(%)　(体积分数)		84～86	附录A(测甲醇)、SH/T 0663(测多碳醇)
烃类化合物＋脂肪族醚[b](%)　(体积分数)		14～16	附录B
蒸气压/kPa 11月1日至4月30日 5月1日至10月31日	 不大于 不大于	 78 64	SH/T 0794
铅含量[c](mg/L)	不大于	2.5	GB/T 8020、ASTM D5059
硫含量[d](mg/kg)	不大于	80	GB/T11140、SH/T 0253、SH/T 0689
多碳醇(C_2～C_8)(%)(体积分数)	不大于	2	SH/T 0663

续上表

项　　目		质量指标	试验方法
酸度(按乙酸计算)(mg/kg)	不大于	50	ASTM D1613
实际胶质(mg/100mL)	不大于	5	GB/T 8019
未洗胶质(mg/100mL)	不大于	20	GB/T 8019
有机氯含量(mg/kg)	不大于	2	GB/T 18612
无机氯含量(以 Cl^{-1} 计)[e](mg/kg)	不大于	1	附录 C、ASTM D512(方法 C)
钠含量(mg/kg)	不大于	2	GB/T 17476
水分[f](%)(质量分数)	不大于	0.5	ASTM E203、GB/T 6283
锰含量[g]/(mg/L)	不大于	2.9	SH/T 0711

注:应加入有效的金属腐蚀抑制剂和有效的符合 GB 19592 的车用汽油清净剂。

不得人为加入对车辆可靠性和后处理系统有害的含卤化物的添加剂及含铁、含铅和含磷的添加剂。

a　将试样注入 100mL 玻璃量筒中观察,应当为橘红色透明液体,没有悬浮和沉降的机械杂质,在有异议时,以 GB/T511 方法测定结果为准;橘红色是因为在车用甲醇汽油(M85)中加入了烛红(别名苏丹四)染料后形成的,烛红的添加量应为 8 ~ 10mg/kg,烛红染料索引号为 C. I. Solvent Red 24(26105),除此不得再人为添加其他类型的染料。

b　"烃类化合物 + 脂肪族醚"为符合 GB 17930 的车用汽油。也可以根据甲醇、其他醇和水的含量,从 100 中减去其加和值,得到"烃类化合物 + 脂肪族醚"的含量。但在有异议时,以附录 B 方法测定结果为准。

c　在有异议时,以 GB/T 8020 方法测定结果为准。采用试验方法 ASTM D5059 时,需用甲醇(分析纯试剂)作为溶剂来制备校准溶液,以防止碳氢比较大的差异而引起误差。

d　在有异议时,以 SH/T 0689 方法测定结果为准。采用试验方法 GB/T 11140 时,需用甲醇(分析纯试剂)作为溶剂来制备校准溶液,以防止碳氢比较大的差异而引起误差。

e　在有异议时,以附录 C 方法测定结果为准。

f　在有异议时,以 ASTM E203 方法测定结果为准。

g　锰含量是由于调入了车用汽油后引入的,是指以甲基环戊二烯三羰基锰形式存在的总锰含量,除此不得再人为添加其他类型的含锰添加剂。

多碳醇指碳原子数为 2 ~ 8,分子式为 $C_nH_{2n+1}OH$ 的脂肪醇。多碳醇是作为添加剂使用后进入甲醇汽油之中,对多碳醇含量的控制主要是防止燃烧过程中在发动机进气系统产生的胶状物质,及在发动机汽缸内产生的积炭。

2. 检验规则

车用甲醇汽油(M85)的检验为出厂检验,出厂检验项目为技术要求表 4-8 中规定的所有项目。

3. 组批规则

在原材料、工艺不变的条件下,产品每生产一罐或釜为一批。

4. 取样

取样按 GB/T 4756—1998《石油液体手工取样法》进行, 取 2L 样品作为检验和留样用。取样应采用玻璃容器。如果样品必须采用金属容器,该容器不应该有焊接。因为焊料会腐蚀溶解到甲醇燃料中,导致样品被污染。严禁使用塑料容器。

5. 判定规则

出厂检验结果符合表 4-8 技术要求的规定时,则判定该批产品合格。

如出厂检验结果中有不符合表 4-8 技术要求的规定时,按 GB/T 4756—1998《石油液体手工取样法》的规定重新抽取双倍样品进行复检,复检结果如仍有一项不符合表 4-8 技术要求的规定时,则判定该批产品为不合格。

6. 标志、包装、运输和储存

车用甲醇汽油(M85)为易燃液体和有毒品,其标志、包装、运输和储存及交货验收按 SH 0164—1992《石油产品包装、贮运及交货验收规则》和 GB 190—2009《危险货物包装标志》进行。

凡向用户销售的符合本标准的车用甲醇汽油(M85)所使用的加油机泵和容器上应标志"车用甲醇汽油(M85)",并应根据 GB 12268—2012《危险货物品名表》、GB 13690—2009《化学品分类和危险性公示 通则》及 GB 190—2009《危险货物包装标志》标明易燃液体和有毒品标志,上述标志应标识在汽车驾驶人易看得见的地方。

符合本标准的车用甲醇汽油(M85)在运输、储存过程中必须使用专用的管道、容器和机泵。这些储罐、泵、管线、计量器的密封件和材质必须适应车用甲醇汽油(M85)的要求。在储存运输过程中,要保证整个系统干净和不含水,同时应严防外界水的吸入,对成品储罐须安装带有干燥剂的呼吸阀。如果发生相分离,应进行专门处理。

车用甲醇汽油(M85)的分配和计量设备中使用未经保护的铝器件,会导致不溶性铝化合物进入燃料并造成汽车燃油滤网堵塞。而且,即使采用保护性铝器件,也会由于燃料与丁腈橡胶分配软管接触而增加了燃料的电导率,使这种腐蚀效应加剧。因此,在车用甲醇汽油(M85)的分配和计量系统中应避免使用未经防护的铝材料和没有衬里的丁腈橡胶分配软管。

7. 安全要求

车用甲醇汽油(M85)的运输、储存、使用和事故处理等环节涉及安全方面的数据和信息,应包括在产品的"化学品安全技术说明书"中。生产商或供应商提供根据 GB/T 16483—2008《化学品安全技术说明书内容和次目顺序》编写的其产品"化学品安全技术说明书"。

车用甲醇汽油(M85)中的甲醇蒸气对神经系统有刺激作用,吸入人体内,可引起失明和中毒。因此装卸与加油时,尽量减少车用甲醇汽油(M85))蒸气的挥发。严禁口腔、眼睛、皮肤接触本品,避免吸入车用甲醇汽油(M85)蒸气。配制、装卸、加油人员应做相应防护措施,避免过量吸入有害蒸气。

车用甲醇汽油(M85)一旦溅到皮肤和眼睛里,应迅速用大量的清水冲洗,急速医疗。

严禁用嘴吸车用甲醇汽油(M85),严禁用车用甲醇汽油(M85)洗手、擦洗衣服、零件、灌注打火机和作喷灯燃料。

车用甲醇汽油(M85)着火时应用砂子、氟蛋白抗溶泡沫灭火剂、石棉布等进行扑救。车用甲醇汽油(M85)溢出时,应进行专门处理。

本标准规定的车用甲醇汽油(M85)只适用于作车用甲醇汽油(M85)点燃式发动机汽车的燃料,不得用于任何其他用途。

二、车用甲醇汽油(M15)

1. 车用甲醇汽油(M15)技术要求

车用甲醇汽油(M15)是低比例甲醇汽油,标准的体系与指标结构上与车用汽油非常接近,所采用的测试方法也基本相同。表 4-9、表 4-10 为国家将要出台的车用甲醇汽油(M15)的技术要求与试验方法。

车用甲醇汽油(M15)标准适用在石油基的基础汽油中加入甲醇和多碳醇及其他改善使用性能的添加剂调合而成的产品。车用甲醇汽油(M15)只适用车用点燃式发动机汽车的燃料。

车用甲醇汽油(M15)(Ⅲ) 和车用甲醇汽油(M15)(Ⅳ)按研究法辛烷值分为 90 号、93 号和 97 号三个牌号。

车用甲醇汽油(M15)(III)的技术要求和试验方法　表4-9

项目		质量指标			试验方法
		90	93	97	
抗爆性:					
研究法辛烷值(RON)	不小于	90	93	97	GB/T 5487
抗爆指数(RON + MON)/2	不小于	85	88	报告	GB/T 503、GB/T 5487
外观		橘红色透明液体,不分层,不含悬浮和沉降的机械杂质			目测[a]
甲醇+多碳醇(C2~C8)含量[b](体积分数)(%)	不大于	15			SH/T 0663
多碳醇(C2~C8)含量[b](体积分数)(%)	不大于	1.5			SH/T 0663
铅含量[c](g/L)	不大于	0.005			GB/T 8020
馏程:					GB/T 6536
10%蒸发温度(℃)	不高于	70			
50%蒸发温度(℃)	不高于	120			
90%蒸发温度(℃)	不高于	190			
终馏点(℃)	不高于	205			
残留量(体积分数)(%)	不大于	2			
蒸气压(kPa)					GB/T 8017
11月1日至4月30日	不大于	88			
5月1日至10月31日	不大于	72			
胶质含量(mg/100mL)	不大于				GB/T 8019
未洗胶质含量(加入清净剂前)		30			
溶剂洗胶质含量		5			
诱导期(min)	不小于	480			GB/T 8018
硫含量[d](质量分数)(%)	不大于	0.015			SH/T 0689
硫醇(满足下列指标之一,即判断为合格):					
博士试验		通过			SH/T 0174
硫醇硫含量(质量分数)(%)	不大于	0.001			GB/T 1792
铜片腐蚀 (50℃,3h)(级)	不大于	1			GB/T 5096
金属片腐蚀(45℃ ±1℃,168h ±2h)(需同时满足以下指标,即判断为合格):					附录C
试片,变化值(mg/cm^2)					
紫铜		0~0.070			
钢		-0.050~0.050			
不锈钢		-0.020~0.020			
铸铝		0~0.080			
锌		0~0.350			
锡		0~0.045			
黄铜		0~0.050			
表面严重变色、锈蚀或腐蚀面积(%)	不大于				
紫铜		10			
钢		10			
不锈钢		5			
铸铝		10			
锌		10			
锡		10			
黄铜		10			

续上表

项　目		质量指标			试验方法
		90	93	97	
水溶性酸或碱		无			GB/T 259
低温抗相分离性能[e] 5月1日至9月30日，-15 ℃,24h 10月1日至4月30日，-30 ℃,24h		清亮透明,无相分离			附录D
遇水抗相分离性能(加水0.15 %(体积分数),20 ℃ ±0.5℃,4 h ±0.1h)		清亮透明,无相分离			附录E
水含量(质量分数)(%)	不大于	0.100			SH/T 0246
苯含量[f](体积分数)(%)	不大于	1.0			SH/T 0713
芳烃含量[g](体积分数)(%)	不大于	40			GB/T 11132
烯烃含量[g](体积分数)(%)	不大于	30			GB/T 11132
氧含量(质量分数)(%)	不大于	10.0			SH/T 0663
锰含量[h](g/L)	不大于	0.016			SH/T 0711
铁含量[c](g/L)	不大于	0.010			SH/T 0712
硅含量(mg/kg)	不大于	0.3			GB/T 17476
有机氯含量(mg/kg)	不大于	2			GB/T 18612

注:应加入有效的符合GB 19592的车用汽油清净剂。

a　将试样注入100mL玻璃量筒中观察,应当为橘红色透明液体,没有悬浮和沉降的机械杂质,在有异议时,以GB/T511方法测定结果为准;橘红色是由于在车用甲醇汽油(M15)中加入了烛红(别名苏丹四)染料后形成的,烛红的添加量应为8~10 mg/kg,烛红染料索引号为C.I. Solvent Red 24(26105),除此不得再人为添加其他类型的染料。

b　对于甲醇含量大于11.4%(体积分数)的样品,采用进样量只为原进样量一半的量进行试验。测定叔戊醇及其他小于5个碳的多碳醇含量允许采用SH/T 0663和附录B(测多碳醇),在有异议时,以SH/T 0663测定结果为准。除叔戊醇外大于5个碳的多碳醇采用附录B(测多碳醇)。

c　车用甲醇汽油(M15)中,不得人为加入含铅或含铁的添加剂。

d　允许采用GB/T 380、GB/T 11140、SH/T 0253、SH/T 0742。在有异议时,以SH/T 0689测定结果为准。

e　对10月1日至4月30日期间,环境温度低于-25 ℃的地区,可参考附录F各地区风险率为10%的最低气温进行低温抗相分离性试验,且低温抗相分离性试验的温度要比最低气温低5℃。

f　允许采用SH/T 0693,在有异议时,以SH/T 0713测定结果为准。

g　对于97号车用汽油,在烯烃、芳烃总含量控制不变的前提下,可允许芳烃的最大值为42%(体积分数)。允许采用SH/T 0741,在有异议时,以GB/T 11132测定结果为准。

h　锰含量是指汽油中以甲基环戊二烯三羰基锰形式存在的总锰含量,不得加入其他类型的含锰添加剂。

车用甲醇汽油(M15)(Ⅳ)的技术要求和试验方法　　表4-10

项　目		质量指标			试验方法
		90	93	97	
抗爆性: 研究法辛烷值(RON) 抗爆指数(RON+MON)/2	 不小于 不小于	 90 85	 93 88	 97 报告	 GB/T 5487 GB/T 503、GB/T 5487
外观		橘红色透明液体,不分层,不含悬浮和沉降的机械杂质			目测[a]
甲醇+多碳醇(C2~C8)含量[b] (体积分数)(%)	不大于	15			SH/T 0663

续上表

项目		质量指标			试验方法
		90	93	97	
多碳醇(C2~C8)含量[b](体积分数)(%)	不大于	1.5			SH/T 0663
铅含量[c](g/L)	不大于	0.005			GB/T 8020
馏程:					GB/T 6536
10%蒸发温度(℃)	不高于	70			
50%蒸发温度(℃)	不高于	120			
90%蒸发温度(℃)	不高于	190			
终馏点(℃)	不高于	205			
残留量(体积分数)(%)	不大于	2			
蒸气压(kPa)					GB/T 8017
11月1日至4月30日	不大于	42~85			
5月1日至10月31日	不大于	40~68			
胶质含量(mg/100mL)	不大于				GB/T 8019
未洗胶质含量(加入清净剂前)		30			
溶剂洗胶质含量		5			
诱导期(min)	不小于	480			GB/T 8018
硫含量[d](mg/kg)	不大于	50			SH/T 0689
硫醇(满足下列指标之一,即判断为合格):					
博士试验		通过			SH/T 0174
硫醇硫含量(质量分数)(%)	不大于	0.001			GB/T 1792
铜片腐蚀(50℃,3h)(级)	不大于	1			GB/T 5096
金属片腐蚀(45℃±1℃,168h±2h)(需同时满足以下指标,即判断为合格):					附录C
试片,变化值(mg/cm²)					
紫铜		0~0.070			
钢		-0.050~0.050			
不锈钢		-0.020~0.020			
铸铝		0~0.080			
锌		0~0.350			
锡		0~0.045			
黄铜		0~0.050			
表面严重变色、锈蚀或腐蚀面积(%)	不大于				
紫铜		10			
钢		10			
不锈钢		5			
铸铝		10			
锌		10			
锡		10			
黄铜		10			
水溶性酸或碱		无			GB/T 259

续上表

项　　目		质量指标			试验方法
		90	93	97	
低温抗相分离性能[e] 5月1日至9月30日，-15 ℃,24h 10月1日至4月30日，-30 ℃,24h		清亮透明,无相分离			附录 D
遇水抗相分离性能[加水0.15 %(体积分数),20 ℃ ±0.5℃,4 h±0.1h]		清亮透明,无相分离			附录 E
水含量(质量分数)(%)	不大于	0.100			SH/T 0246
苯含量[f](体积分数)(%)	不大于	1.0			SH/T 0713
芳烃含量[g](体积分数)(%)	不大于	40			GB/T 11132
烯烃含量[g](体积分数)(%)	不大于	28			GB/T 11132
氧含量(质量分数)(%)	不大于	10.0			SH/T 0663
锰含量[h](g/L)	不大于	0.008			SH/T 0711
铁含量[c](g/L)	不大于	0.010			SH/T 0712
硅含量(mg/kg)	不大于	0.3			GB/T 17476
有机氯含量(mg/kg)	不大于	2			GB/T 18612

注：应加入有效的符合 GB 19592 的车用汽油清净剂。

a　将试样注入100mL玻璃量筒中观察，应当为橘红色透明液体，没有悬浮和沉降的机械杂质，在有异议时，以GB/T511方法测定结果为准；橘红色是由于在车用甲醇汽油(M15)中加入了烛红(别名苏丹四)染料后形成的，烛红的添加量应为8～10 mg/kg，烛红染料索引号为C.I. Solvent Red 24(26105)，除此不得再人为添加其他类型的染料。

b　对于甲醇含量大于11.4%(体积分数)的样品，采用进样量只为原进样量一半的量进行试验。测定叔戊醇及其他小于5个碳的多碳醇含量允许采用SH/T 0663和附录B(测多碳醇)，在有异议时，以SH/T 0663测定结果为准。除叔戊醇外大于5个碳的多碳醇采用附录B(测多碳醇)。

c　车用甲醇汽油(M15)中，不得人为加入含铅或含铁的添加剂。

d　允许采用GB/T 380、GB/T 11140、SH/T 0253、SH/T 0742。在有异议时，以SH/T 0689测定结果为准。

e　对10月1日至4月30日期间，环境温度低于-25 ℃的地区，可参考附录F各地区风险率为10%的最低气温进行低温抗相分离性试验，且低温抗相分离性试验的温度要比最低气温低5℃。

f　允许采用SH/T 0693，在有异议时，以SH/T 0713测定结果为准。

g　对于97号车用汽油，在烯烃、芳烃总含量控制不变的前提下，可允许芳烃的最大值为42%(体积分数)。允许采用SH/T 0741，在有异议时，以GB/T 11132测定结果为准。

h　锰含量是指汽油中以甲基环戊二烯三羰基锰形式存在的总锰含量，不得加入其他类型的含锰添加剂。

2. 车用甲醇汽油(M15)检验规则

1)出厂检验

出厂批次检验项目包括：技术要求规定的除金属腐蚀外的所有项目。

出厂周期检验项目包括金属腐蚀，每月检测一次。

2)型式检验

型式检验项目为技术要求规定的所有检验项目。

在下列情况下进行型式检验：

(1)新产品投产或产品定型鉴定时。

(2)原材料、工艺等发生较大变化，可能影响产品品质时。

(3)出厂检验或周期检验结果与上次型式检验结果有较大差异时。

3)组批规则

在原材料、工艺不变的条件下，产品每生产一罐或釜为一批，对在线调配的产品，在线调配出的产品即为一批。

3. 取样

取样按 GB/T 4756—1998《石油液体手工取样法》进行，取 2L 样品作为检验和留样用。若车用甲醇汽油（M15）中含锰，取样时应避光。

取样应采用棕色玻璃容器。如果必须采用金属容器，该容器不应该有焊接。因为焊料会腐蚀溶解到车用甲醇汽油（M15）中，导致样品被污染。严禁使用塑料容器。

4. 判定规则

出厂检验结果和型式检验结果符合技术要求的规定时，则判定该批产品合格。

如出厂检验和型式检验结果中有不符合技术要求的规定时，按 GB/T 4756—1998《石油液体手工取样法》的规定自同批产品中重新抽取双倍量样品对不符合项目进行复检，复检结果如仍有一项不符合技术要求的规定时，则判定该批产品为不合格。

5. 标志、包装、运输和储存

（1）车用甲醇汽油（M15）含有车用汽油和甲醇，根据 GB 12268—2012《危险货物品名表》的规定，为易燃（有毒）品，其标志、包装、运输和储存及交货验收按 SH 0164—1992《石油产品包装、贮运及交货验收规则》、GB 12268—2012《危险货物品名表》的规定、GB 13690—2009《化学品分类和危险性公示 通则》、GB 20581—2006《化学品分类、警示标签和警示性说明安全规范 易燃液体》和 GB 190—2009《危险货物包装标志》规定进行。

（2）凡向用户销售的车用甲醇汽油（M15）所使用的加油机和容器上都应标明下列标志："90 号甲醇汽油（M15）（Ⅲ）"、"93 号甲醇汽油（M15）（Ⅲ）"、"97 号甲醇汽油（M15）（Ⅲ）"或"90 号甲醇汽油（M15）（Ⅳ）"、"93 号甲醇汽油（M15）（Ⅳ）"、"97 号甲醇汽油（M15）（Ⅳ）"，并应根据 GB 20581—2006 及 GB 190—2009 标明易燃液体和有毒品标志，上述标志应标识在汽车驾驶人易看见的地方。

（3）车用甲醇汽油（M15）在运输、储存过程中必须要保证整个系统干净和不含水，同时应严防外界水的吸入，对成品储罐须安装带有干燥剂的呼吸阀。如果发生相分离，应进行专门处理。

（4）车用甲醇汽油（M15）的分配和计量设备中使用未经保护的铝器件，会导致不溶性铝化合物进入燃料并造成汽车燃油滤网堵塞。而且，即使采用保护性铝器件，也会由于燃料与丁腈橡胶分配软管接触而增加了燃料的电导率，使这种腐蚀效应加剧。因此，在车用甲醇汽油（M15）的分配和计量系统中应避免使用未经防护的铝材料和没有衬里的丁腈橡胶分配软管。

6. 安全

（1）根据 GB 12268—2012 的规定，车用甲醇汽油（M15）属于危险化学品的第三类易燃液体和第 6.1 项毒性物质，其涉及的安全问题应符合相关法律、法规和标准的规定。其危险性警示见 GB 20581—2006 中第八章的易燃液体警示性说明和 GB 190—2009 毒性物质的警示性说明。

（2）车用甲醇汽油（M15）的运输、储存、使用和事故处理等环节涉及安全方面的数据和信息，应包括在产品的"化学品安全技术说明书"（Material Safety Data Sheet）中。生产商或供应商应提供根据 GB/T 16483—2008《化学品安全技术说明书内容和项目顺序》编写的其产品"化学品安全技术说明书"。

（3）车用甲醇汽油（M15）中的甲醇蒸汽对神经系统有刺激作用，吸入人体内，可引起失明和中毒。因此装卸与加油时，尽量减少车用甲醇汽油（M15）蒸汽的挥发。严禁口腔、眼睛、皮肤接触本品，避免吸入车用甲醇汽油（M15）蒸汽。配制、装卸、加油人员应做相应防护措施，避免过量吸入有害蒸汽，一旦吸入过量蒸汽，需要移到有新鲜空气的场地，需要时急速医疗。在海拔高度高于3000m的地方，不要打开加油口盖，以避免车用甲醇汽油(M15)喷出造成对人体的伤害。

(4)车用甲醇汽油(M15)一旦溅到眼睛里，应迅速用大量的清水冲洗，一旦溅到皮肤，应迅速用大量清水和肥皂进行清洗，需要时急速医疗。一旦误食，应迅速清洗口腔，并急速医疗。

(5)严禁用嘴吸车用甲醇汽油(M15)，严禁用车用甲醇汽油(M15)洗手、擦洗衣服、零件、灌注打火机和作喷灯燃料。

(6)车用甲醇汽油(M15)着火时应用砂子、氟蛋白抗溶泡沫灭火剂、石棉布等进行扑救。车用甲醇汽油(M15)溢出时，应进行专门处理。

(7)本标准规定的车用甲醇汽油(M15)只适用作点燃式发动机汽车的燃料，不得用于任何其他用途。

7. 标准实施

(1)推广实施车用甲醇汽油(M15)的地区政府，应配套实施出台相应的关于安全、消防、保护环境和卫生健康方面的规章制度或标准。

(2)负责生产、储运、销售和使用车用甲醇汽油(M15)的单位和个人，除应遵守本标准的要求和规定外，还应遵守当地政府为推广实施车用甲醇汽油(M15)而配套实施出台的各项关于安全、消防、保护环境和卫生健康方面的规章制度或标准。

第四节　车用乙醇汽油的性能指标

乙醇是以高粱、玉米、小麦、薯类等为原料，经发酵、蒸馏而制成的。除去乙醇液体中含有的水分，再添加适量的变性剂形成变性燃料乙醇；液体烃类中加入一定量变性燃料乙醇及改善使用性能的添加剂成为车用乙醇汽油。变性燃料乙醇执行标准为GB 18350—2001《变性燃料乙醇》，车用乙醇汽油执行标准为GB 18351—2011《车用乙醇汽油》，我国目前使用的乙醇汽油中变性燃料乙醇的体积含量为10%，标识有："E10乙醇汽油90号"、"E10乙醇汽油93号"、"E10乙醇汽油95号"。目前，全国有五个省及一些省的部分地市在使用车用乙醇汽油替代普通汽油。

早在20世纪20年代，巴西就开始了乙醇汽油的使用。由于巴西石油资源缺乏，但盛产甘蔗，于是形成了用甘蔗生产蔗糖、醇的成套技术。目前，巴西是世界上最早用乙醇含量已达到20%的乙醇汽油国家。

美国是世界上另一个燃料乙醇的消费大国。20世纪30年代在内布拉斯加州地区乙醇汽油就首次面市，1978年含10%乙醇汽油(E10汽油)在内布拉斯加州大规模使用。美国以转基因玉米为原料生产乙醇，2011年美国玉米平均亩产达到620多kg，远高于我国玉米370kg的亩产量，每吨玉米价格折合人民币1400元左右，也远低于我国的2200～2400元的价格，加之美国联邦政府对E10汽油实行减免税，2011年美国燃料乙醇产量达到4000多万t，乙醇汽油的使用适合美国国情。随着MTBE在美国使用量的减少和最终的禁用，燃料乙醇将成为MTBE最佳替代产品。

一、车用乙醇汽油的特点

1. 乙醇汽油具有以下优点

(1)辛烷值高，抗爆性好，可作为提高汽油辛烷值添加剂使用。

(2)乙醇含氧量高达34.7%。在汽油中含10%的乙醇,含氧量能达到3.5%,有利于燃料的混合与完全燃烧。

(3)车用乙醇汽油的使用可有效地降低汽车尾气排放,国内研究表明,E10乙醇汽油较车用汽油碳氢化合物排量下降10%~20%,一氧化碳排量下降20%~30%,一氧化氮排放下降10%~20%。

(4)燃料乙醇的生产资源丰富,技术成熟。汽车燃烧E10乙醇汽油,对在用汽车发动机无须进行任何改动。

(5)乙醇汽油为液体燃料,汽车携带方便。

(6)乙醇汽油可与普通汽油交替使用。

2. 乙醇汽油的不足

(1)乙醇的热值低,只有汽油的61%,使用中燃料消耗量会增加,通常情况下汽车使用E10乙醇汽油与使用普通汽油相比燃料消耗量上升3%~5%。

(2)乙醇的汽化潜热大,有利于发动机的充气,不利于发动机的启动。

(3)乙醇在燃烧过程中会产生乙酸,对汽车排气系统有腐蚀作用,特别是乙醇含量超过15%时,必须添加有效的腐蚀抑止剂。

(4)乙醇是一种溶剂,易对汽车的密封橡胶及其他合成非金属材料产生轻微的腐蚀、溶胀、软化或龟裂作用。

(5)乙醇易吸水,车用乙醇汽油的含水量超过标准指标后,容易发生液相分离。

二、变性燃料乙醇

变性燃料乙醇标准GB 18350—2001规定了变性燃料乙醇的定义、要求、试验方法、检验规则和标志、包装、运输、储存要求。标准适用于以淀粉质、糖质为原料,经发酵、蒸馏制得乙醇,脱水后,再添加变性剂(车用无铅汽油)变性的燃料乙醇。它可以按规定的比例与汽油混合作为车用点燃式内燃机的燃料。

变性燃料乙醇中的变性剂为车用汽油,车用汽油与添加剂的比例为100:2~100:5。在20℃时,密度在0.7918~0.7893g/cm^3。变性燃料乙醇的理化指标要求见表4-11。

变性燃料乙醇的理化指标　　表4-11

项　　目		指　　标
外观		清澈透明,无肉眼可见悬浮物和沉淀物
乙醇(%)(体积分数)	≥	92.1
甲醇(%)(体积分数)	≤	0.5
实际胶质(mg/100mL)	≤	5.0
水分(%)(体积分数)	≤	0.8
无机氯(以Cl^-计)(mg/L)	≤	32
酸度(以乙酸计)(mg/L)	≤	56
铜(mg/L)	≤	0.08
pHe值[1)]		6.5~9.0

注:变性燃料乙醇应加入有效的金属腐蚀抑制剂,以满足车用乙醇汽油铜片腐蚀的要求。2002年4月1日前,pHe值暂按5.7~9.0执行。

1. 检验分类

1）出厂检验

产品出厂前，应由生产厂的质量监督检验部门按本标准的规定进行检验，检验合格并签发质量合格检验报告的方可出厂销售。

出厂检验项目：外观、乙醇、甲醇、水分、无机氯、酸度及 pHe 值。

2）型式检验

型式检验项目为表 4-11 中的全部理化要求。

型式检验每半年进行一次，有下列情况之一者，亦应进行。

（1）更换设备或主要原材料时。

（2）长期停产再恢复生产时。

（3）出厂检验结果与上一次型式检验有较大差异时。

（4）国家质量监督检验机构进行抽检时。

2. 判定规则

出厂检验结果，若有一项不符合本标准要求时，应从原采样批中重新抽取 2 倍量样品进行复验，以复验结果为准。若仍有一项指标不合格时，则判该批产品为不合格。

型式检验的判定规则与出厂检验相同。

3. 标志、包装、运输、储存

1）标志

装运的槽车或罐车上应标注：产品名称“变性燃料乙醇”、制造者名称和地址，并明确标注“不能饮用”的警示标识。

包装储运图示标志应符合 GB 190—2009《危险货物包装标志》和 GB/T 191—2008《包装储运图示标志》要求。

2）包装

应使用专用的槽车或罐车装运。包装前，应对所用容器进行严格安全、洁净、无水和密封检查。

灌装后的槽车或罐车应加铅封。使用单位收货后，应先检查铅封是否完好，再进行产品数量与质量的检查。

3）运输

运输工具（包括槽车或罐车等）应洁净、无水。不得与易燃、易爆、有腐蚀性的物品混装混运。在运输过程中应防止外界水的吸入。运输车辆的排气管必须装有阻火器，还应配备灭火器材，具有防静电设施。装卸时应轻装轻卸，防止剧烈振荡、撞击；还应远离热源和火种。

4）储存

库区应符合 GB 50016—2006《建筑防火设计规范》要求。同时应按 GB 50074—2002《石油库设计规范》建立防火系统。成品储罐须安装有带干燥剂的呼吸阀，储罐须有防雷电和静电的防护措施；露天罐应有喷淋水或其他冷却设施。产品不得与易燃、易爆、有腐蚀性的物品混合存放。还应与储存“食用酒精”库区分开。

在储存区域应有醒目的“严禁火种”警示牌。

三、车用乙醇汽油

车用乙醇汽油执行标准为 GB 18351—2011，由于汽油中乙醇的含量仅为 10%，所以标准的体系与指标设置基本与普通汽油相同，只是在指标限值上根据乙醇汽油的特性与汽车使用要求作了一定的修改。技术要求见表4-12。

车用乙醇汽油技术要求

表4-12

项目		质量指标			试验方法
		90号	93号	95号	
抗爆性：					GB/T 5487
研究法辛烷值(RON)	不小于	90	93	95	GB/T 503
抗暴指数(RON+MON)/2	不小于	85	88	90	GB/T 5487
铅含量(g/L)	不大于	0.005			GB/T 8020
馏程：					GB/T 6536
10%蒸发温度(℃)	不高于	70			
50%蒸发温度(℃)	不高于	120			
90%蒸发温度(℃)	不高于	190			
终馏点(℃)	不高于	205			
残留量(体积分数)(%)	不大于	2			
蒸气压(kPa)					GB/T 8017
从11月1日至4月30日	不大于	88			
从5月1日至10月30日	不大于	72			
溶剂洗胶质含量(mg/100mL)	不大于	5			GB/T 8019
诱导期(min)	不小于	480			GB/T 8018
硫含量(质量分数)(%)	不大于	0.015			GB/T 380 GB/T 11140 SH/T 0253
硫醇(需满足下列要求之一)：					
博士实验		通过			SH/T 0174
硫酸硫含量(质量分数)(%)	不大于	0.001			GB/T 1792
铜片腐蚀(50C,3h)(级)	不大于	1			GB/T 5096
水溶性酸或碱		无			GB/T 259
机械杂质		无			目测
水分(质量分数)(%)	不大于	0.20			SH/T 0246
乙醇含量(体积分数)(%)		10.0±2.0			SH/T 0663
其他有机含氧化合物(质量分数)(%)	不大于	0.5			SH/T 0663
苯含量(体积分数)(%)	不大于	1.0			SH/T 0693
芳烃含量(体积分数)(%)	不大于	40			GB/T 11132
烯烃含量(体积分数)(%)	不大于	30			GB/T 11132
锰含量(g/L)	不大于	0.016			SH/T 0711
铁含量(g/L)	不大于	0.01			SH/T 0712

车用乙醇汽油标志、包装、运输、储存及交货验收按SH0164—1992《石油产品包装、贮运及交货验收规则》规定进行。符合本标准的车用乙醇汽油在运输、储存过程中必须使用专用的管道、容器和机泵。这些储罐、泵、管线、计量器的密封件和材质必须适应乙醇汽油的要求。在储存运输过程中，要保证整个系统干净和不含水。如果发生相分离，分出的水相必须送往专门的废水处理厂进行处理。凡向用户销售符合本标准的车用乙醇汽油所使用的加油

机泵和容器都应标明下列标志："E10 乙醇汽油 90 号"、"E10 乙醇汽油 93 号"或"E10 乙醇汽油 95 号"，并应标志在汽车驾驶人看见的地方。

第五节　甲醇燃料调配

目前，甲醇汽油的调配多采用自动控制在线调配的方式，利用管道混合器（静态混合器）混合，可以是单线生产一种产品如甲醇汽油（M15），也可以是一条调配线生产多种产品。较为方便又节约投资的是 M15 与 M85 共线生产方式。

一、调配控制系统技术要求

（1）要求单线调配两种产品，车用甲醇汽油（M15）与车用甲醇汽油（M85）。可分时共线生产（调配）。

①车用甲醇汽油（M15）的组成与比例范围（体积分数）：汽油为 80.0% ~92.0%；甲醇为 7.0% ~15.0%；添加剂为 1.0% ~3.0%。

②车用甲醇汽油（M85）的组成与比例范围（体积分数）：汽油为 10.0% ~20.0%；甲醇为 70.0% ~90.0%；添加剂为 1.0% ~3.0%。

M85 甲醇汽油添加剂实际加入量约为 0.5%，为了调配方便，用甲醇按甲醇比添加剂为 5:1稀释，稀释后的添加剂加入量为 3.0%。相应甲醇从原加入量中减少 2.5%。

（2）系统硬件有：流量计、流量控制阀、油泵、工控机等。

（3）控制系统要求。

①设定调配总量自动关机功能。

②系统标定与校准，使用中能够随时对流量计标定。

③操作员权限分级，按照各自的密码进入调配系统。

④标定调配过程中，汽油、甲醇、添加剂三种物料可以独立调整其流量，并显示三者的比例。

⑤标定调配过程完毕，调配比例确定后，输入模式名称，以一种模式保存，以便下次调配时调用。

⑥每隔 2 ~3min 记录：甲醇、汽油、添加剂累积量及此时三者的比例，以便日后调用。

⑦安全保护系统。

调配控制中先确定甲醇流量，以甲醇流量为依据，设定汽油与添加剂的流量。

（4）控制计算机界面主要显示。

①甲醇、汽油、添加剂的流量、比例调整控件。

②汽油、甲醇、添加剂三者的比例（根据实际流量计算）、流量、累积量。

③甲醇汽油的流量、累积量。

④调配开始、停止时间、调配已进行时间。

⑤大气环境状态参数，大气压力、大气温度。

（5）生产报表要求。系统能够存储并打印报表，报表内容要求：

①生产日期，生产开始时间，生产结束时间，生产持续时间。

②大气压力，大气温度。

③操作生产线编号，操作员（签字），领班员（签字），检验员（签字 附检验报告），产品种

类(M15 或 M85),成品生产量。

④甲醇消耗量,添加剂消耗量,汽油消耗量。

(6)调配比例调阅件。

生产日期,生产开始时间,生产结束时间,生产持续时间,生产线编号,操作员,产品种类,成品生产量,甲醇消耗量,添加剂消耗量,汽油消耗量,调配过程比例记录(对应时间下的汽油、甲醇、添加剂比例)。

(7)统计报表。按照日期、操作员分别进行以下统计:

①成品(M15 或 M85)产量,合计总量。

②甲醇消耗量,合计消耗总量。

③汽油消耗量,合计消耗总量。

④添加剂消耗量,合计消耗总量。

二、调配控制系统

图 4-3 所示为 M15、M85 共线生产流程。

甲醇汽油生产过程显示:动态显示三组物料的工作流程,实时显示正在调配的三种组分的瞬时流量、累积流量;三种组分的总累计流量;数值动态显示调节阀的开度大小;动态显示各个输送泵的开启、停止状态。

系统能准确反映某时间段内甲醇调配过程中三种组分流量等工艺参数的平均值以及变化趋势曲线图。

甲醇汽油生产过程中,瞬时流量、累积流量、调节阀位开关状态等除有数字显示外,还根据实际定量利用亮度条、指示数,动态棒图及其颜色报警信息等来反映现场状况进行动态的画面显示。同时每种组分的瞬时流量、累计流量等参数根据实际的数值以不同颜色显示出来,如到达流量设定的数量时,数字以红色显示从而提醒操作人员注意。

1. 甲醇汽油生产操作控制流程操作说明

1)生产 M15 甲醇汽油

汽油流通管路为 F101 →F102→B104→F103→FT101→KV101→F104→F105→TF02→F405→M15。

甲醇流通管路为 F201 →F202→B102→F203→FT201→KV201→F204→F205→TF01→TF02→F405→M15。

添加剂流通管路为 F301 →B101→F302→FT301→KV301→F303→TF01→TF02→F405→M15。

2)生产 M85 甲醇汽油

汽油流通管路为 F101 →F401→B102→F203→FT201→KV201→F204→F404→TF02→F406→M85。

甲醇流通管路为 F201 →F402→B102→F103→FT101→KV101→F104→F403→TF01→TF02→F406→M85。

添加剂流通管路为 F301 →B101→F302→FT301→KV301→F303→TF01→TF02→F406→M85。

2. 系统登录

启动主控软件,输入命令,登录主界面,进入甲醇汽油调配主界面,如图 4-4 所示。

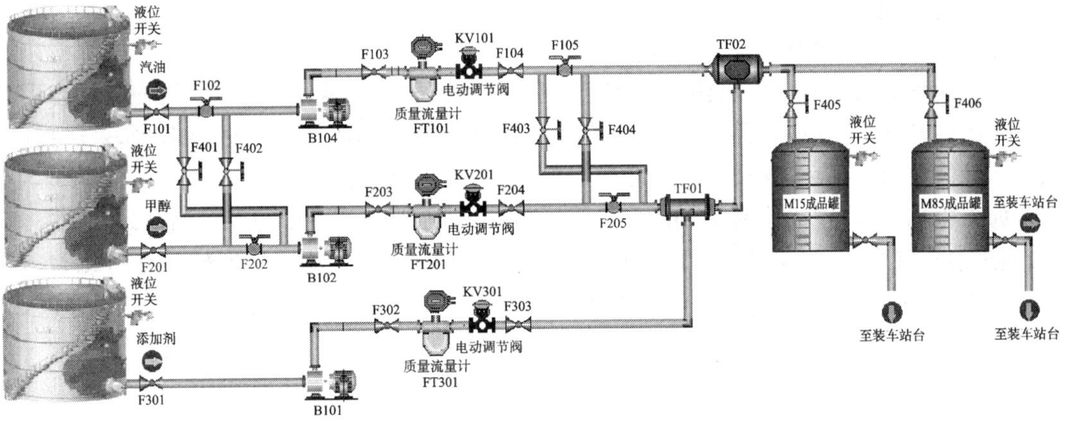

图 4-3　调配流程

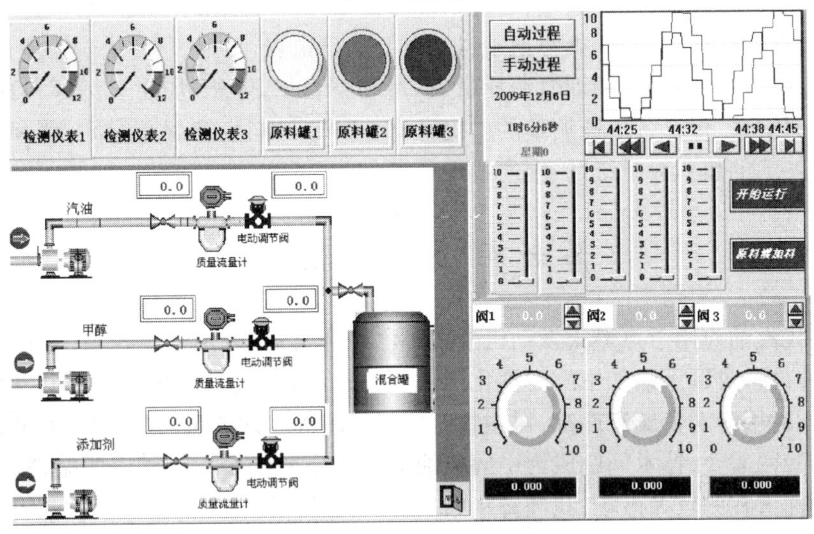

图 4-4　甲醇汽油调配工界面

3. 参数设置

单击参数设置，设定甲醇汽油调配总量，选择调配品种（M15 或 M85），然后选择配方，配方已按照内部存储的配方，数据根据工程师站传过来的配方确定，现场操作人员无权改动配方比例。产品的配方修改权和原始记录数据查看，设有相应的密码锁，不同的人员具有不同的进入密码。

4. 启动运行调和

单击甲醇泵（泵开启、停止按钮），对应电动调节阀，按照预先设定的阀门开度大小值（甲醇阀门的开度，可以通过控件参数设定），自动打开到相应设定值的阀门开度。甲醇通过流量计，流量计计量开始。在打开甲醇阀门的同时，添加剂、汽油泵依次顺序打开，相对应的调节阀自动打开，流量计计数开始。甲醇和添加剂通过 TF01 静态混合器混合，与汽油同时进入 TF02 混合器在线混合后，进入中间储罐。

5. 自动调和运行

在调配开始后，计算机会按照甲醇的流量为依据，根据流量计流速、三种组分流量累积比例自动确定汽油、添加剂的阀门开度大小，从而使三种组分的累积量，按照配方的比例，保持相同的累积百分比进度，直到三种物料累积到总量时，自动关闭调节阀和泵，达到自动定量比例调配功能。

6. 手动/自动调配配方控制管理

在按照配方自动注入三种组分调配结束后，三种组分通过两个静态混合器充分融合后，进入中间储油罐后，抽取样品化验，根据化验数据和应该达到的技术指标要求，如果达到产品技术性能要求，保存本次配方比列数值，以备作为下次调用。

如果根据化验，产品没有达到产品性能指标，启动需要补加的甲醇或汽油组分管路泵和阀，通过静态混合器，定量注入中间储罐再次重新调和混合。然后再抽取样品进行化验，直到本批次产品性能完全达标，记录累加所有三种组分的累积值，并自动保存三种组分的比例，作为下次生产成品的配方。

7. 实时监测与计量调配物料数量及生产报表管理

实时计算和显示消耗的汽油、甲醇、添加剂的数量，并根据要求，组态出相对应的报表。实时计算和显示生产出的成品数量，通过系统对数据的自动采集和换算，自动生成产成品和消耗品的库存记录、收付记录、操作记录、报警记录、日报表、月报表、年报表等多种报表。用棒图和数据表显示所有物料的即时消耗量、存量和空容量，体积、质量。保存和查询历史状态和事件实时记录、保存各生产调配的历史状态：生产日期、生产起止时间、调和生产时间、产成品和消耗品的累积数量统计、生产线编号等。

第六节　甲醇柴油

甲醇替代汽油应用于点燃式发动机上技术已经非常成功，但是要想将甲醇应用于柴油机，却存在着许多难题。诸如甲醇的汽化潜热值大，十六烷值以及热值都很低，燃烧范围不及柴油宽，同时甲醇对金属有腐蚀，对塑料有溶胀作用等。柴油机的燃油供给系统也不能够满足供给甲醇的需要，技术问题成为甲醇柴油应用的主要障碍。推动甲醇柴油研究与应用的动力是柴油潜在的巨大市场，我国每年柴油的消耗量约是汽油的两倍，甲醇若能够成功地替代柴油，对缓解车用燃料的供给将更为有效。表 4-13 为甲醇燃料与柴油燃料的物理化学性质。

甲醇与柴油理化性质　　表 4-13

特性参数	甲醇	柴油
分子式	CH_3OH	C_{10} ~ C_{21}烃
密度(kg/L)	0.791	0.79 ~ 0.85
沸点(℃)	64.5	180 ~ 370
汽化潜热(MJ/kg)	1110	250
低热值(MJ/kg)	25.6	42.5
化学计量空燃比	6.5	14.6 ~ 14.7
十六烷值	5	43 ~ 49
自燃点(℃)	436	350
闪点(闭口)(℃)	8	45 ~ 55

一、沸点

柴油为烃类混合物，沸程为 180 ~ 370℃，甲醇为单一的醇类物质，沸点为 64.5℃。两者对比不难发现，其一，甲醇的挥发性能比柴油要强得多；其二，甲醇的挥发温度不在柴油的沸程范围之内。

甲醇的低沸点，使得甲醇在柴油机供油管路中汽化，极易形成气体，阻断了柴油机的正常供油，造成柴油机启动困难或无法启动。当柴油机工作温度升高时，供油系统中气体出现，使得供油量减少，发动机功率减小，动力性能急剧下降。

汽油的沸程为40～205℃，甲醇沸点在汽油沸程之间，甲醇和汽油混合后进入发动机汽缸时，气阻现象也会出现，只不过是汽油机的汽油供给系统回油量较大，气体通过汽油的回流进入油箱，少量气体的存在并不影响汽油机的工作。相反，柴油机的柴油供给系统是不允许有任何一点气体存在的，柴油机油路中的气体完全会让柴油机停止工作。

二、汽化潜热大

甲醇的汽化潜热比柴油要高出很多，高汽化潜热产生的冷却效应使柴油机怠速、小负荷时滞燃时期延长，燃烧不良，工作更为粗暴，振动增大，噪声增加。当柴油中的甲醇比例过大时也会导致发动机冷启动困难。

三、十六烷值

十六烷值是评定柴油在柴油机中燃烧时的自燃性好坏的指标，国家标准中，0号柴油的十六烷值不小于49，而甲醇是低十六烷值燃料，十六烷值只有5左右，柴油中掺入甲醇后，混合燃料的十六烷值降低，影响发动机的工作状况，随着甲醇加入比例的提高，十六烷值降低明显，不符合柴油机燃烧的要求，引起混合燃料在发动机汽缸中延迟发火，以致燃烧出现不正常。同时，由于汽缸内压力剧烈增长使发动机工作不平稳，而引起过早的磨损。特别是当冷却液和进气温度降低时，高的十六烷值燃料是保证发动机正常启动所必须的条件。

四、着火范围

着火范围是燃料着火并能正常燃烧的混合气浓度范围，柴油的着火范围很宽，汽油的着火范围很窄。汽油机正常工作情况下，过量空气系数$\lambda=1.00\pm0.03$，这个范围很小，混合气过浓，过稀都无法保证汽油机的正常工作。而柴油机的过量空气系数在负荷时$\lambda=1.2$柴油机可以正常工作，小负荷时$\lambda=6.0$柴油机也能正常工作，这么大的着火范围是甲醇所做不到的。实际中，当甲醇在柴油中的比例增大时，由于甲醇柴油的燃烧不良，排放污染还会明显增大。

五、闪点

燃料的闪点是在常压下燃油发生自燃的最低温度，是储存及搬运时的一种安全性指标。低闪点的燃料在储存及搬运时较危险，发生火灾的机会较大，国家标准中，柴油的闭口闪点不小于55℃。混合燃料中的甲醇含量对混合燃料的闪点影响很大。甲醇的闪点约为8℃。当混合燃料中加入甲醇后，其闪点急剧下降，基本接近于甲醇的闪点。可见，混合燃料的闪点主要由闪点低的物质决定，这给甲醇柴油混合燃料的配置、运输、储存过程提出了比较严格的防火要求。

低闪点并不是柴油机不能应用甲醇燃料的根本原因，汽油的闪点更低，实际当中照样在应用，如果甲醇柴油投入应用，务必注意两个问题：其一，要编制甲醇柴油标准，闪点取甲醇柴油的实际闪点；其二，闪点的降低要相应提高设计中的安全与防火等级。

六、甲醇与柴油的相容性

甲醇(CH_3OH)是含有极性羟基(OH)的含氧碳氢化合物,是极性物质,而柴油是由多碳原子的烃类组成的混合物,烃类化合物是非极性的,根据相似相溶原理,甲醇和柴油混合比较困难,在常温下柴油中能溶解大约3%的甲醇,当甲醇含量超过3%,不论是靠外部压力,还是加入一定量的助溶剂都不能保证甲醇和柴油的均匀混合。很多研究者都在积极开发研制一种能使甲醇与柴油混合得比较好的添加剂,目前,还没有一种添加剂被成功的研制出来,这使得甲醇柴油的发展变得困难重重。由于极性甲醇与非极性柴油互不相溶,甲醇柴油混合燃料即使混溶在一起,也极不稳定,尤其不能允许有水侵入,即使极微量的水分侵入,也会在储存、运输、使用期间分层。

七、甲醇的变性

甲醇是否能够应用于柴油机上,决定于以上六个基本问题的解决,这些问题本身就是甲醇的属性,要解决甚至是不可能地。甲醇要想应用于柴油机上,走甲醇与柴油混合的道路很难。近年,一些研究机构将甲醇变性后应用与柴油机上是一个正确的方向,如由甲醇变性后得到的聚甲氧基甲缩醛(也称为多聚甲缩醛)应用与柴油机上非常成功,当聚甲氧基甲缩醛(DMMn)$CH_3O(CH_2O)nCH_3$($n=3\sim8$)在柴油中的添加量不超过20%时,柴油机的工作性能基本没有变化,排放的$PM_{2.5}$大幅度下降。聚甲氧基甲缩醛混合组分的物理化学性能与柴油非常相似:馏程在165~280 ℃、十六烷值平均76以上、含氧量为45.2%~50%、闪点不低于60℃、不含硫,是清洁的新能源,有助于生产国Ⅲ、国Ⅳ清洁柴油。表4-14为聚甲氧基甲缩醛的理化特性。

聚甲氧基甲缩醛 表4-14

序 号	项目名称	单 位	DMMn	柴 油
1	沸点	℃	>160	>180
2	平均CN值(十六烷值)	—	76	43~49
3	氧含量	%	45.2	0
4	闪点	℃	61	45~55
5	硫含量	mg/kg	0	350

复习思考题

1. 甲醇有哪些用途?
2. 甲醇作能源是可再生的吗?
3. 调配甲醇燃料或甲醇汽油使用的是什么甲醇?
4. 温度对汽油与甲醇的互溶有什么影响?
5. 目前国家甲醇燃料的标准有哪些?
6. 乙醇汽油与甲醇柴油应用的难点在哪里?
7. 国家标准《车用甲醇汽油(M85)》的安全要求有哪些?

第五章　甲醇燃料汽车

第一节　甲醇燃料在汽车上的应用

一、甲醇制汽油

甲醇转化为汽油十分具有吸引力。由于世界煤储藏量远比石油和天然气多,因此,从煤中制取合成气、甲醇,最后制成汽油的研究在国外越来越多,试验规模也越来越大。其中尤以美国 Mobil 公司开发成功的 ZSM－5 型合成从甲醇制汽油(methanol to gasoline,MTG)的方法最引人注目。这种方法制得的汽油抗爆震性能好,不存在常用汽油中的硫、氯等组分,而烃类组成与常用汽油很相似。

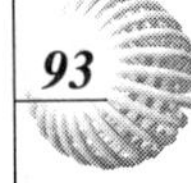

Mobil 法甲醇制汽油技术于 1976 年发表,其总流程是首先以煤或天然气做原料生产合成气,再用合成气制甲醇,最后将粗甲醇转化为高辛烷值汽油。

目前采用此技术投入工业生产的是新西兰,采用的是天然气生产汽油的两步法装置,每年可产高辛烷值汽油 60 万 t,对解决该国用油问题起到了重要作用。但这套装置与炼油装置相比具有投资大和成本高的缺点。为解决经济问题,美国哈尔道公司又发明了一步法,这项技术可减少投资,降低成本,目前有 6 套装置处在试生产阶段,其中有 1 套是 24h 连续操作。

二、低碳混合醇

低碳混合醇一般是指 C_1-C_5醇类混合物,是由甲醇和高级醇组成的高辛烷值含氧化合物,可通过天然气或煤的气化生产制备。研究发现,低碳混合醇燃烧特性比甲醇好,而且是甲醇与汽油的助溶剂。

三、甲醇燃料电池

燃料电池是一种不经过燃烧直接以电化学反应方式将燃料的化学能转变为电能的高效发电装置。燃料电池的能量来源于氢,为了降低燃料电池的运行成本,以甲醇替代氢是较为理想的选择。甲醇应用于燃料电池有两种技术路线可供选择,一是通过重整后将甲醇的氢与碳分离,再将氢应用于燃料电池;二是直接甲醇燃料电池,直接甲醇燃料电池属于质子交换膜燃料电池(PEMFC)中之一类,直接使用甲醇水溶液或蒸气甲醇作为燃料来源,而不需通过甲醇、汽油及天然气的重整制氢以供发电。相较于质子交换膜燃料电池,直接甲醇燃料电池(DMFC)具备低温快速启动、燃料洁净环保以及电池结构简单等特性。直接甲醇燃料电池是用甲醇和空气组成燃料电池，以电能驱动汽车工作。目前，国外已经研发出甲醇燃料电池汽车，但是由于成本高，还未能在市场上普遍推广。采用甲醇燃料电池具有以下优点：

(1)高效，它不受卡诺循环的限制，目前的电池能量转化效率为40% ~60%，若实现热电联供，燃料的总利用率可高达80%以上。

(2)环境友好，对大气污染很小。

(3)使用寿命长，工作安静，维修要求低。

目前比较普遍的甲醇直接燃料电池系统结构十分简单，便于小型化。这种电池是甲醇与电解质混合后直接用于燃料电池，根据电解质pH值的不同分为碱性甲醇－氧燃料电池和酸性甲醇－氧燃料电池。

四、甲醇汽油掺混法

甲醇汽油掺混法是将甲醇与汽油以不同的比例掺混在一起直接作为汽油机燃料。掺混法也是目前应用技术最成熟、储存最方便、适合大面积推广应用的一种方法，M15、M25、M85甲醇汽油就是掺混后形成的产品。掺混法应用甲醇汽油的优点是显而易见地，不足之处是需要添加助溶剂，以促使甲醇与汽油的稳定相溶。助溶剂在甲醇汽油添加剂中所占的比例最大，成本也最高，以M25甲醇汽油为例，助溶剂会使每吨甲醇汽油成本增加200 ~250元，选择助溶剂的类型与优化助溶剂的添加比例对利用掺混法应用甲醇汽油非常重要。

五、车用比例供给法

车用比例供给法是将甲醇与汽油按照一定的比例供给发动机的燃料喷射系统，虽然甲醇与汽油没有混溶，但是，进入发动机汽缸内的甲醇与汽油还是保持了一定的比例。甲醇与汽油的比例由比例阀调整，受控制器控制，控制比例可以设定，还可以根据发动机的不同运行工况有所变动，通常情况下，启动时汽油比例增大，大负荷时甲醇比例增大。甲醇与汽油的储存可以分别储存在不同油箱中，也可以储存在同一个油箱中，当甲醇与汽油同在一个油箱中时，甲醇与汽油可以是相溶的也可以是不相溶的，由于比例阀的控制，并不会影响实际进入发动机中甲醇与汽油的比例。比例阀位于燃料储存箱内，控制器位于汽车驾驶室仪表板下方。

车用比例供给法的缺点是需要为汽车加装一套控制系统，增大了成本，当然控制系统是汽车的一个部件，与汽车同寿命，投资为一次性；车用比例供给法的优点是省去了甲醇汽油中的助溶剂，降低了燃料成本。车用比例供给法应用甲醇汽油燃料中的抗腐蚀、抗氧等添加剂并不能省略。

甲醇汽油推广工作进展缓慢，其原因是多方面的，但是，产业过程中的利润分配不公有着重大的影响。甲醇汽油之所以能够形成产业，是甲醇与汽油相比本身存在一定的利润空间，而在产业链中原料供应企业、甲醇汽油生产企业、运输企业、管理部门等处于产业的上游，既得利益能够得到首先保障，而处于产业链最下端的汽车用户，则失去了主动权与话语权，最终形成使用汽油与使用甲醇汽油对汽车用户并无多大差别，造成汽车驾驶人员不愿意使用甲醇汽油的情况，使甲醇汽油产业受阻。可以想象，如果汽车驾驶人员开着汽车找甲醇汽油加注，何愁这一产业不发达呢？车用比例供给法采用的是甲醇与汽油分开加注，各自有各自的价格，各自收取各自的费用，这种方式把最大的利益让到了车上，对甲醇汽油的应用非常有利。

车用比例供给法可以应用于汽油发动机，也可以应用于柴油发动机。当应用于汽油发动机时，对中比例的甲醇汽油最为有利，原因是低比例甲醇汽油助溶剂应用量很少，高比例甲醇燃料不需要助溶剂。当应用于柴油发动机时，需要注意的是甲醇比例不能太大，一般不超过20%，并且比例阀的位置要尽可能靠近发动机燃料喷射器。

第二节　甲醇汽油汽车的特点

甲醇燃料汽车具有以下特点：

(1)常温常压下甲醇燃料为液体，操作容易，汽车储带方便。

(2)汽油机汽车可直接使用甲醇燃料，不需要对汽车进行改装。

(3)应用甲醇燃料与应用普通汽油相比，汽车的动力性能不变或略有增加。

(4)汽车运行燃料消耗费用降低。

(5)汽车排放污染物大幅度减少。

(6)甲醇汽油燃料建站投资少。

一、甲醇汽油储带性

甲醇、甲醇汽油、甲醇燃料在常温、常压下都是液体燃料，无论是成品燃料储存库、加油站、运输槽车及汽车燃料箱的储存方式、安全等级、防火规范基本都与汽油相同，储存罐的结构形式、油泵、控制阀门、流量计、加油机等也与汽油相同或类似，操作储存、携带非常方便。

由于甲醇在燃烧方面的理化特性与汽油相近，甲醇汽油的储存、运输、加注等系统完全可以应用汽油的设施、设备，极大地减少了基础设施建设的投资，提高了推广应用的方便性。甲醇汽油运输的方便性，说明甲醇可以远距离运输，甲醇可以在国内汽车、火车、船只运输，也可以由国外进口，通过轮船运输，应用上不会受到地域的限制，应用的市场范围非常广阔。

甲醇汽油储存的方便性还在于它的储存可以利用汽车原有油箱，除在初次使用甲醇汽油需要对油箱进行清洗外，油箱不需要进行任何改装。一个60L容积的汽油油箱，加满一箱汽油行驶距离如为700km，使用M15、M25、M85甲醇汽油的行驶距离分别大约为680km、650km、550km。行驶距离的改变基本不会影响汽车的使用性能。天然气汽车则完全不同，以出租车为例，一只10L水容积的储气瓶(位置所限只能装此气瓶)，行驶距离在100～120km，出租车辆每天需要加气4～5次，如果加气站数量过少，影响汽车的使用是必然的。

二、甲醇汽油与汽车的适应性

甲醇汽油与汽车的适应性能主要指发动机的燃料供给系统与甲醇汽油的适应性能，其次是冷启动系统与发动机排气系统的适应性能。适应性能的好坏不仅表现在使用的方便性上，它直接影响到汽车的运行性能及发动机的故障率与使用寿命。甲醇汽油与车辆的适应性能应该从燃料与发动机两方面入手解决，低比例甲醇汽油以燃料解决为主，高比例甲醇汽油由燃料与车辆共同解决，即低比例甲醇汽油燃料适应车辆，高比例甲醇汽油车辆适应燃料。

1.燃料供给系统

当发动机燃烧甲醇燃料时，甲醇汽油供给系统必须是耐醇系统，如密封垫圈尽可能使用紫铜垫圈，油管要使用耐醇橡胶，油泵滤网要使用抗醇塑料。随着市场上甲醇汽油供给量的增多,汽车制造厂家也在不断优化燃料供给系统部件的材料,新型号汽车比老旧型号汽车供油系统材料的耐醇性能要好得多。

燃料供给系统与甲醇汽油适应性还表现在过量空气系数的控制上。低比例甲醇汽油与发动机的适应性能较好,原因是低比例甲醇汽油氧含量较低,当汽车燃料中的甲醇含量低于30%,氧含量低于15%时,汽车发动机都具有较好的适应性,以目前的燃料供给系统的控制能力能够根据排气中氧浓度调整燃料供给量,使过量空气系数 λ 保持在国家标准要求的范围内($\lambda = 1.00 \pm 0.03$)。当汽油中的甲醇含量超过30%,氧含量超过15%时,部分车辆的燃料控制系统已经不能对 λ 值进行有效的控制,发动机出现动力性能下降、燃料消耗量增加、排气污染增大。需要说明的是不同车辆的燃料控制系统对燃料中氧含量的适应调整能力有一定的差别,大部分车辆在氧含量超过15%时即出现不适应,也有个别型号车辆对氧的适应能力可以达到20%。所以,当应用高比例甲醇汽油时,对车辆的燃料控制系统要进行程序的重新设计。为了在用车辆上应用高比例的甲醇汽油,就必须对车辆安装汽车灵活燃料控制器。

2. 冷启动

甲醇汽油车辆的冷启动相对于汽油车辆较难,尤其是高比例的 M85、M100 甲醇燃料。造成甲醇燃料汽车冷启动困难的原因有两个,一是甲醇的挥发温度高于汽油中轻质成分的挥发温度。甲醇的挥发温度为64.5℃,国家标准中规定汽油的10%馏出温度不高于70℃,实际上目前市场供应的普通汽油的10%馏出温度大多在60℃以下,有些甚至低到40°左右,汽油10%馏出温度是影响发动机冷启动的一个重要指标,10%馏出温度高,发动机启动困难。影响发动机冷启动性能的第二个因素是汽化潜热,甲醇燃料的汽化潜热远大于汽油的汽化潜热,当燃料进入发动机汽缸后蒸发、汽化要吸收大量热量,引启汽缸内温度下降,对于工作温度已经达到正常值的发动机并无什么影响,对于寒冷季节低温启动时的发动机则造成启动时的困难。

低比例甲醇汽油对发动机冷启动性能并无明显影响,汽车应用低比例甲醇汽油时,从冷启动方面并不需要采取特别的措施,而对于高比例甲醇燃料冷启动一定要有相应对策,以M85 甲醇燃料为例,当环境温度低于10℃时,发动机的启动就开始受到影响,当环境温度低于0℃时,则会出现启动困难,不采取必要的措施,要达到国家标准中规定的在 -30℃环境温度下三次启动发动机能正常启动的要求是不可能的。目前,对于冷启动所采用的措施,也是分为车辆上所采取的措施与燃料方面的措施两部分。燃料方面应对冷启动的方法主要是在甲醇汽油中加入容易挥发、易燃烧的添加剂,协助发动机启动,这种添加剂加量不能太大,否则发动机正常工作后易出现气阻,夏天绝对不能加入此类添加剂。

车辆上应对高比例甲醇燃料冷启动问题的方法较多,如:低温时燃料的加热,进气预热,高能点火,或汽油启动后转换为甲醇燃料等。

燃料加热方法是在靠近燃料共轨管处对甲醇燃料进行电加热,需要控制的是加热温度与加热的时间,是否需要加热及加热的量则完全根据发动机温度实现自动控制,没有给汽车的操纵添加任何麻烦。此系统工作可靠性高,成本低,可以保证发动机在 -30℃环境温度下顺利启动。不足之处是在车辆上增添了另外一个系统。

进气系统的预热方法最早应用于柴油机的冷启动上,柴油机的启动性能较汽油机要差得多,当应用这种系统与甲醇燃料的冷启动时,其效果是不用怀疑的。需要注意的是,柴油机预热的是完全空气,甲醇燃料发动机进气时空气中则可能会有部分燃料,防止进气管中的燃烧是预热系统安全性不能忽视的问题，另外发动机如出现回火现象，则会影响到发动机的安全性能。

高能点火应用于高比例甲醇燃料冷启动问题的解决是最为理想的一种方法。通常情况下汽油机点火时，火花塞每次释放出的能量在20～30mJ就能够将汽油混合气点着，为了保证点火的可靠性通常汽油机点火时火花塞每次释放出的能量在70～90mJ，高能点火系统能够将点火能量增加到120～150mJ，能够满足甲醇燃料的启动要求。高能点火系统的采用没有增加成本，对于汽油机的工作也有好处，可以使汽油机油耗降低，排放污染减少。

应对甲醇燃料冷启动问题的另一种方法是给汽车加装一个汽油油箱，启动时使用汽油，发动机工作温度正常后转换成甲醇燃料。这种系统一定能够保证发动机的启动，问题是对发动机需要进行改装的部件太多，等于给汽车加装了另外一套燃料储存与供给、控制系统，并且在冬季汽车必须配备两种燃料，缺一不可。

安装汽车灵活燃料控制器并配以冷启动添加剂也能很好地解决发动机的冷启动问题。灵活燃料控制器自身有冷启动模块，启动时对混合气进行适当加浓，增加进气中燃料的可挥发量，达到启动发动机的目的。汽车灵活燃料控制器的工作原理在下节讲解，在此不作赘述。

3. 油泵

当汽车燃用甲醇燃料时，油泵出现故障的概率非常高，多则汽车行驶上万千米，少则1000km，甚至几百千米因油泵出现故障发动机不能正常工作。油泵部分的故障有些是油泵本身确实出现故障，有些则是根据发动机出现的故障特征判为油泵故障。油泵出现故障时，发动机表现的特征是供油不畅，供油压力降低，喷油量减少，汽车加速不起来，只所以误判，是因为发动机供油系统堵塞时表现出同样的故障特征，如油泵滤网堵塞、燃油滤清器堵塞、喷油嘴堵塞等。

造成油泵本身故障的原因是腐蚀与磨损，解决的方法还是从燃油与油泵本身两方面入手。对于油泵本身来讲尽量采用磷脱氧铜作为油泵转子，磷脱氧铜具有较强的甲醇耐腐蚀性。对于甲醇汽油来讲，需要提高甲醇汽油的润滑性。甲醇汽油的润滑性长安大学已经进行了多年大量的实验研究，并获得了甲醇汽油抗磨性测试方法国家专利，开发出了保护汽油油泵的专用添加剂，能够延长油泵的使用寿命，达到与使用汽油时基本相同，实验研究数据显示，走提高甲醇汽油润滑性的技术路线是非常成功的。

耐醇油泵的开发是甲醇汽油行业所必须的，耐醇油泵也是从油泵的材料方面提高油泵对甲醇的耐受程度，目前国内已有部分企业着手研发。

4. 排放系统

汽车排气系统主要由排气管、消声器、三元催化器等构成。甲醇汽油对排气系统的工作性能并不会构成影响，影响到的主要是甲醇燃料燃烧时排放中的水蒸气增大，加之甲醇汽油排放中的酸性物质，两者共同作用加速了对排气管道的腐蚀，对于排气管道的焊接处腐蚀速度更快。解决问题的方法是排气管道的成型技术，尽量采用模压成型，减少焊接。

三、甲醇燃料汽车的动力性能

汽车的动力性能决定于发动机的动力性能，表征发动机动力性能的重要指标是发动机的有效功率，即发动机对外输出的功率，单位为千瓦（kW）；表征汽车动力性能的主要指标是汽车的加速性能，用在规定距离下加速时间与所达到的车速评定。

使用甲醇燃料时,汽车的动力性能要优于使用普通汽油的情况,理论计算与实验都可以证实。

1. 理论计算

基础数据:	汽油的低热值	44.0 MJ/kg
	甲醇的低热值	21.5 MJ/kg
	汽油的理论空气量	14.8 kg/kg
	甲醇的理论空气量	6.5 kg/kg

假如:发动机每循环进入汽缸的空气量为 14.9kg,则:汽油喷射量为 1.0kg, 所释放出的热量为44.0MJ。甲醇喷射量为14.9/6.5 = 2.29(kg), 所释放出的热量为2.29 ×21.5 = 49.2 (MJ)。

甲醇混合气的热值较汽油混合气的热值高 11.8%,甲醇燃料的发动机的动力性能一定增大,对于不同比例甲醇汽油的动力性增大的程度不同,甲醇含量越高,动力性增加的幅度越大,对于低比例的甲醇汽油动力性能虽然有增大,但是,相对较小,汽车驾驶人未必一定能感受到。

2. 发动机台架实验结果

分别对汽油与甲醇汽油在发动机台架上进行外特性实验,实验条件为节气门全开,测试出不同转速下发动机的最大输出功率,其动力性能的优劣便会一目了然。图 5-1 所示为 93 号汽油与车用甲醇汽油(M85)的外特性功率与转矩实验曲线,不难看出车用甲醇汽油(M85)的输出功率与输出转矩明显大于 93 号汽油。

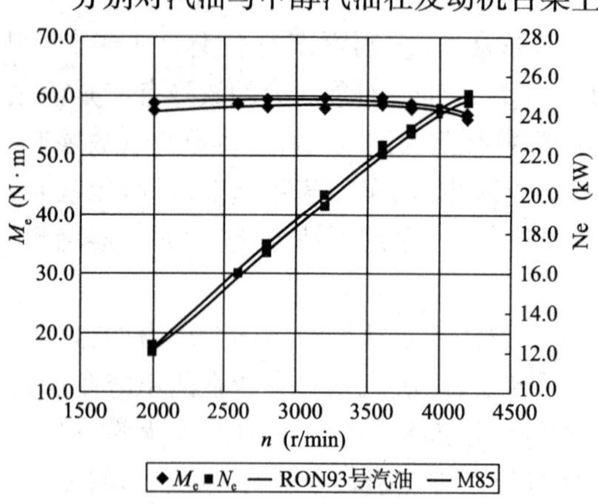

图 5-1 汽油、M85 动力性对比

3. 汽车道路实验结果

汽车在平直的实验跑道上,分别使用 M15、M85 及 RON93 号汽油,进行直接挡加速试验,实验数据见表 5-1,加速特性曲线如图 5-2、图 5-3 所示。汽车从零车辆开始加速至 90km/h,M85 较 93 号汽油加速时间缩短2.94s,M15 较 93 号汽油加速时间也减小,加速距离缩短,说明两种甲醇燃料的动力性能较 93 号汽油增大。

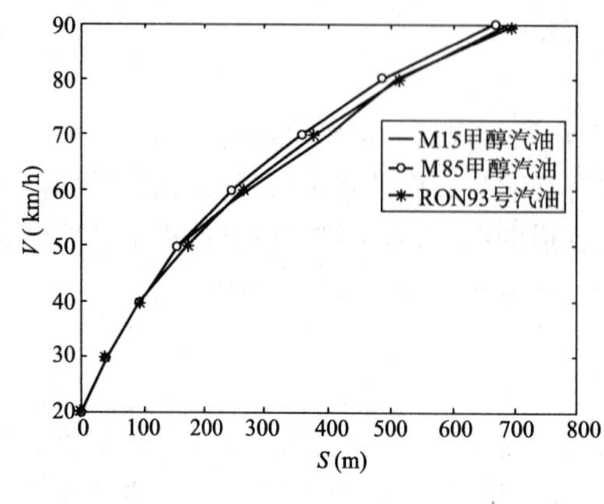

图 5-2 加速距离

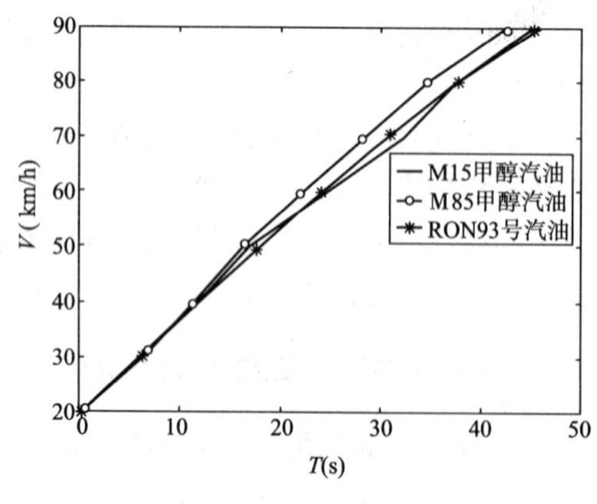

图 5-3 加速时间

直接挡加速试验对比 表 5-1

燃料	M15	M85	RON93 号汽油
加速时间(s)	45.31	42.41	45.35
加速距离(m)	695.32	672.95	696.25

四、甲醇燃料汽车的燃料经济性

1. 甲醇汽油的成本

甲醇的低热值较汽油小,甲醇汽油使用中的燃料消耗量要大于普通汽油,但是,由于甲醇的价格也要低于普通汽油,相比之下,甲醇汽油在使用中百公里的燃料费用下降,甲醇汽油产业链上的不同环节都具有一定的利润空间。甲醇汽油应用效益的分析以 90 号汽油为基础油,其价格为 8900 元/t;销售对比价格以 93 号汽油为基础,价格为 10000 元/t;车用燃料甲醇价格为 2500 元/t;添加剂价格为 20000 元/t;汽车灵活燃料控制器价格为 1500 元/t。汽油的密度为 0.73kg/L;车用燃料甲醇密度为 0.791kg/L;添加剂的密度为 0.80kg/L;以调配 1000L 甲醇汽油为例,价格核算见表 5-2。

1000L 甲醇汽油成本计算 表 5-2

燃料名称	甲醇(L)	汽油(L)	添加剂(L)	密度(kg/L)	成本价(元/t)	调配加价(元/t)	运费(元/t)	销售加价(元/t)	销售价(元/t)
M15	150	840	10	0.7399	7993.82	400	200	400	8993.82
M25	250	735	15	0.7463	7382.9	400	200	400	8382.90
M30	300	683	17	0.7495	7075.37	400	200	400	8075.37
M40	400	575	25	0.7562	6516.05	400	200	400	7516.05
M50	500	465	35	0.7630	5990.36	400	200	400	6990.36
M60	600	375	25	0.7684	5236.21	400	200	400	6236.21
M70	700	290	10	0.7734	4433.07	400	200	400	5433.07
M85	850	147	3	0.7821	3431.94	600	200	400	4631.94
M100	998	0	2	0.7910	2535.44	600	200	400	3735.44

2. 燃料消耗量

按照热值可以从理论上计算出不同比例甲醇汽油的燃料消耗量,同时在实验中可以得到实际燃料消耗量,理论计算数据见表 5-3,通过实验得到甲醇汽油的实际燃料消耗量见表 5-4。

甲醇汽油理论燃料消耗增加量 表 5-3

燃料名称	消耗量(L/100km)	增加幅度(%)	燃料名称	消耗量(L/100km)	增加幅度(%)
汽油	8.0	0.0	M50	9.52	19.0
M15	8.48	6.0	M60	10.08	26.0
M25	8.72	9.0	M70	11.04	38.0
M30	8.96	12.0	M85	12.4	55.0
M40	9.28	16.0	M100	13.6	70.0

甲醇汽油实际燃料消耗量

表 5-4

燃　料	汽　油	M15	M25	M85	M100
消耗量(L/100km)	8.0	8.32	8.56	11.2	12.8
增加幅度(%)	0.0	4.0	7.0	40.0	60.0

3. 甲醇汽油应用效益

甲醇汽油的应用效益分析主要以前面计算的燃料成本、燃料消耗增加量等这些数据为基础,计算出甲醇汽油产业链中的经济效益,结果见表 5-5。

甲醇汽油应用效益

表 5-5

燃料名称	燃料消耗量(L/100km)	市场售价(元/L)	百公里费用(元/100km)	节省燃料费(元/100km)	调配成本(元/t)	调配利润(元/t)	加油站(元/t)
汽油	8	7.43	59.4	0	0	0	350
M15	8.32	6.65	55.3	4.1	150	250	400
M25	8.56	6.23	53.3	6.1	150	250	400
M85	11.2	3.62	40.5	18.9	150	450	400
M100	12.8	2.95	37.8	21.6	150	450	400

从表 5-5 可以看出两点:一是甲醇汽油产业链中各个环节都能够得到相应的收益,这是发展甲醇汽油产业的基础;二是高比例甲醇汽油的效益要高于低比例甲醇汽油。

第三节　甲醇汽油汽车的排放污染

汽车对大气造成的污染分为四个层次:二氧化碳(CO_2)污染为第一层次;一氧化碳(CO)、碳氢化合物(HC)、氮氧化合物(NO_x)污染为第二层次;可挥发性有机物(VOC)为第三层次;PM2.5 污染为第四层次。CO_2为温室气体;CO、HC、NO_x称为汽车的常规排放污染,它直接危害人身健康;可挥发性有机物的代表物为甲醛,甲醛被认定为致癌物质;PM2.5 为可入肺颗粒物。

一、CO_2污染

CO_2是燃料中的碳在燃烧时形成的产物,也是碳燃烧的最终产物,燃料中的碳只有完全燃烧形成 CO_2后其热量才能够全部释放出来,否则为不完全燃烧,当出现不完全燃烧时,发动机的效率下降,燃料消耗率上升。一般研究结果认为,CO_2是一种温室气体,空气中的 CO_2浓度增加会引起环境温度升高,环境温度的升高又会导致南极冰的大量融化,使海平面上升,陆地沙漠化。工业上的节能减排就指的是减少 CO_2的排放,京都议定书中的减排指标指的也是 CO_2。

汽车使用某一种燃料时是不能减排 CO_2的,而汽车使用不同燃料时 CO_2的排放量是不一样的,如电动汽车、氢燃料汽车是没有 CO_2排放的;甲醇燃料、天然气燃料 CO_2排放量比汽油分别减少 12.3%、15.6%。严格意义上来讲,一种能源的污染评价不能仅局限于车辆上,而应该进行全寿命周期内的排放评价。

二、常规排放污染

汽车的常规排放污染有 CO、HC、NO_x。CO 是燃料中的碳在缺氧或混合不均匀的情况下燃烧的不完全燃烧产物，生成的 CO 不仅是有害气体，而且燃料中的部分热量未能释放，任何一种燃料在发动机中的燃烧都要力求做到完全及时的燃烧，完全就是碳要生成 CO_2，这样才能提高燃料化学能到热能的转化效率，为热能到机械能的转换提供基础。CO 俗称煤气，煤气中毒即 CO 气体中毒，CO 气体中毒造成人员伤亡的情况在我国时有发生，尤其在每年冬天取暖季节更为突出。据有关研究资料显示，CO 气体与人体血液的亲合能力比氧气强 200 倍，也就是空气中有 CO 气体也有 O_2 时，人体首先吸收的是 CO 气体，这就是为什么 CO 气体引起人体中毒的浓度并不需要太高，当 CO 气体浓度达到 600×10^{-6} 时，人员在其中稍长时间停留就会造成死亡。

HC 是碳氢化合物的总称，不同于 CO 的是 HC 不是某一物质的分子式，而仅是一个符号。HC 是燃料中的组分，燃料直接排放到大气中也是 HC 污染，只是燃料进入发动机汽缸，在高温燃烧后为什么还会有 HC 的存在，人们则为此进行了长时期的研究，原因是靠近燃烧室壁面的气体附面层火焰未能到达，加之发动机活塞与汽缸壁面、活塞环与活塞之间的缝隙处都会有 HC 的存在，HC 也是一种致癌物质。

实际上不同燃料燃烧后排放出来的 HC 的种类是不一样的，原则上是不具有可比性。在国家标准 GB 18285—2005 中规定 HC 以 C 的当量表示，汽油：$C_1H_{1.85}$；柴油：$C_1H_{1.86}$；液化石油气（LPG）：$C_1H_{2.525}$；天然气（NG）：CH_4。对于甲醇、乙醇的 C 当量目前还没有统一的标准规定。

氮氧化合物（NO_x）是 NO、NO_2 的总称，国家标准中规定以 NO_2 当量表示。空气中有氮也有氧，但并不能生成 NO_x，而当空气进入发动机汽缸后在高温、富氧条件的作用下 N_2 与 O_2 即生成了 NO、NO_2，高温、富氧是生成 NO_x 的基本条件，当这一条件不存在或被破坏后 NO_x 就不能形成或生成量减少。当人们吸入含有 NO_x 气体的空气时，NO_x 进入肺部并遇水形成稀硝酸，造成肺水肿多种肺部疾病。另外，NO 与 HC 在太阳紫外线的照射下还能够形成光化学烟雾，最早出现光化学烟雾事件的是 1943 年 9 月 8 日美国洛杉矶，一天之内造成 400 多人死亡，几千人出现同样症状受害，光化学烟雾来势凶猛胜过 SARS，只不过由于医学科技的进步，SARS 很快就查到了病因，而此后的光化学烟雾事件屡有发生，直到 20 世纪 60 年代才查出与汽车排放污染中的 NO、HC 有关。

目前，汽车常规排放污染物检测有两套国家标准，分别针对新生产车辆与在用车辆。国际汽车排放标准分为三大体系，分别为欧洲、美国、日本标准体系。欧洲标准测试要求相对而言比较宽泛，是发展中国家大都沿用的汽车尾气排放体系，并且，由于我国的轿车车型大多从欧洲引进生产技术，新生产车辆大体上采用欧洲标准体系。

我国新车常用的欧Ⅰ和欧Ⅱ标准等术语，是指当年 EEC（欧共体（EEC）即是现在的欧盟（EU））颁发的排放指令。汽车排放的欧洲法规（指令）标准的计量是以汽车单位行驶距离的排污量（g/km）计算，因为这对研究汽车对环境的污染程度比较合理。同时，欧洲排放标准将汽车分为总质量不超过 3500kg（轻型车）和总质量超过 3500kg（重型车）两类。轻型车不管是汽油机或柴油机车，整车均在底盘测功机上进行试验。重型机由于车重，将所装发动机在发动机台架上进行试验。

我国目前轻型汽车执行的排放标准 GB 18352.3—2005《轻型汽车污染物排放限值及测

量方法(中国Ⅲ、Ⅳ阶段)》,部分等同于欧Ⅳ。

在用汽油车辆排放执行标准为 GB 18285—2005《点燃式发动机汽车排气污染物排放限值及测量方法(双怠速法及简易工况法)》,标准规定了点燃式发动机汽车怠速和高怠速工况排气污染物排放限值及测量方法,同时规定了稳态工况法、瞬态工况法和简易瞬态工况法等三种简易工况测量方法。稳态工况法、瞬态工况法和简易瞬态工况法三种测量方法由各省选取其中的一种方法执行,限值由地方标准规定。除个别省份采用简易工况测量方法外,大部分省份采用的是稳态工况法。

甲醇是一种含氧燃料,燃烧进行得更充分、更完全,汽车燃烧甲醇燃料时常规排放污染物 CO、HC、NO_x都有不同程度地减少,一般情况下,CO 排放下降 30% ~35%,HC 排放量下降25% ~30%,NO_x排放量下降 20% ~25%,从实验数据与理论分析都验证了甲醇的清洁性。

三、甲醛排放污染

甲醛(化学分子式 HCHO,分子量为 30.03),是一种无色,有强烈刺激性气味的气体。气体相对密度为1.067(空气为1),液体相对密度为0.815(-20℃),熔点为-92℃,沸点为-19.5℃,易溶于水、醇和醚。甲醛在常温下是气态,通常以水溶液形式出现。其40%的水溶液称为福尔马林,此溶液沸点为19℃。在室温时极易挥发,随着温度的上升挥发速度加快。

醛类存在于碳氢燃料部分氧化的产物中,主要包括甲醛(HCHO)、乙醛(CH_3CHO)、丙醛(C_2H_5CHO)、丙烯醛(C_2H_3CHO)、丁醛(C_3H_7CHO)等。其中主要是甲醛及丙烯醛,会使排气产生臭味和具有较强的刺激性。

一般认为,发动机排放物中甲醛的排放主要来自汽缸和排气系统中未燃 HC 的部分氧化。其中,排气管道对甲醛的排放有一定的影响。排气管道中气体的流动状况比较复杂,温度范围在1500 ~800K,滞留时间约几毫秒。在较高温度下,HC 和 CH_2O 可能完全氧化生成 CO 和 CO_2;在温度较低时,化学反应速率会极低,以至排气成分没有明显变化。

1. 甲醛的用途与危害

甲醛是一种极强的杀菌剂,在医院和科研部门广泛用于标本的防腐保存;一些水性内墙涂料及白乳胶也有使用甲醛作防腐剂;甲醛广泛用于工业生产中,是制造合成树脂、油漆、塑料以及人造纤维的原料,是人造板工业制造脲醛树脂胶、三聚氰胺树脂胶和酚醛树脂胶的重要原料。目前,世界各国生产人造板(包括胶合板、大芯板、中密度纤维板和刨花板等)主要使用脲醛树脂胶(UF)为胶粘剂,脲醛树脂胶是以甲醛和尿素为原料,在一定条件下进行加成反应和缩聚反应而制成的胶粘剂。

2. 甲醛的危害

甲醛是经动物实验确认的致癌物质,对于人有无致癌性则尚无确切证据。美国进行的甲醛接触人群与非接触人群的流行病学研究,没有发现有超额死亡的病例。动物实验证实,甲醛能引起大鼠鼻腔扁平细胞癌。大量文献记载,甲醛对人体健康的影响主要表现在嗅觉异常、刺激、过敏、肺功能异常、肝功能异常和免疫功能异常等方面。其浓度在每立方米空气中达到0.06 ~0.07mg/m^{3}时,儿童就会发生轻微气喘。当室内空气中甲醛含量为0.1mg/m^{3}时,就有异味和不适感;达到0.5mg/m^{3}时,可刺激眼睛,引起流泪;达到0.6mg/m^{3}时,可引起咽喉不适或疼痛。浓度更高时,可引起恶心呕吐,咳嗽胸闷,气喘甚至肺水肿;达到 30mg/m^{3}时,会立即致人死亡。在室内环境下,我国允许的甲醛最高浓度为 0.08mg/m^3。

3. 甲醛测试方法

甲醛的测定方法一般分为化学法和仪器法。化学法主要有分光光度法、催化动力学光度法和荧光光度法。其中分光光度法包括酚试剂比色法、乙酰丙酮比色法、变色酸比色法、盐酸副玫瑰苯胺比色法、4 - 氨基 - 3 - 联氨 - 5 - 巯基 - 1,2,4 - 三氮杂茂(简称 AHMT)比色法。仪器法主要包括气相色谱法、高效液相色谱法、极谱法、电化学法,SIFT - MS 质谱法等。

采用了基于国家标准方法酚试剂法的便携式快速甲醛测定仪、SIFT - MS 仪器,结合长安大学自行研制的采样系统,分别对汽油、甲醇汽油、乙醇汽油和柴油进行了甲醛测试。

快速甲醛测定仪的实验原理:被测样品中的甲醛与酚试剂反应生成嗪,嗪在酸性溶液中被高铁离子氧化形成蓝绿色化合物,根据颜色深浅,比色定量。

4. 甲醛的实验检测结果

实验用汽油机是 Flyer M - TCE 发动机,汽油喷射闭环控制,0.8L,四冲程水冷却;三菱 4G15S 发动机,汽油喷射闭环控制,1.5L,四冲程水冷却。

实验用柴油机是索菲姆四缸增压直喷式发动机,主要技术参数为:排量 2.449L;压缩比 18.5;标定功率 76kW;标定转速 3800r/min。

实验工况为发动机转速 2600r/min,不同功率下进行的甲醛测试。

通过实验研究结论如下:

(1)汽车排放气体中的 VOC 多达 180 种以上,其中包含碳氢化合物:炔烃、烯烃、烷烃;醇类:甲醇、乙醇;醛类:甲醛,乙醛,丙醛,丙烯醛和丙酮;苯类:苯、甲苯。

(2)发动机燃用现有燃料汽油、柴油、甲醇汽油、乙醇汽油,尾气排放中都存在甲醛排放污染物。

(3)发动机甲醛总体排放水平为柴油低于汽油,甲醇汽油与乙醇汽油相当,甲醇汽油略高于汽油。

(4)甲醛的生成与排气管道温度密切关,高温不利于甲醛的生成。

(5)三元催化器对甲醛具有一定的处理能力,单三元催化器对甲醛的催化效果较小,双三元催化后甲醛排放明显减少。

(6)不同的三元催化器对甲醛的处理能力不同。

(7)甲醛排放控制技术、测试方法、测试仪器设备及今后可能出现的标准体系、限值等是一个亟待研究的课题。

四、PM 2.5排放污染

PM 是英文 Particulate Matter 的首字母缩写,即代表颗粒物,而 2.5 则是指颗粒物的直径为 2.5μm。所以,PM 2.5就是大气中直径不大于 2.5μm 的颗粒物。它的直径还不到人头发丝粗细的 1/20。PM 2.5的浓度以每立方米空气中这种颗粒的质量表示,数值越高,就代表空气污染越严重。

颗粒物粒径小于 100μm 的称为 TSP,即总悬浮物颗粒;粒径小于 10μm 的称为 PM 10,即可吸入颗粒;粒径小于 2.5μm 的称为 PM 2.5,为可吸入肺颗粒。国内外研究结果表明,PM 10/TSP 的质量比值为 60% ~80%。而近年来,通过对部分国内经济发达地区环境质量的研究得出:可吸入颗粒物 PM 10已成为我国近些年城市大气污染的首要污染物,而 PM 10组分中,PM 2.5平均占到 PM 10的 50% ~80% 。与较大颗粒物相比,PM 2.5粒径小,可吸附大量的有毒、有害物质,且在大气中的停留时间长、输送距离远,因而,对人体健康和大气环境质量的影响更大。

1. PM 2.5的危害

大气中 PM 2.5的各种化学组分的污染特征,是 20 世纪 60 年代国外大气环境领域进行的最多研究之一。从化学的角度而言,PM 2.5组成一般分为可溶性组分、元素组分和碳质组分。可溶性组分一般包括硫酸盐、硝酸盐、铵盐、氯化钠等无机组分和甲酸、乙酸、乙二酸等可溶性有机物,可溶性组分一般占 PM 2.5质量的 20% ~50% ;元素组分包括 Na、Mg、Al、S、P、Cl、K、Ca、Br、Ni、Cu、Fe、Mn、Zn、Pb 等近 40 种金属及非金属元素;碳质组分包括有机碳和无机碳;有机物包括正构烷烃、多环芳烃等。这些污染物中含有很多致癌、致突变、致畸形化合物和有毒有害的化学成分。

因为 PM 2.5粒径太小,所以很难防犯。一般而言,直径超过 10μm 的颗粒物,会被人的鼻子过滤在外面;直径在 2.5 ~ 10μm 的颗粒物可以进入呼吸道,但随着吐痰、打喷嚏部分被排出体外;而直径在 2.5μm 以内的细颗粒物,即 PM 2.5能顺利通过下呼吸道,进入肺泡之中,并可通过气血交换进入人体血管。PM 2.5能够造成咳嗽,不适等症状。由于粒径小,相同质量浓度的表面积比 PM 10大得多,这就导致它们吸附空气中的有毒有害物质要更多。如吸附了致癌物,就有致癌效应,吸附了致畸物,就有致畸效应。携带这些有害物质,通过下呼吸道,进入肺的深处,所携带的有害物质就溶解在人体血液里。

世界卫生组织(WHO)认为,PM 2.5对人体健康影响巨大。PM 2.5小于每立方米 10μg 是安全值。当 PM 2.5年均浓度达到每立方米 35μg 时,人的死亡风险比每立方米 10μg 时增加 15% 。不同质量浓度下 PM 2.5对人的影响见表 5-6。

PM 2.5对人体健康影响　　表 5-6

PM 2.5(μg/m^3)	对健康的影响	建　议
0 ~ 34.9	如所期望,对健康几乎没有负面影响	没有特殊建议
35 ~ 49.9	哮喘患者和患哮喘的儿童长期暴露在粉尘中会出现咳嗽和哮喘症状。心脑血管疾病病情也会恶化	有呼吸疾病和心脑血管疾病的成人和儿童应尽量避免接触污染区
50 ~ 99.9	长期暴露在粉尘中会刺激呼吸道,引起咳嗽和头疼	尽量减少接触污染区时间
≥100	会刺激呼吸道,引起咳嗽和头疼。哮喘发病几率增大	把接触污染区时间减少至最小

2. 环境空气质量标准

新修订的 GB 3095—2012《环境空气质量标准》由环保部正式向社会发布,与 GB 3095—1996 标准指标对比见表 5-7,增加了 PM 2.5指标要求,2016 年 1 月 1 日起在全国实施。在全国实施新标准之前,国务院环境保护行政主管部门可根据《关于推进大气污染联防联控工作改善区域空气质量的指导意见》等文件要求指定部分地区提前实施;各省级人民政府也可根据实际情况和当地环境保护的需要提前实施新标准。表 5-8 为美国环境空气质量标准。

环境空气污染物基本项目浓度限值　　表 5-7

序号	污染物项目	平均时间	2012 年标准		1996 年标准			单位
			一级	二级	一级	二级	三级	
1	二氧化硫(SO_2)	年平均	20	60	20	60	100	$\mu g/m^3$
		24h 平均	50	150	50	150	250	
		1h 平均	150	500	150	500	700	
2	二氧化氮(NO_2)	年平均	40	40	40	40	80	
		24h 平均	80	80	80	80	120	
		1h 平均	200	200	120	120	240	
3	一氧化碳(CO)	24h 平均	4	4	4	4	6	mg/m^3
		1h 平均	10	10	10	10	20	
4	臭氧(O_3)	日最大 8h 平均	100	160	无			$\mu g/m^3$
		1h 平均	160	200	120	160	200	
5	颗粒物 PM 10（粒径小于等于 10μm）	年平均	40	70	40	100	150	
		24h 平均	50	150	50	150	250	
6	颗粒物 PM 2.5（粒径小于等于 2.5μm）	年平均	15	35	无			
		24h 平均	35	75				

美国环境空气质量标准(NAAQS)　　表 5-8

污染物		一级/二级	平均时间	限值	备注
一氧化碳（2011 年 8 月 31 日）		一级	8h 平均	9×10^{-6}	一年超过次数不能多于 1 次
			1h 平均	35×10^{-6}	
铅(2008 年 11 月 12 日)		一级和二级	波动的 3h 平均	$0.15\mu g/m^3$	不能超过
二氧化氮（2010 年 2 月 9 日）		一级	1h 平均	100×10^{-9}	98% 数值，平均 3 年以上
		一级和二级	年平均	53×10^{-9}	年平均值
臭氧（2008 年 3 月 27 日）		一级和二级	8h 平均	0.075×10^{-6}	每年第 4 个最高 8h 平均浓度值，平均 3 年以上
颗粒物（2006 年 10 月 17 日）	PM2.5	一级和二级	年平均	$15\mu g/m^3$	年平均值，平均 3 年以上
			日平均	$35\mu g/m^3$	98% 数值，平均 3 年以上
	PM10	一级和二级	日平均	$150\mu g/m^3$	3 年以上超过次数不能多于 1 次
二氧化硫（2010 年 6 月 22 日）		一级	1h 平均	75×10^{-9}	98% 的日最大 1h 浓度值，平均 3 年以上
		二级	3h 平均	0.5×10^{-6}	1 年超过次数不能多于 1 次

3. 汽车 PM2.5 的排放

1)汽车 PM 2.5的来源

汽车排放到大气中的微粒主要是粒径小于 1μm 的固态和液态物质，以气溶胶、烟雾、尘埃等状态存在于大气中。汽油机和柴油机所排放的微粒是不同的。汽油机主要是铅化物、硫酸盐以及一些低分子物质，只有当车辆技术状况变坏、烧机油时，才有大量炭烟排出；柴油机的微粒排放主要是炭烟,成分也复杂。它是一种类似于石墨形式的含碳物质(炭烟)并凝聚和吸附了相当数量的高分子可溶性有机物和二氧化硫(SO_2)等。这些有机物包括未燃的燃油、润滑油及其不同程度的氧化和裂解产物,排放量比汽油机高30~60倍。

炭烟是柴油在高温(2000~2500℃)、局部缺氧的条件下,经过热裂解、脱氢、再经聚合、环构化和进一步脱氢形成的具有多环结构的不溶性炭烟晶核。

2)甲醇汽油汽车PM 2.5的排放

汽车燃料碳链的长短是影响微粒物排放的主要因素,碳链越长的燃料微粒物排放越多。柴油所含碳氢化合物的碳原子数为12~260个;汽油为7~16个;甲醇只有一个碳原子。由此可见,甲醇燃料微粒物排放低是必然地。在柴油中加入甲醇后,其燃烧破坏了炭烟颗粒生成条件,柴油机的PM 2.5排放能够明显减少。

汽油机颗粒物的排放是非常低的,当金属类添加剂加入汽油时,汽油机的微粒排放物会增多,尤其是发动机燃用含铅汽油时,其中的抗爆剂四乙基铅的燃烧产物微粒直径小于0.2μm。铅化物颗粒主要影响人的神经系统,可导致智力低下。因此,我国于2000年7月1日开始全面禁止使用含铅汽油。目前,为了提高汽油的抗爆震性能,某些金属类添加剂仍然在使用,这样就增大了汽车PM 2.5的排放的浓度。当甲醇加入汽油中时,由于甲醇的辛烷值高达110,抗爆震性能之高,使甲醇汽油完全不再需要金属类添加剂,加之甲醇燃料的高清洁性,有效地降低了汽油机PM 2.5的排放。

需要说明的是,汽车PM 2.5的排放尤其是甲醇燃料PM 2.5的排放,在国内外都是一个新的研究课题,也是一项难题,有关甲醇燃料汽车PM 2.5的生成机理、测试方法、控制技术等方面的研究,还需要广大专业技术人员的继续努力。但是,甲醇燃料的清洁性是不容置疑的。

第四节　汽车灵活燃料控制器

不论汽油机使用何种燃料,燃烧时的过量空气系数λ值必须调整在1±0.03内,只有这样才能够保持发动机良好的动力性能,低的燃料消耗量与排放污染。λ值为1时,1kg汽油燃烧所供给的空气量是14.8kg,而1kg M85甲醇汽油的空气量是7.6kg,显然,以汽油的燃料控制与供给系统供给M85甲醇汽油,发动机是不可能正常工作的,实际与理论证明,当燃料中的甲醇含量超过30%时,汽油机的燃料控制系统已经无法适应,表现出的故障现象是混合气过稀,故障灯点亮。在不改变汽油机原控制系统的情况下,解决汽油机应用中、高比例甲醇汽油问题的方法就是为汽车加装灵活燃料控制器。

一、汽车灵活燃料控制器的功能

汽车灵活燃料控制器是针对汽车应用高比例甲醇汽油,技术攻关研究开发完成的车用ECU单元,其功能是无论发动机使用多大比例的甲醇燃料,始终调整混合气浓度在国家标准要求的范围内,如图5-4所示。如长安大学开发的汽车灵活燃料控制器获得国家专利技术,专利名称:"汽车灵活燃料控制装置",专利号:ZL 2006 2 0135981.1。目前,第三代产品已经商业化应用,第四代产品正在实验之中。汽车灵活燃料控制器能够适用于任何汽油机车辆(车辆灵活);安

图5-4　汽车灵活燃料控制器

装后车辆既能够应用普通汽油、甲醇汽油、乙醇汽油(燃料灵活);也能够适应M10至M85、M100不同比例的甲醇汽油(比例灵活)。汽车灵活燃料控制器主要围绕高比例甲醇汽油的车用技术而开发,长安大学开发的汽车灵活燃料控制器在关键应用技术上优势明显,研究成果在全国处于领先位置,技术优势体现在以下几个方面。

(1)汽车使用车用甲醇汽油(M85)燃料,发动机的动力性能、汽车的加速性能不下降。

(2)汽车燃料经济性能提高,汽车每行驶100km可节约燃料费15~20元。

(3)汽车的排放污染物明显降低,环保性能提高。

(4)汽车能够在-20℃下顺利启动。

(5)任何工况下都可控制 λ 值在国家标准要求的1±0.03内,不会因供油系统问题使故障灯点亮。

(6)汽车可使用普通汽油、乙醇汽油(E0-E100)、甲醇汽油(M0-M100)。

(7)安装汽车灵活燃料控制器后,汽车不需要进行任何其他改装。

(8)汽车灵活燃料控制器工作可靠,安装方便。

(9)系统自动控制,不改变驾驶人员驾驶中的操作习惯。

二、汽车灵活燃料控制器的控制原理

汽车灵活燃料控制器的工作原理是基于不改变汽车电脑控制程序的前提下,利用汽车原有传感器信号,分析处理后对发动机燃油喷射量进行有效地控制。实时截取汽车电脑输出的喷油脉冲信号,通过采样获取初始喷油脉冲宽度;当汽车燃料为汽油时汽车启动时与运行时的喷油脉冲宽度均为初始喷油脉冲宽度;当汽车燃料为醇类燃料,发动机温度大于10℃时,汽车启动时与运行时的喷油脉冲宽度为初始喷油脉冲宽度的120%~140%,发动机温度≤10℃时,汽车启动时的喷油脉冲宽度为初始喷油脉冲宽度的140%~180%,经1~8s启动完成后即转入运行时的喷油脉冲宽度。

三、汽车灵活燃料控制器的分类

按照应用技术水平,汽车灵活燃料控制器分为四代。

第一代汽车灵活燃料控制器。第一代汽车灵活燃料控制器的技术优点是:对采集到的汽油喷油脉冲宽度等距加宽,以适应燃烧甲醇燃料时增大供油量的要求;控制器结构简单,不需要程序控制,仅靠硬件即可实现控制目标。缺点是对环境温度的适应性差,没有冷启动系统,燃料转换需要手动操作,等量加宽喷油脉冲宽度的方法会在小负荷时喷油量过多,混合气偏浓,大负荷时喷油量过少,混合气偏稀。第一代汽车灵活燃料控制器多在早期实验中采用。

第二代汽车灵活燃料控制器是在第一代汽车灵活燃料控制器的基础上发展而来的产品,程序采用了软件控制,喷油脉冲宽度采用等比例放大,满足了甲醇燃料实际工件的需要;增加了冷启动系统,能够保证发动机燃烧甲醇燃料时在-15℃下启动,但是,该系统需要驾驶人根据环境温度手动控制冷启动系统。发动机使用不同燃料时,仍然需要手动进行开关转换。第二代汽车灵活燃料控制器在山西、陕西部分地市得到一定的应用。

第三代汽车灵活燃料控制器将冷系统由手动操作改为自动控制,控制系统在环境温度低于10℃启动,根据不同温度范围分级,配合冷启动添加剂,能够通过国家标准GB/T 12535—2007汽车低温动实验要求。目前,第三代汽车灵活燃料控制器正在推广应用之中。

第四代汽车灵活燃料控制器是在开发研究的产品,第四代汽车灵活燃料控制器除具有第三代汽车灵活燃料控制器全部功能外,增加了燃料识别系统,利用燃料识别传感器准确地识别出甲醇汽油中甲醇的含量,控制程序根据此信号选择适当的喷油脉冲放大系数,实现了汽车灵活燃料控制器的全部功能。

四、汽车灵活燃料控制器的安装程序

(1)对样车进行无故障确认;如有故障进行排除。

(2)检测原样车(汽油)高、低怠速 λ 值应在 1 ±0.03 内。

(3)对安装样车(油箱、油路)进行有效清洗。

(4)根据不同车型选择相应线束,将线束插头按要求可靠地插入喷油器插头。

(5)选择合适位置固定温度传感器。

(6)选择合适位置安装灵活燃料控制器,保证电路搭铁可靠,检查各插接件接触是否良好。

(7)将汽车灵活燃料控制器转换开关置于汽油挡位,用五气分析仪检测汽车尾气,空燃比数值在 1 ±0.03 内。

(8)将汽车灵活燃料控制器转换开关置于 M85 挡位,油箱加注车用甲醇汽油(M85),用五气分析仪检测汽车尾气,λ 值在 1 ±0.03 内。

(9)严禁带电插、拔各插头。

第五节　发动机负荷调节与甲醇汽油

汽油机燃烧甲醇燃料理论与实际都证实是可行的,柴油发动机能否燃烧甲醇燃料与柴油发动机负荷的调节方式密切相关,因而,有必要就发动机负荷的调节方式加一论述。对一个人来讲,负荷通常指的是劳动的强度,负荷的大小也就是劳动强度的大小,有劳有逸,劳逸结合才能保持良好的工作状态,提高劳动效率。对一台机器、发动机又何尝不是如此。

一、发动机的负荷

在发动机中燃料通过燃烧将化学能转换成热能,再将热能转换成机械能,通过发动机的曲轴输出对外做功。由于发动机的曲轴是旋转运动,对外输出的是转矩,即发动机的有效转矩。汽车在正常行驶过程中所遇到的路面阻力、空气阻力、加速阻力、坡度阻力等最终通过车轮以阻力矩的形式作用于发动机曲轴上,阻碍发动机曲轴的旋转运动,只有当发动机的有效转矩克服了阻力矩后汽车才能运动。发动机的有效转矩与阻力矩如同作用力与反作用力,大小相同,作用方向相反,没有阻力矩发动机也不可能产生转矩。

对发动机而言,负荷指的是运转中所遇到的阻力矩,负荷的大小也就是阻力矩的大小,阻力矩越大发动机的负荷越大,汽车载质量越大、车速越高、坡度越大负荷也越大。

汽车在正常行驶过程中,发动机所遇到的阻力矩与有效转矩是相等的,因而,为了方便,通常应用发动机的有效转矩代表发动机的负荷,发动机对外输出转矩大就是大负荷,对外输出转矩小就是小负荷。由于发动机转速、转矩、功率三者的关系,当发动机的转速一定时,有效功率也能够代表负荷。

如一台发动机在某一转速下输出的最大有效转矩可达 300N · m,而发动机实际工作是

否一定要在300N · m下工作呢？显然不是的。实际工作时对外输出的转矩大小决定于阻力矩的大小。

通俗讲，如果将发动机的负荷比作一个人所扛的货物，负荷的大小一定是他所扛货物的多少，而不是他能够扛多大的货物。

二、发动机的负荷率

发动机在某一转速下运行，实际输出的有效转矩（M_e）与该转速下发动机能够提供的最大有效转矩（M_{emax}）之比为发动机的负荷率，即：

$$L_r = M_e / M_{emax} \times 100\%$$

发动机的负荷率过小或过大燃油消耗都会增加，根据车用发动机的设计基础及实验测试，保持发动机工作时的负荷率在70% ~80%最为有利。对车用发动机而言，实际情况是负荷率偏低，中小负荷时的运行概率最多，如何提高车用发动机的负荷率、节约燃油是汽车运输行业的一个重要研究课题。

三、发动机负荷的调节

发动机对外输出的有效转矩为发动机的负荷，当外界阻力矩增大时，发动机需要相应地增大有效转矩，发动机是如何增大自身输出的转矩，利用什么方式增大输出转矩，这种方式与所使用的燃料有什么关系，对发动机能否使用天然气、醇醚燃料及怎样使用起着决定性的作用。

图5-5　节气门控制

通常讲发动机增大对外输出有效转矩的方式非常简单，汽车驾驶人用脚踩下加速踏板即可实现，但是，所称的节气门对不同的类别的发动机其实质是不一样的，如汽油机实际所控制的是节气门的开度，对柴油机控制的则是真正的节气门。汽油机通过节气门的开度大小控制进入发动机汽缸内空气量的多少，实现负荷的调节，这种调节方式称为发动机负荷的量调节，如图5-5所示。柴油机控制进入汽缸内燃料量的多少，实现负荷的调节，这种调节方式称为发动机负荷的质调节，如图5-6所示。汽油机负荷的调节在进气系统，柴油机的负荷调节在供油系统。正是由于负荷的调节方式不同对两种发动机造成结构、供油、燃烧、性能等方面的巨大差异。

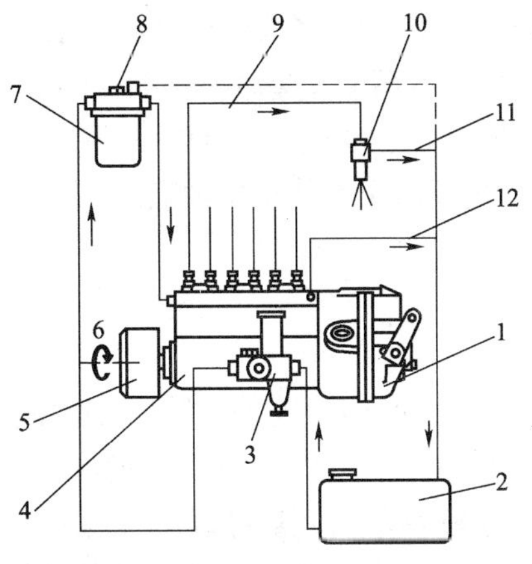

图5-6　节气门控制

1-调速器；2-油箱；3-输油泵；4-喷油泵；5-供油提前器；6-驱动轴；7-滤清器；8-放气阀；9-喷油器；10-高压油管；11-喷油器回油管；12-喷油泵溢流管

汽油机的进气过程、压缩过程也是混合气的形成过程，因而，其特点是混合时间相对较长，形成的是均匀的混合气，汽油机燃烧的是均匀混合气；柴油机在压缩接近上止点时燃料才喷射进入汽缸，混合时间短，形成的混合气不均匀，柴油机燃烧的是不均匀混合气。

汽油混合气的着火是采用电点火的方式，柴油机混合气的着火是当汽缸内局部温度混合气浓度达到一定条件时，混合气自行着火，即压缩自燃。因而，汽油要求较高的辛烷值，柴油则要求一定的十六烷值。

由汽油自身理化性能所决定，当汽油混合气过浓或过稀时混合气都无法点火燃烧，也就是汽油混合气的着火界限很小，目前的汽油动机控制混合浓度 $\lambda=1.00\pm0.03$，保障汽油机启动及良好的工作性能。柴油机负荷调节是依靠改变混合气浓度实现的，过量空气系数 λ 变化范围很大，大负荷时 $\lambda=1.2\sim1.3$，小负荷时 λ 可在 5 以上，尽管混合气很稀，燃烧也能正常进行。

柴油机不可能采用负荷的量调节方式，原因在于柴油机压缩着火燃烧，如果采用负荷的量调节，当小节气门开度时，进入汽缸的空气量减少，压缩终点温度降低，无法保证柴油的正常自燃。

汽油机也不可能采用负荷的质调节，原因是当负荷减小时需要混合气浓度很稀，当负荷增大时又需要混合气很浓，汽油着火界限的限制，显然无法采用质调节方式。

一种燃料在汽油机上应用合理，还是在柴油机上应用合理，要充分考虑到负荷调节方式这一因素，否则，将不会取得预期的结果。

第六节　甲醇柴油汽车

在新能源领域之所以会研究甲醇在柴油机上的应用，主要是柴油比汽油的应用市场要大得多，2011 年我国汽油消耗总量 8000 多万 t，而柴油的消耗量超过 1.6 亿 t，市场是助推甲醇应用于柴油发动机的动力。甲醇燃料应用于柴油发动机上，同样需要解决两方面的技术问题，即燃料问题与车用技术问题，这两方面问题的解决方法都没有甲醇汽油所涉及到的问题简单，尤其是柴油发动机应用甲醇燃料的技术问题更难解决，燃料问题已经在第四章第五节中论述，柴油发动机问题集中表现在以下几个方面。

一、压缩比

压缩比是发动机的一个结构参数，最终表征汽缸内的混合气或空气的受压缩程度，汽油机的压缩比一般在 9.0～11.0，而柴油机的压缩比多在 16～18，两种发动机的压缩比相差很大。对于汽油机应用甲醇燃料，压缩比略偏低一点，但并不影响发动机的工作；而对于柴油发动机应用甲醇燃料，压缩比要高得多，如果不降低压缩比，发动机在大负荷工作时会出现突爆现象，为了防止突爆现象的产生只有减少甲醇燃料的掺混量，在不改变原机压缩比的情况下，甲醇的加入量不会超过 15%。如果采用降低原柴油机压缩比的方式燃烧更多甲醇燃料，则剥夺了发动机单烧柴油的权利，在降低压缩比后，柴油机无法正常使用柴油启动工作。压缩比的降与不降本身就是甲醇应用于柴油机上的难题。

二、负荷的调节方式

负荷的调节方式决定于燃料的燃烧特性，依据柴油的燃烧特性，柴油机采用的是负荷的质调节；以汽油的燃烧特性，汽油机采用的是负荷的量调节，负荷调节的实质决定于燃料是否可燃烧稀混合气。柴油混合气的着火范围很宽，在较浓、较稀混合气下都可以燃烧、稳定工作，当柴油机需要小功率时，燃烧稀混合气，当柴油机需要大功率时，燃烧浓混合气，功率的大小变化范围能够满足汽车负荷变化的需要；汽油混合气的着火范围较窄，混合气稍浓、稍稀着火与燃烧都变得不稳定。而甲醇的燃烧特性更接近于汽油，应用于柴油机上后，甲醇稀混合气的不完全燃烧造成发机动力性下降，排放污染增加。柴油机应用甲醇燃料而改变负荷的调节方式显然是不可能的，问题的解决也是柴油机应用甲醇燃料的一大难题。

三、着火方式

柴油机混合气的着火方式是压缩着火，要求燃料的十六烷值要高，自燃性能好，柴油的十六烷值在45以上，是能够满足这一要求的；而甲醇燃料辛烷值很高，十六烷值很低，甲醇柴油继续采用压缩着火，则会出现柴油机启动困难，工作粗暴。即便是甲醇燃料发动机其着火方式也要采用电点火的方式。

四、经济效益

汽车应用甲醇燃料的经济效益主要体现在两个环节上：其一是燃料调配环节的效益；其二为汽车应用中的效益。甲醇汽油之所以能够有较大的效益，原因是调配甲醇汽油的基础油是90号普通汽油，而调配成甲醇汽油后的产品是93号，90号与93号汽油的每吨销售差价为400~500元，这就保证了燃料生产企业的效益，柴油调配成甲醇柴油后没有这一差价，效益上就已经大打了折扣；其次，柴油机本身较汽油机燃料消耗量低15%~20%，应用甲醇柴油后获得的节油效果、燃料消耗率的下降、驾驶人员增益没有预期的高，这些因素都会影响到甲醇柴油的实际应用。

五、排放污染

常规排放污染物，柴油机的HC、CO、NO_x远远低于汽油机，但是将甲醇混入柴油中燃烧，常规排放非但没有下降反而会有一定的升高；但是，炭烟、微粒物质，尤其是PM 2.5得到了大幅度下降，总体的清洁性仍然是高于柴油。

六、甲醇发动机

甲醇不要在汽油机上应用，也不要在柴油机上应用，最合理的方案是在甲醇发动机上应用。甲醇燃料应用中出现问题的根源就是汽油发动机是针对汽油而设计的，柴油发动机是针对柴油而设计的，设计中并没有考虑甲醇燃料的应用。如果针对甲醇燃料设计甲醇发动机，大部分问题都不会出现了。

目前，柴油机占据了大功率、大缸径发动机的市场，汽油机占据了小功率、小缸径发动机的市场，也就是人们平日所说的汽油机为小功率发动机，柴油机为大功率发动机。当然，这种势力范围的划分是有技术的原因，理论与实践都证明是正确的，在此不作过多分析。甲醇发动机是大发动机还是小发动机呢？从技术角度出发，甲醇发动机是介于汽油机与柴油机之间的一种发动机，在小发动机领域，它仍然没有汽油机的优势明显，在大发动机领域又没有柴油优势突出，在大、小之间的区域完全能够发挥甲醇燃料的特长。从汽缸直径上划分，低于85mm的为汽油发动机，85~110mm的为甲醇发动机，大于110mm为柴油机，甲醇发动机是占领了原来大缸径汽油机、小缸径柴油机的区域。甲醇发动机的汽缸直径增大，压缩比也要进行相应调整，原则上较同型号汽油机压缩比增大1.5~2.0个单位。

甲醇发动机采用的是电控燃料喷射，可以是进气道喷射，也可以是缸内直接喷射；着火方式与汽油机相同是电点火方式，不同的是加大了点火能量，以利于寒冷季节的启动；负荷调节仍然沿用汽油机的量调节方式。这种应用方式免去了许多问题，当然在燃料的运输、销售环节需要加入一位新兵——车用甲醇燃料。

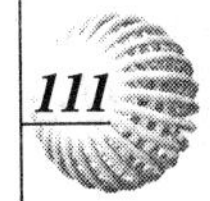

复习思考题

1. 甲醇在汽车上有哪几种应用方式？
2. 与汽油相比甲醇燃料汽车的动力性能为什么没有下降？
3. 与汽油相比甲醇燃料汽车的燃料消耗量为什么增大？
4. 甲醇燃料汽车的 PM 2.5排放为什么能减少？
5. 为什么要安装汽车灵活燃料控制器？
6. 甲醇应用于柴油机汽车上有哪些难点？
7. 甲醇发动机有哪些特点？

第六章 交通能源的多元化

进入21世纪后，人们强烈地感受到能源多元化的气息，基于对能源和环境方面的长远考虑，世界上许多国家越来越重视清洁汽车的开发和应用，目前世界上各种清洁汽车保有量已达600多万辆。在各种清洁汽车类别中，压缩天然气(CNG)、液化石油气(LPG)、醇类(甲醇和乙醇)汽车技术比较成熟，福特、丰田、本田、菲亚特等汽车公司还开发了达到超低排放的CNG汽车。上述种类清洁汽车保有量占清洁汽车总保有量的80%以上。与此同时，电动汽车、混合动力和燃料电池汽车的研究开发工作也取得了可喜的进展。截至2008年，日本丰田公司已经销售了50多万辆混合动力汽车。美国通用公司的氢气-1号燃料电池汽车的研制成功，标志着燃料电池技术已逐渐趋于成熟。

第一节 太阳能与太阳能汽车

本章的教学目的在于以各种新能源在汽车上的应用技术、市场、资源供给为基础，分析其应用技术的成熟性，探讨其潜在的市场规模，发掘其资源储量，通过对不同能源的横向与近、中、长时期的纵向探讨新型能源在汽车长应用的可行性。

一、概述

太阳能汽车(solar car)将能够有效降低人类对于化石燃料的需求和全球环境污染，创造洁净的生活环境。随着全球经济和科学技术的飞速发展，太阳能汽车作为一个产业已经不是一个神话。目前，许多国家的科技人员正致力开发产生较少污染的电动汽车，希望可以取代燃油汽车。由于城市的主要电力供应以火电为主，使用电动汽车会增加用电的需求，间接增加发电厂释放的污染物。有鉴于此，一些环保人士就提倡发展太阳能汽车，太阳能汽车使用太阳能电池把光能转化成电能，电能驱动汽车的电动机。由于太阳能车不用燃烧化石燃料，所以没有排放污染。据估计，如果由太阳能汽车取代内燃机车辆，全寿命周期内每辆汽车的二氧化碳排放量可减少43%～54%。

二、应用现状

目前太阳能汽车的应用主要是两个方面，一是作为驱动力，二是作为汽车的辅助能源。

以太阳能作为汽车的驱动力，也分为两种：

(1)只依靠太阳能作为汽车动力，这种太阳能汽车与传统的汽车不论在外观还是运行原理上都有很大的不同，太阳能汽车已经没有发动机、底盘、驱动、变速器等构件，而是由电池板、储电器和电动机组成。利用贴在车体外表的太阳电池板，将太阳能直接转换成电能，再通过电能的消耗，驱动车辆行驶，车辆的行驶速度只要控制输入电动机的电流就可以解决。目前此类太阳能车的车速最高能达到100km/h以上，而无太阳光最大续行能力也在100km左右。

（2）太阳能与其他能源混合作为动力的复合能源汽车。复合能源汽车外观与传统汽车相似，只是在车表面加装了部分太阳能吸收装置，比如车顶电池板，用于给蓄电池充电或直接作为动力源。这种汽车既有汽油发动机，又有电动机，汽油发动机驱动前轮，蓄电池给电动机供电驱动后轮。电动机用于低速行驶。当车速达到某一速度以后，汽油发动机起动，电动机脱离驱动轴，汽车便像普通汽车一样行驶。

传统的小轿车，功率一般在几十千瓦左右，而太阳辐射功率至多$1kW/m^2$，目前的光电转换效率小于30%。因此全部用太阳能驱动传统的轿车，需要几十平方米的接收面积，显然难以达到。但在传统汽车上可以用太阳能作为辅助动力，以减少常规燃料的消耗，而且现代汽车的电气化程度日益提高，各辅助设备的耗电量也因此急剧增加。这方面的应用主要有以下几种形式：

（1）太阳能用作汽车蓄电池的辅助充电能源。在轿车上加装太阳电池后，可在车辆停止使用时，继续为电池充电，从而避免电池过度放电，节约能源。

（2）用于驱动风扇和汽车空调等系统。汽车在阳光下停泊，由于车内空气不流通，使得车体成了收集太阳能的温室，造成车内温度升高，使车内释放大量的有害物质，从而使车内空气品质变糟。若加装太阳能装置，比如加装太阳能风扇等，则可以为车辆在停泊期间无能耗提供通风并降温，保证车辆再次上路时车内有良好的空气品质。

三、太阳能汽车的优势以及待解决问题

实用型太阳能动力车除行驶速度远低于燃油汽车外，与燃油汽车相比，还是有诸多优势的。

（1）太阳能电动车以光电代油，可节约有限的石油资源。白天，太阳电池把光能转换为电能自动存储在动力电池中，在晚间还可以利用低谷电（220V）充电。

（2）无污染，无噪声。因为不用燃油，太阳能电动车不会排放污染大气的有害气体。没有内燃机，太阳能电动车在行驶时听不到燃油汽车内燃机的轰鸣声。

（3）太阳能电动车耗能少，只需采用$3\sim4m^2$的太阳电池组件便可使太阳能电动车行驶起来。燃油汽车在能量转换过程中要遵守卡诺循环的规律来做功，热效率比较低，只有1/3左右的能量消耗在推动车辆前进上，其余2/3左右的能量损失在发动机和驱动链上；而太阳能电动车的热量转换不受卡诺循环规律的限制，90%的能量用于推动车辆前进。

（4）只需踩踏加速踏板便可启动，利用控制器使车速改变，易于驾驶。

（5）太阳能电动车没有内燃机、离合器、变速器、传动轴、散热器、排气管等零部件，结构简单，制造难度降低。

同时，太阳能汽车也存在着比较明显的缺点。如：太阳能辐射强度较弱且光电转化率低30%，光伏电池板造价昂贵，加之蓄电池容量和天气的限制，使得完全靠太阳能驱动的汽车的实用性受到极大的限制，不利于推广。未来，太阳能汽车的推陈出新也必将是围绕如何降低光伏电池造价，提高光电转化率以及蓄电池容量，一旦这三个主要问题解决，那么在不久的将来，太阳能汽车的普及也就不再是梦想。

第二节　电能与电动汽车

电动汽车是指以车载电源为动力，用电动机驱动车轮行驶，符合道路交通、安全法规各项要求的车辆。由于对环境影响相对传统汽车较小，其前景被广泛看好，但当前市场竞争能力还不强。

一、电动汽车组成

电动汽车的组成包括：电力驱动及控制系统、驱动力传动等机械系统及其他完成既定任务的工作装置。电力驱动及控制系统是电动汽车的核心，也是区别于内燃机汽车的最大不同点。电力驱动及控制系统由驱动电动机、电源和电动机的调速控制装置等组成。电动汽车的其他装置基本与内燃机汽车相同。

二、电动汽车分类

电动汽车的种类：纯电动汽车（BEV）、混合动力汽车（HEV）、燃料电池汽车（FCEV）。

1. 纯电动汽车

纯电动汽车是指由电动机驱动的汽车。电动机的驱动电能来源于车载可充电蓄电池或其他能量储存装置。大部分车辆直接采用电机驱动，有一部分车辆把电动机装在发动机舱内，也有一部分直接以车轮作为四台电动机的转子，其难点在于电力储存技术。本身不排放污染大气的有害气体，即使按所耗电量换算为发电厂的排放，除硫和微粒外，其他污染物也显著减少，由于电厂大多建于远离人口密集的区域，对人类伤害较少，而且电厂是固定不动的，集中的排放，便于处理，技术也较成熟。由于电力可以从多种一次能源获得，如煤、核能、水力、风力、光、热等，可以解除人们对石油资源日渐枯竭的担心。电动汽车还可以充分利用晚间用电低谷时富余的电力充电，使发电设备日夜都能充分利用，大大提高其经济效益。正是这些优点，使电动汽车的研究和应用成为汽车工业的一个“热点”。有专家认为，对于电动车而言，目前最大的障碍就是基础设施建设以及价格影响了产业化的进程，与混合动力相比，电动车更需要基础设施的配套，而这不是一家企业能解决的，需要的是政府行为。

优点：技术相对简单成熟，只要有电力供应的地方都能够充电。

缺点：目前蓄电池单位质量储存的能量太少，还因电动车的电池较贵，没形成经济规模，故购买价格较贵，至于使用成本，正常运行成本仅为汽车的 1/3，加上服务维修、零部件的更换，总运行费用与传统汽油车辆不相上下。

2. 混合动力汽车

混合动力汽车根据动力系统结构形式可分为以下三类：

串联式混合动力汽车（SHEV）：车辆的驱动力只来源于电动机的混合动力（电动）汽车。结构特点是发动机带动发电机发电，电能通过电动机控制器输送给电动机，由电动机驱动汽车行驶。另外，动力电池也可以单独向电动机提供电能驱动汽车行驶。

并联式混合动力汽车（PHEV）：车辆的驱动力由电动机及发动机同时或单独供给的混合动力（电动）汽车。结构特点是并联式驱动系统可以单独使用发动机或电动机作为动力源，也可以同时使用电动机和发动机作为动力源驱动汽车行驶。

混联式混合动力汽车（CHEV）：同时具有串联式、并联式驱动方式的混合动力（电动）汽车。结构特点是可以在串联混合模式下工作，也可以在并联混合模式下工作，同时兼顾了串联式和并联式的特点。

目前国内市场上，混合动力车辆的主流都是汽油混合动力，而国际市场上柴油混合动力车型发展也很快。

优点：

(1)采用混合动力后可按平均需用的功率来确定内燃机的最大功率，此时处于油耗低、污染少的最优工况下工作。需要大功率内燃机功率不足时，由电池来补充；负荷小时，富余的功率可发电给电池充电；由于内燃机可持续工作，电池又可以不断得到充电，故其行驶里程和普通汽车一样。

(2)因为有了电池，可以十分方便地回收制动时、下坡时、怠速时的能量。

(3)在繁华市区，可关停内燃机，由电池单独驱动，实现"零"排放。

(4)有了内燃机可以十分方便地解决耗能大的空调、取暖、除霜等纯电动汽车遇到的难题。

(5)可以利用现有的加油站加油，不必再投资。

(6)可让电池保持在良好的工作状态，不发生过充、过放，延长其使用寿命，降低成本。

缺点：长距离高速行驶基本不能省油。

3. 燃料电池汽车

燃料电池汽车是以燃料电池作为动力源的汽车。燃料电池的化学反应过程不会产生有害产物，因此燃料电池车辆是无污染汽车，燃料电池的能量转换效率比内燃机要高 2 ~3 倍，因此从能源的利用和环境保护方面，燃料电池汽车是一种理想的车辆。

单个的燃料电池必须结合成燃料电池组，以便获得足够的动力，满足车辆使用的要求。

近几年来，燃料电池技术已经取得了重大的进展。世界著名汽车制造厂，如戴姆勒 – 克莱斯勒、福特、丰田和通用汽车公司都开发出了各自典型的燃料电池汽车。目前，燃料电池轿车的样车正在进行相关试验，以燃料电池为动力的运输大客车在北美的几个城市中正在进行示范运行。在开发燃料电池汽车中仍然存在着技术性挑战，如燃料电池组的一体化，汽车和辅助部件的商业化。相关汽车制造厂正在朝着集成部件和减少部件成本、降低燃料电池质量的方向努力，并已取得了显著的进步。

与传统汽车相比，燃料电池汽车具有以下优点：

(1)零排放或近似零排放。

(2)减少了机油泄漏带来的水污染。

(3)降低了温室气体的排放。

(4)提高了燃油经济性。

(5)提高了发动机燃烧效率。

(6)运行平稳、无噪声。

由于电动汽车存在着很多问题，以致发展受到很大程度地限制，比如：制造成本高、电池寿命短、电池充电问题以及汽车续航能力等。

第三节　氢燃料与氢燃料汽车

一、概述

氢燃料汽车：是以氢为主要能量的汽车。氢燃料汽车分为两种，一种是使用内燃机，燃烧氢气产生能源而运动的汽车。另外一种是上节所介绍的氢燃料电池汽车，其原理是把氢输入燃料电池中，氢原子的电子被质子交换膜阻隔，通过外电路从负极传导到正极，成为电能驱动电动机；质子却可以通过质子交换膜与氧化合为纯净的水雾排出。

氢是可以取代石油的燃料，其燃烧产物是水和少量氮氧化合物，对空气污染很少。氢气可以从电解水、煤的气化中大量制取，而且不需要对汽车发动机进行大的改装，因此氢能汽车具有广阔的应用前景。推广氢能汽车需要解决三个技术问题：

(1)大量制取廉价氢气的方法，传统的电解方法价格昂贵，且耗费其他资源，难以推广。

(2)解决氢气的安全储运问题。

(3)解决汽车所需的高性能、廉价的氢燃料供给系统。

目前常见的供给系统有三种，即进气管喷射式、低压缸内喷射式和高压缸内喷射式。随着储氢材料的研究进展，可以为氢能汽车开辟全新的途径。而最近，科学家们研制的高效率氢燃料电池，更减小了氢气损失和热量散失。

二、储氢方法

传统储氢方法有两种：一种方法是利用高压钢瓶（氢气瓶）来储存氢气，但钢瓶储存氢气的容积小，而且还有爆炸的危险；另一种方法是储存液态氢，但液体储存箱非常庞大，需要极好的绝热装置来隔热。近年来，一种新型简便的储氢方法应运而生，即利用储氢合金（金属氢化物）来储存氢气。研究证明，在一定的温度和压力条件下，一些金属能够大量“吸收”氢气，反应生成金属氢化物，同时放出热量。其后，将这些金属氢化物加热，它们又会分解，将储存在其中的氢释放出来。这些会“吸收”氢气的金属，称为储氢合金。其储氢能力很强。单位体积储氢的密度，是相同温度、压力条件下气态氢的 1000 倍，即相当于储存了 1000 个大气压的高压氢气。目前研究发展中的储氢合金，主要有钛系储氢合金、锆系储氢合金、铁系储氢合金及稀土系储氢合金。目前的氢能汽车，它使用储氢材料 90kg，可行驶 40km，时速超过 50km/h。

氢燃料汽车的发展主要有三个障碍：

(1)氢的密度很低，就算燃料以液态形式储存，能够储存的氢气也很有限，导致氢燃料汽车的行驶里程相比十分受限。

(2)氢燃料电池制造成本很高，而且还存在一些技术上的难题。如燃料电池的强度一般都很低，当车辆在行驶时产生撞击和振动，会导致燃料电池工作失效。另外大多燃料电池都需要稀有金属如铂作为加速剂，提高工作效率，但这些成分可能污染氢，降低氢的纯度。

(3)氢的制备过程会引起能量的流失（因为从其他能源到氢又回到能量的转换过程中会不可避免产生能量损失）。

第四节　天然气与天然气汽车

简单地讲，天然气汽车是以天然气为燃料的一种气体燃料汽车。天然气的甲烷含量一般在 90% 以上，是一种很好的汽车发动机燃料。目前，天然气被世界公认为是最为现实和技术上比较成熟的车用汽油、柴油的代用燃料；天然气汽车已在国内得到了广泛地应用。目前城市地区常见的是由普通汽油车改装的压缩天然气/汽油两用燃料汽车，简称 CNG 汽车；西部一些省份的矿区则多采用柴油车改装的柴油 - 液化天然气双燃料汽车，简称 LNG 汽车。今后专用天然气汽车依旧是主流发展趋势。

一、天然气汽车的分类

常见的天然气汽车按照所使用天然气燃料状态的不同，可以分为：

（1）压缩天然气（CNG）汽车。压缩天然气是指压缩到 20.7～24.8MPa 的天然气，储存在车载高压气瓶中。压缩天然气（CNG）是一种无色透明、无味、高热量、比空气轻的气体，主要成分是甲烷，由于组分简单，易于完全燃烧，加上燃料含碳少，抗爆性好，不稀释润滑油，能够延长发动机使用寿命。

（2）液化天然气（LNG）汽车。液化天然气是指在不超过 1MPa 压力下、温度为 －162℃ 的液体天然气，储存于车载绝热气瓶中。液化天然气（LNG）燃点高、安全性能强，适于长途运输的燃料储存。

二、天然气汽车的优缺点

使用天然气作汽车燃料与汽油相比具有以下优点：

（1）降低污染，改善大气环境。天然气是一种清洁能源，具有热值高、效率高、污染小等特点，燃烧比较完全，不易积炭，CO、NO_x 和微粒的排放量均低于汽油，排气污染明显降低。机动车尾气是城市大气污染主要来源之一，其中主要有害成分是一氧化碳（CO）、碳氢化合物（HC）、一氧化氮（NO）和二氧化氮（NO_2）等。据有关资料显示，使用天然气作为汽车燃料与汽油作燃料相比可以减少常规排放，并且基本上没有颗粒物排放，对改善城市环境有显著作用。

（2）天然气汽车有较高的安全性。与汽油相比，天然气是相对安全的燃料。天然气爆炸下限为 5%，比汽油（爆炸下限为 1%）高，甲烷燃点为 645℃，比汽油燃点高 218℃，相比不易点燃。甲烷密度低，相对密度为 0.55 左右，泄漏的气体很快会在空气中扩散，在自然环境中难以形成遇火爆燃的浓度条件，因此天然气是一种相当安全的汽车燃料。

（3）有利于缓解能源紧张的供需矛盾。使用燃气汽车可优化汽车燃料供给结构，改变了汽车燃料只有汽油、柴油的格局，既缓解了燃油供给紧张的问题又满足交通事业发展的需要。

（4）可延长发动机寿命。天然气扩散性优良，其以气态进入发动机，形成的混合气更加均匀，使燃烧比较完全、干净；可以提高热循环效率，加快燃烧速度，充分利用燃烧热能；同时天然气辛烷值高，抗暴性能好，使用时不需要添加抗暴剂，不会稀释润滑油，因而使发动机汽缸内的零件磨损大大减少，使发动机的寿命和润滑油的使用期限大幅度增长。所有这些都会降低汽车的维护和运行费用，从而提高汽车使用的经济性。

（5）有较高的经济效益。目前，国内汽油价格持续上升，价格体系已和世界接轨，天然气价格较低，使用天然气汽车将能节省近 40% 燃料费用。

然而 CNG 汽车依然存在一些缺点：

（1）汽车冷启动不方便。

（2）天然气汽车动力性差。

（3）燃料携带困难。

（4）天然气供气系统质量较大。

第五节　二甲醚与二甲醚汽车

一、二甲醚的研究现状与应用前景

二甲醚(DME)是一种含氧燃料,常温、常压下为气体,加压到0.3MPa后成为液体,储存方式类似于液化石油气。

早在20世纪70年代石油危机时,丹麦的托帕斯公司、日本三菱重工以及美国的空气产品和化学品公司(APC)等欧美发达国家的许多公司就相继开发了由合成气一步法制二甲醚(DME)的催化剂专利。美孚和埃索公司于1965年开发了利用结晶硅酸铝作催化剂的甲醇气相法脱水制DME工艺,20世纪80年代初又对催化剂加以改进,提高了DME的选择性和甲醇的转化率。1991年,日本三井化学公司也开发了新型催化剂。迄今为止,甲醇气相脱水法仍是DME生产的主要方法。但因其生产成本较高制约了其应用的拓展。1991年APC公司开发了合成气浆态床一步合成DME技术,并建成10t/a中试装置。

近年来,随着石化能源储量的减少,DME作为柴油、液化石油气替代品的呼声越来越高,DME的需求量大幅度增加,促使DME的合成成为DME工业领域中的研究热点。据报道:8个与石油行业有关的财团(NKK公司、丰田公司、日立公司、道达尔菲纳埃尔夫公司、丸红公司、出光兴产公司、INPEC公司)于2001年10月19日组建了1家总部设在日本东京的DME生产销售工业公司,取名为DME国际公司。该公司计划研究使用直接合成技术生产DME。该公司的统计数据表明,仅在亚洲,作为LPG的替代物和作为发动机燃料,DME的潜在市场就估计为1亿t/a。

我国对DME的研究开发和利用起步较晚,前几年,由于技术方面的原因,设施投入大、生产成本高,仅有沿海发达省份少数几个企业生产,且工艺技术比较落后,生产规模都很小,总产能只有3000多t/a。近几年来,随着DME应用领域的扩大以及市场需求增加,很多省份陆续上了一批DME项目,有的企业生产装置一扩再扩,产能有了较大提高。同时,由于DME在作为新型燃料方面的优越性能,国内一些科研机构对DME的研究也掀起了一轮新高潮。以中科院山西煤化所、清华大学、浙江大学、华东理工大学、化工部上海化工研究部、西南化工研究部等为代表的高等院校和科研机构都开展了DME的研究,取得很多成果。特别是在甲醇催化转化二步法制DME生产技术上有了新的进展。

在DME替代石油液化气做民用燃料方面国内也进行了深入研究,特别是在以天然气、煤作原料生产合成气,继而直接合成DME的研究方面,也取得较大成效。

中科院广州能源研究所生物质燃料合成实验室用各种生物质首次成功合成了绿色能源燃料级DME。该实验室已建成小型流化床反应装置及合成DME实验装置,实现了制氢产物中氢气含量70%的阶段目标,并与深圳特力得流体系统公司合作,研制成功生物质燃气增压单元设备,成功实现了在实验室规模常压生物质气化过程与高压DME合成过程的衔接,生物质合成气制备燃料DME的碳转化率达到了70%以上。

DME是重要的化工原料,用于许多精细化学品的合成,可替代部分氟氯卤代烃用作汽溶胶喷射剂和制冷剂。DME最大的潜在用途是作为城市煤气和液化石油气的代用品,更具战略意义的是作为汽车燃料,如替代柴油。

二、二甲醚在汽车上的应用

1. 二甲醚的理化性质

二甲醚含氧量为34.8%，组分单一，碳链短，燃烧性能良好，热效率高，燃烧过程中无残液，无黑烟，是一种优质、清洁的燃料。二甲醚可用作汽车燃料、民用燃气。二甲醚有很高的十六烷值可作为柴油机燃料使用，尾气排放能够达到欧Ⅲ排放标准，替代柴油时十六烷值比柴油高10%。二甲醚作为民用燃料可具备燃烧充分、无残液、不积炭的优点。DME目前主要应用于气雾剂、发泡剂、化学中间体和燃料，其中目前民用燃料的用量最大，我国用于民用燃气的DME占总产量的80%以上。

2. 二甲醚作为车用燃料的特性

二甲醚在汽车上最大的应用就是替代柴油燃料。国内外研究表明，目前二甲醚是仅次于氢燃料的清洁燃料，有望成为主要石油代替产品。二甲醚物理性质类似于液化石油气，二甲醚十六烷值大于55，高于柴油，可作为理想的柴油替代品。二甲醚低毒、低腐蚀性，燃烧时有害气体排放量明显低于汽油、柴油，能显著缓解城市汽车尾气污染。

二甲醚作为车用燃料，涉及到方方面面的工作，如发动机的改造，供应站的建立，环保政策等，这些除了企业的努力外，更需要国家政策的扶持，否则是难以推广的。作为新兴能源产业，应努力争取国家有关部门在产业化及配套政策上的扶持，以促进我国二甲醚工业的快速、健康发展。

汽车发动机特别是柴油发动机的主要环境污染是氮氧化物的排放和颗粒物质——黑烟的生成。而其中氮氧化物对环境的破坏作用特别大，它不仅会形成城市及周边地区的酸雨，还会严重破坏地球的臭氧层。

研究表明，代用燃料液化石油气、天然气、甲醇，它们的十六烷值都很小，只适合于点燃式发动机。而二甲醚十六烷值大于55，具有优良的自燃性，非常适合于压燃式发动机，可用作柴油机的代用燃料。

与柴油相比，二甲醚主要特性可归纳为：

(1)二甲醚分子结构中无C－C键，只有C－O和C－H键，且含有34.8%的氧，燃烧后生产的炭烟微粒少，并容许采用较大的EGR，降低NO_x排放。

(2)二甲醚的十六烷值高于柴油，自燃温度低，滞燃期比柴油短，NO_x排放与燃烧噪声比柴油低。

(3)二甲醚的低热值比柴油低，仅为柴油的64.7%，但二甲醚与空气的理论混合气热值比柴油高5%，因此，二甲醚发动机的功率高于柴油机。

(4)二甲醚的汽化潜热大，为柴油的1.64倍，采用直喷燃烧方式可大幅度降低柴油机缸内最高燃烧温度，改善NO_x的排放。

(5)二甲醚在常压下，－24.9℃就汽化成气体。为了保证二甲醚在燃油系统中不汽化，造成输送管道内气阻，必须对二甲醚加压。

(6)二甲醚对金属无腐蚀性，所以对燃油系统的材料没有特殊的要求。然而，天然橡胶与二甲醚不能共存，长期与二甲醚接触会溶胀老化，必须寻找合适的密封材料。目前，这项工作已经取得阶段性成果。

三、二甲醚的优点及其应用中存在的问题

1. 二甲醚的优点

二甲醚柴油机保留了传统柴油机高热效率、压缩着火燃烧、发动机强劲耐久等优点；几乎无毒无腐蚀性，不损害臭氧层；具有良好的自燃性，适合作柴油机代用燃料；沸点低，喷入汽缸可立即汽化，能快速形成良好混合气体；汽化潜热大，可降低最高燃烧温度，改善 NO_x 排放；能与多数有机溶剂混溶；可缓解我国炼油行业汽柴比高导致柴油相对不足的问题，利于提高煤炭产品附加值，促进西部煤区经济发展。

2. 二甲醚应用中存在的问题

二甲醚常温常压下为气态，储存、携带困难；黏度低，高压供油系中易泄漏，使偶件易早期磨损；对普通橡胶塑料有腐蚀性；常温蒸气压高，爆炸范围宽，对设施的安全要求高于汽油、柴油；以煤炭为基础生产，而煤炭属不可再生型能源，中国煤炭开采已面临压力；甲醇的延伸产品，从产能到价格受甲醇制约；实现商业化应用需较高的综合成本并面临国外竞争。

第六节　生物柴油

生物柴油是指由动植物油脂(脂肪酸甘油三酯)与醇(甲醇或乙醇)经酯交换反应得到的脂肪酸单烷基酯，最典型的是脂肪酸甲酯。与传统的石化能源相比，其硫及芳烃含量低、闪点高、十六烷值高、具有良好的润滑性，可部分添加到石化柴油中。

一、生物柴油的优点

(1)具有优良的环保特性:生物柴油与石化柴油相比含硫量低，使用后可使二氧化硫和硫化物排放大大减少。权威数据显示，二氧化硫和硫化物的排放量可降低约30%。生物柴油不含对环境造成污染的芳香族化合物，燃烧尾气对人体的损害低于石化柴油，同时具有良好的生物降解特性。

(2)低温启动性能:和石化柴油相比，生物柴油具有良好的发动机低温启动性能，冷滤点可到-20℃。

(3)生物柴油的润滑性能比柴油好:可以降低发动机供油系统和缸套的摩擦损失，增加发动机的使用寿命，从而间接降低发动机的成本。

(4)具有良好的安全性能:生物柴油的闪点高于化石柴油，它不属于危险燃料，在运输、储存、使用等方面的优点明显。

(5)具有优良的燃烧性能:生物柴油的十六烷值比柴油高，因此燃料在使用时具有更好的自燃性能。虽然生物柴油的热值比柴油略低，但由于生物柴油中所含的氧元素能促进燃料的燃烧，可以提高发动机的热效率，这对燃料消耗量会有一定的弥补作用。

(6)具有可再生性:生物柴油是一种可再生能源，其资源不会像石油、煤炭那样会枯竭。

(7)具有经济性:使用生物柴油的系统投资少，原用柴油的发动机、加油设备、储存设备和维护设备无须改动。

(8)可调和性:生物柴油可按一定的比例与化石柴油配合使用，可降低油耗，提高动力，降低尾气污染。

(9)可降解性:生物柴油具有良好的生物降解性，在环境中容易被微生物分解利用。

生物柴油的优良性能使得采用生物柴油的发动机废气排放指标不仅满足目前的欧洲Ⅱ号标准,甚至满足随后即将在欧洲颁布实施的更加严格的欧洲Ⅲ号排放标准。而且由于生物柴油燃烧时排放的二氧化碳远低于该植物生长过程中所吸收的二氧化碳,从而改善由于二氧化碳的排放而导致的全球变暖这一有害于人类的重大环境问题。因而生物柴油是一种真正的绿色柴油。

二、生物柴油的缺点

以菜籽油为原料生产的生物柴油成本比较高,据统计,生物柴油制备成本的75%是原料成本。因此采用廉价原料及提高转化率,降低成本是生物柴油能否实用化的关键。

用化学方法合成的生物柴油有以下缺点:

工艺复杂、醇必须过量。后续工艺必须有相应的醇回收装置,能耗高,设备投入大;色泽深,由于脂肪中不饱和脂肪酸在高温下容易变质;酯化产物难于回收,回收成本高;生产过程中有废碱液排放。

除此之外,在国家"不能与粮争地"、"不能与人争粮"、"不能与人争油"、"不能污染环境"的"四不"政策下,提炼生物柴油的原料只能用油料作物或者地沟油,而地沟油的收集是一个难题。

三、生物柴油发展现状

我国生物柴油生产相对发展缓慢。从我国成品油需求来看,柴油相对汽油更加短缺,在我国发展生物柴油不仅有助于降低车辆尾气污染物排放,也具有缓解柴油资源短缺的现实意义。考虑到废弃油脂是生物柴油的主要原料之一,其产业化发展还能解决废弃油脂再次进入食品领域从而危害大众健康的问题。但目前,我国生物柴油产业化受到生产成本较高、政策扶持不足、相关管理不规范等因素的制约。针对这些问题展开分析讨论,有助于明确产业定位、理清发展思路,从而为决策者提供参考。

我国2010年生物柴油产能约300万t/a,产量约20万t,主要原料为餐饮废油、榨油废渣等,产品主要用于农用动力机械及公路、水路和铁路运输动力机械方面。2007年国家开始实施GB/T 20828—2007《柴油机燃料调合用生物柴油(BD100)》标准,GB/T 25199—2010《生物柴油调合燃料(B5)》标准已于2010年9月发布,并于2011年2月1日实施。与发达国家相比,我国生物柴油产业起步较晚,发展进程也比较缓慢。自"十五"开始,政府加大对生物柴油研发的投入,但由于后期相关产业政策扶持力度不大,尽管在建和规划的产能已有一定规模,但产能利用率不高。目前,我国生物柴油生产主体为民营企业,国企和外企也有涉足。2008年7月,国家发改委正式批准了中国石油、中国石化、中国海油三大公司以麻风树为原料的示范基地建设。其中,中国海油在海南的6万t/a装置于2010年底建成投产,是我国目前已建成的最大的生物柴油示范项目。

"十五"期间,生物柴油相关研究课题进入国家科技攻关计划。2006年《可再生能源法》的生效在一定程度上促进了生物柴油的发展。2007年9月国家发改委发布的《可再生能源中长期发展规划》提出要"重点发展以小桐子、黄连木、油桐、棉籽等油料作物为原料的生物柴油生产技术,逐步建立餐饮等行业的废油回收体系",并提出生物柴油发展目标为:生物柴油年利用量到2010年达到20万t,2020年达到200万t。

国家发改委和财政部等部门对国家批准的工业示范装置已制定一系列政策,包括工业装置建设的贷款，增值税、所得税减免，建成运转后达到合同指标的奖励等。但从总体上看，相关政策对产业化发展的推动作用尚不显著，政策连续性不强，甚至出现反复。例如，2006年国家税务总局发文规定："以动植物油为原料，经提纯、精炼、合成等工艺生产的生物柴油，不属于消费税征税范围"，但在2008年《国务院关于实施成品油价格和税费改革的通知》又将生物柴油纳入消费税征收范围。直至2011年6月，国家财政部与税务总局再次发布通知对以利用废弃的动植物油生产纯生物柴油免征消费税。

总部设在德国汉堡的行业期刊《油世界》发布的最新报告显示，全球生物柴油产量在经过数年的持续增加之后，目前已经开始下滑。其在一份报告中称，"自今年7、8月(2011年)开始，全球生物柴油产量开始下滑，期间主要的生产商削减了生物燃料产出。主要是在阿根廷和美国，此外，在巴西和欧盟地区也有少量生物柴油产商在削减产出。"报告称，近期全球生物柴油产量将达到2292万t。

第七节　交通能源多元化定位

一、资源定位

交通能源的多元化从资源角度来看，太阳能的来源最容易，也最清洁，并且是取之不竭的。如果能有效的利用太阳能，不仅可以解决人类目前面临的资源短缺问题，又可以保护环境，可谓一举两得。

电能的来源也很广泛，目前备受关注的电动汽车成了各大汽车企业的宠儿，研究电动汽车的热潮从未消退过。虽然电能来源广泛，但是目前主要的发电方式还是火力发电，火力发电占到整个发电的70%，因此电能的获取是以消耗煤和天然气等燃料为代价的。而煤和天然气等燃料是不可再生的，正常情况下每千瓦时电需要消耗约0.35kg煤。

氢能也是一种清洁能源，零污染。氢气的制取方法不易，氢气的制取方法主要有光化学法、热化学法和电解法，原料有水、天然气、煤、硫化氢等，以天然气为原料是迄今为止最经济的制氢方法，但天然气本身就是一种比较优良的能源，转化为氢气再使用未必是最佳的选择。以煤炭为原料是将煤粉与催化剂同时高速喷入3MPa和1800℃的反应炉中，使煤粉气化，然后进一步提炼出高纯度的氢，但也不是最佳的选择。用硫化氢制取氢是将硫化氢置于电场中，使硫化氢分子内部稳定升高到数千摄氏度，分解成氢和硫。但是硫化氢的来源有限。从能源角度看，以水为原料应是制取氢的根本，但是电解水的代价太高昂，所得到的氢燃烧时放出的能量与电解水时消耗的能量是相当的。

我国的天然气资源比较丰富，从资源储备方面看，2011年我国天然气探明地质储量仍保持高速增长态势，天然气新增探明地质储量将近8000亿m^3，新增探明技术可开采储量约4000亿m^3，天然气开采技术落后与设备的缺乏始终是规模化开采的一大瓶颈，在短期内无法获得突破时，必须加大天然气的进口。

二甲醚是一种化工产品，来源比较丰富，以煤、石油焦炭或生物质为原料制取。目前基本上采用二步法工艺生产，即首先让天然气或煤等原料变成合成气(H_2、CO、CO_2)，合成气进一步转变为甲醇，最后经脱水变成二甲醚。虽然以天然气为原料不一定可取，但是以煤、石油焦炭或生物质为原料应当是可以的。由于可用生物质为原料，也就有了一定的可再生性。

生物柴油是生物质能的一种,它是生物质利用热裂解等技术得到的一种长链脂肪酸的单烷基酯。生物柴油来源丰富,欧盟生物柴油80%的原料为双低菜籽油(低硫甙、低芥酸),美国、巴西主要是大豆,我国主要是以木本油料 、废弃油脂和微藻油脂为原料。目前,国家在内蒙古支持了微藻固碳生物能源示范项目,同时,已在四川、贵州、海南启动小油桐生物柴油产业化示范项目。

醇类燃料(如甲醇和乙醇燃料)原料来源较为丰富,甲醇可利用天然气、煤、石脑油、重质燃料以及木材、垃圾等来提炼。生产乙醇的原料主要是乙烯、含糖作物(如甘蔗、甜菜等)、含淀粉作物(木薯、土豆和玉米等)以及草木秸秆等。

二、效益定位

交通能源多元化从效益角度来看,太阳能直接用作汽车能源成本比较高,而且目前太阳能电池最高效率为20%左右。

电能用作汽车能源的成本也较为昂贵,成本高的原因一方面在于燃料电池的制造成本昂贵,另一方面电池的寿命较短,只有2~3年。

氢作为汽车能源的成本也较高,一方面是氢的制取成本太高,另一方面氢气在汽车上储带十分不便,这也无形当中增加了氢气作为汽车能源的成本,因此,就目前的技术条件,效益还不容乐观。

我国天然气储量较大,来源丰富。天然气用作汽车能源具有明显的经济效益,主要表现在:第一,热效率高,天然气的辛烷值比汽油高,其RON辛烷值高达120以上,较汽油相比,理论循环热效率可以提高7%~12%;第二,天然气的价格低,目前天然气的价格为每立方米3.5~4.2元,最高为93号汽油的56%左右。

虽然二甲醚制造成本不高,但二甲醚燃料用作汽车能源时,需要很大的投资,如建站费用较高,需要从无到有建立完善的加气网络。另外,二甲醚携带不方便,二甲醚加压后成为液态,其携带上的难度无疑也增加了使用成本。

生物柴油前景较好,许多国家对生物柴油的研究相当重视,尤其是在地广人稀的国家或地区,生物柴油的经济效益更加明显。

醇类燃料生产原料来源广泛、价格低廉的特点,在经济性方面具有显著优势。以甲醇举例,甲醇的售价小于成品油价格的1/3,即使考虑到使用甲醇燃料时燃料消耗率增加因素,甲醇汽油仍有较大的经济效益。

三、技术定位

交通能源多元化从技术层面来看,利用太阳能产生动力的方法有两种:一是将太阳能辐射能转变为热能,再将热能转变为机械能或电能;另一种是利用太阳能电池直接将太阳的辐射转变为电能。后者的效率比前者高,为太阳能汽车所采用。由于目前的技术不成熟,太阳能电池的能量密度始终太低,并且太阳能辐射强度较弱且光电转化率低30%,光伏电池板造价昂贵,加之蓄电池容量和天气的限制,使得太阳能汽车很难达到实用层面。

电动汽车在技术上也同样存在很难解决的问题,以致发展受到很大程度的限制,比如:制造成本高、电池能量密度低、电池寿命短、电池充电时间长以及由此派生出来的汽车续航里程短、动力性差及体积质量大等问题。

氢能作为汽车能源在技术上存在一些难题。首先,制取氢气的方法有待改进,目前的技术条件，制取氢气的方法成本昂贵。其次，氢气的储带方法的改进，液态储存要求 –253℃的超低温，绝热性良好的冷藏箱正在研制之中。最后，改善动力性能，由于氢气密度小，汽缸中将挤占相当一部分的容积，影响空气量，反过来影响了氢气量，此外氢气的质量热值虽然高，但单位容积热值低，这些问题都会导致氢气发动机的动力性差。

天然气汽车目前虽然已经在很多地方推广，但是仍有些技术上难题，如汽车冷启动不方便，天然气汽车动力性差，燃料携带困难，天然气供气系统质量较大等。

二甲醚燃料用作汽车能源在技术上也存在某些问题。二甲醚常温常压下为气态，易发生气阻现象；黏度低，高压供油系统中易泄漏，使偶件易早期磨损；对普通橡胶塑料有腐蚀性；常温蒸气压高，爆炸范围宽，对设施的安全要求高于汽油、柴油。此外还有储气瓶占用空间大和携带不方便等问题。

生物柴油在技术上的难题在于：第一，供油系统部件易被堵塞，植物油中的脂肪胶合杂质易使燃油过滤器堵塞，植物油的黏度和初馏点高，易使喷油器结胶与堵塞；第二，燃烧室易积炭、活塞环易黏结、润滑油易变质。

醇类燃料用作汽车能源存在的主要技术问题有：第一，低温冷启动性较差，当应用高比例的甲醇燃料时，必须采取措施予以解决；第二，醇与汽油容易分层，甲醇与汽油必须借助于添加剂才能互溶，但对温度敏感，乙醇汽油对水较为敏感，少量的水即可导致乙醇与汽油发生相分离；第三，醇类燃料有腐蚀溶胀作用，醇类对铜和黑色金属有腐蚀作用，并且对橡胶有溶胀、软化或龟裂等作用；第四，甲醇有剧毒，甲醇可刺激眼结膜，也可通过呼吸道、消化道和皮肤进入人体，刺激神经，造成头晕和气急等症状。虽然甲醇燃料应用中存在以上问题，我国科技人员经过多年研究，这些问题已经基本得到解决，甲醇燃料从技术上达到了市场化的应用条件。

四、市场定位

交通能源多元化从市场推广角度来看，天然气（CNG）、醇类燃料（主要是甲醇汽油）推广比较容易。2012 年我国新增加气站 446 座，总量达到 2784 座，比 2011 年增加 19%；天然气汽车新增 47.3 万辆，总保有量已达到 157.7 万辆，比 2011 年增长 40%。近年来，可以同时使用压缩天然气的 CNG 双燃料汽车已从市面上的出租车应用逐渐转移到家用轿车上，考虑到城市用车的差异性，多数厂商把双燃料车型的推广纷纷定向于二三线城市。可见目前压缩天然气汽车大推广已经形成了规模。

甲醇汽油推广也已经展开，随着甲醇汽油国家标准的出台，推广越来越容易。以陕西省为例，修订的陕西地方标准《车用甲醇汽油（M25）》及《车用甲醇汽油（M15）》的即将出台，未来几年，甲醇汽油汽车将越来越多，应用规模会越来越大。

相比之下，太阳能汽车、电动汽车、氢燃料汽车、二甲醚汽车以及生物燃料汽车由于受到技术问题、市场、环境等因素影响，目前推广还存在很大的难题。

五、环境定位

环境定位主要是指排放污染问题。交通能源多元化从污染物排放来看。太阳能汽车、电动汽车、氢燃料汽车几乎没有污染物排放。但是电能来源大部分来自火力发电，这样从全寿命周期内考虑仍然有相当的环境污染。

天然气汽车的污染较少，由于天然气的燃烧比较完全，其排放物中 CO、HC 都较低，另外天然气混合气热值低，燃烧温度低，故 NO_x 排放浓度较汽油约低 30%。天然气中含硫量极少，排放物中几乎没有硫化物。天然气中不含铅，则铅的排放几乎为零。由于天然气成分中含碳量较少，在发热量相同的排气中的 CO_2 低 15.6%。

二甲醚燃料用作汽车燃料时排放污染物少，由于二甲醚的汽化性能较柴油好，其分子结构中没有 C-C，只有 C-O 和 C-H，又含有较大比例的氧(34.8%)，因此燃烧后生产的微粒少。另外，由于自燃温度低、滞燃期短、最高燃烧温度低，因此 NO_x 排放少。

生物柴油与石化柴油相比含硫量低，使用后可使二氧化硫和硫化物排放大大减少。权威数据显示，二氧化硫和硫化物的排放量可降低约 30%。生物柴油不含对环境造成污染的芳香族化合物，燃烧尾气对人体的损害低于石化柴油，同时具有良好的生物降解特性。

醇类燃料如乙醇和甲醇的含氧量分别为 34.7% 和 50%，有利于改善燃烧，降低污染物排放。与汽油混烧，当乙醇含量为 15% 和 25% 时，HC 排放分别降低 16% 和 30%，CO 分别降低 30% 和 47%。甲醇汽油能显著降低污染物的排放，尾气经测定比汽油机的 HC 降低 15% ~60%，CO 降低 5% ~22%，NO_x 降低 15% ~55%。

六、时段定位

作为汽车能源，应当具备一系列的基本素质。一种能源很难在各个方面都很优秀，决定其可否用作汽车能源，取决于它的综合素质。在不同历史时期，不同阶段这些素质和条件具有不同的权重。目前最为现实的能源当属醇类燃料与天然气燃料，中期，生物柴油与氢燃料将是重要的车用能源，电动汽车是最终的选择。

从以上几种新能源汽车技术的对比，我们不难发现，根据我国汽车行业的技术发展实际情况，结合我国主要能源的格局，在目前情况下，推广甲醇汽油和天然气汽车作为我国新能源的发展是最为实际的。低比例的甲醇汽油可以在原车上直接使用，不用进行改装，高比例的甲醇汽油在原车上使用时，只需安装一个灵活燃料控制器就可以使用，而且能够保证汽车的动力性不下降，运行经济性能提高，排放降低。

复习思考题

1. 目前发展太阳能汽车存在哪些问题？
2. 简要阐述发展电动汽车需要解决的技术难题。
3. 发展氢燃料电池汽车的发展主要有三个障碍是什么？
4. 简要说明天然气汽车的优缺点。
5. 与柴油相比，二甲醚主要特性主要有哪些？
6. 生物柴油有哪些优点及缺点？
7. 甲醇燃料推广的特点有哪些？

第七章　甲醇汽车常见故障诊断与排除

随着电控技术在汽车上的应用越来越广泛，汽车的各项性能得到了显著地改善，随之汽车的故障来源、故障现象也发生了明显的变化，电气系统引发的故障占据了汽车故障中较大比例。对于新兴甲醇汽车而言，对其电控化已是必然的趋势，本章结合甲醇燃料重点介绍电控汽油机的常见故障诊断与排除方法。

第一节　电控发动机故障特点及成因

一、电控发动机故障特点

现代电控发动机电子控制系统承担了很重要的工作，其主要部件包括电控单元(ECU)、传感器和执行器等，均为电控发动机的重要组成部件。因此电控发动机的故障与传统机械式发动机相比，可以分为两类：一类是电气故障，包括电子元件或电路损坏引发的故障；另一类是机械故障，主要包括零件磨损、断裂等引发的故障。

发动机的电气部件大都对电压、温度、湿度等条件十分敏感，一旦处于异常环境下，相关器件就会有可能产生失效甚至损坏，导致发动机工作异常。这些器件的损坏或失效可以分为以下几类。

1. 元件击穿

电子元件被过电压击穿或高温、大电流击穿，故障现象表现为短路或断路。如电子点火控制器内部的电容器或晶体管被击穿，就会使点火控制器工作异常，造成点火线圈次级绕组无法产生高压电，高压火线不跳火或火花弱，导致发动机无法启动、运转不均匀等。

2. 元件老化或性能退化

电子元件长期在高温、电压、电流变化频繁、灰尘等恶劣条件下工作，就会使其老化或性能退化。如安装于排气管上的氧传感器，其工作条件比较恶劣，长时间承受高温作用，如果驾驶人长期使用劣质燃油，导致排气中含有大量含金属元素的化合物，则会加速氧传感器的老化速度。

3. 线路故障

主要包括潮湿、腐蚀、振动以及长期频繁插拔等导致的接线松脱、连接器接触不良等。传感器和执行器都是固定在发动机某一位置上，通过导线与电控单元(ECU)连接，若导线接头插接不良或导线短路等，就会使传感器无法将检测的信号传给ECU，或者造成ECU不能控制执行器工作，导致发动机工作异常。

若发动机有故障，而发动机故障灯没有点亮(未显示故障码)，说明发动机的故障可能在机械部分。一般电控发动机的机械故障会出现在进排气系统以及配气机构上，其表现形式有：发动机曲轴箱强制通风装置阀门或管道堵塞，空气滤清器堵塞，进气管附近漏气或真空管有缺陷；配气相位失准、气门弹簧断裂等。另外汽缸和活塞环配合间隙过大、发动机窜油和拉缸等属于比较严重的机械故障，其比较容易判断，在维修时需要拆解发动机机体，维修比较复杂。

二、汽车故障形成的原因

汽车故障的形成主要有以下几个方面的原因。

1. 设计制造

发动机的设计和制造质量方面先天存在缺陷，导致的故障往往较难排除，即使排除了，不久又会重新出现。这种故障常表现为同型号的发动机有相同的故障现象。

2. 运行环境

发动机的运行环境因素主要包括气温、气压、空气湿度、空气清洁度等因素。气温过高容易使发动机产生气阻，气温过低容易导致电子器件工作不正常；气压过低容易造成充气效率下降，造成大负荷输出动力下降；潮湿的环境容易导致电子器件漏电、短路；空气清洁度低，容易使滤清器堵塞，零部件被污染等。另外长期将发动机置于高温、潮湿等恶劣环境中也会加速相关器件的腐蚀和老化速度，最终引发发动机故障。

3. 运行时间

发动机使用时间、存放时间的长短对其是否产生故障也有一定的影响。一般来说，汽车使用和存放时间越长，故障率越高。

4. 燃油和润滑油

如果长时间使用不合格的燃油和润滑油，也会导致发动机工作不正常。如电控汽油喷射系统对汽油的清洁度要求很高，应使用标号和质量符合要求的车用汽油。在发动机燃料使用甲醇汽油时，也应该严格选用符合国家标准的甲醇汽油及醇类燃料专用润滑油，否则极易对发动机造成腐蚀和磨损，从而导致发动机故障。

5. 干扰与碰撞

现代电控发动机均采用大量的电子设备，外界如果存在强烈的电磁场，其产生的干扰会使汽车发生故障。另外，汽车在运行中，如果遭受到强烈的冲击或碰撞，有可能造成发动机零部件损坏或脱落，也会造成发动机产生突发性故障。

6. 检修及维护

发动机在使用中，如果能认真坚持定期维护和检修，会使故障减少，延长发动机的使用寿命；反之则会导致故障增多，缩短发动机使用寿命。另外在维护、使用、检修发动机的过程中，某些驾驶人在不清楚故障原因的情况下，对发动机乱拆乱卸，随意改装，结果会导致其他故障的产生，或者将小故障变成大故障；因此建议在检修和维护时应该去专业维修厂家严格按照维修规范进行操作。

第二节　电控发动机故障诊断方法

汽车故障诊断是在不解体（或仅卸下个别配件）的基础上，确定汽车技术状况，查明故障部位及原因的检查和分析方法。随着汽车技术的发展，特别是电子技术、计算机技术在汽车上的应用,汽车故障诊断从传统的听、看、闻经验诊断方式,发展成为以集成化、智能化的设备诊断为手段,信息技术为依托的现代汽车故障诊断技术。

按汽车诊断技术的复杂程度,与汽车技术发展水平相对应的诊断方法可分为人工经验诊断、简单仪器诊断、发动机自诊断和人工智能诊断四种。

一、人工经验诊断

通过人的感觉器官对汽车故障现象进行看、问、听、试、嗅等,了解和掌握故障现象的特点,利用经验积累,通过人的大脑进行分析、判断得出结论的诊断方法。

这种诊断方法要求维修人员经验丰富、对车辆知识非常熟悉;经验丰富的诊断专家,可以不借助仪器诊断出发动机的大多数故障,包括对确定故障性质的初步诊断和确定具体故障原因的深入诊断。因此,可以看出,利用丰富的经验处理电控发动机的问题也是必要地。

经验诊断的主要内容有:

(1)看:即目测检查,其目的是了解电控发动机的电控系统类型、车型,在进入更为细致的测试和诊断之前,能消除一些一般性的故障原因。一般需要目测观察的项目如下:

①看车型和电控系统类型。因为不同生产厂家、不同型号的汽车,电控燃油喷射系统的形式有所不同,其故障诊断方法也不同。

②检查电控系统线束和连接器的连接状况,查看是否有松动、断裂的现象。

③检查每个传感器和执行器有无明显的损伤。

④检查各熔断丝是否熔断。

⑤检查空气滤清器和汽油滤清器,查看滤清器的堵塞程度。

⑥检查各真空管道是否有渗漏、堵塞和连接不良,真空软管是否破损老化。

⑦检查燃油管路有无渗漏。

⑧运转发动机,根据运转状态、现象确定发动机的故障。

(2)问:详细了解故障出现时的情形、条件、如何发生及是否曾经检修过类似故障及车况等与故障有关的情况和信息。

(3)听:主要是听发动机工作时发出的异响,例如有无爆震、有无缺缸等。另外电控发动机上的电磁开关、电动机及喷油器等器件,在正常工作中都会发出某种声响;如果发现响声变小、响声无规律或根本无响声等现象,就可以判定该器件或该电路有故障。

(4)试:根据前述检查,有针对性地试车,如遇到某些症状不明显或故障时有时无的现象,还需要还原故障现象,以便进一步确定故障。一般可以采取的试车方法如下:

①振动法。某些故障现象出现间断性,时有时无,这很有可能是由于接线松动或者相关零部件振动失效,此时可以考虑采用振动法对相关线路进行试验:首先根据前面的检查确定大体的故障部位,然后仔细检查连接器两端导线是否松脱或断路,在各个方向轻轻摇动线路和插接件,或者轻拍疑似故障的零件和传感器,检查其是否失灵。注意:采用此方法时,对继电器不可用力拍打,否则可能造成继电器断路。

②水淋法。当故障大都在阴雨天气等高湿度环境下出现时,可采用水淋法进行模拟试验。建议将水喷淋在散热器前,改变发动机舱内的湿度,随后运转发动机检查是否发生故障。注意:采用此方法时,严禁使水溅落在发动机电气设备上。

③加热法。当怀疑某一部分可能是受热而引起故障时,可以用电吹风等对疑似故障的零部件进行加热,检查是否出现故障,另外此方法还能修复由于受潮而引起故障的部件。注

意:采用此方法时,要控制加热温度(尽量不大于60℃),以免损坏电子元器件。

二、简单仪器诊断

20世纪50年代初至70年代末,由于汽车的结构日趋复杂,电气设备也在逐步增多,因此,在汽车故障诊断过程中就必须借助真空表、压力表、万用表和示波器等仪器对有关总成和零件进行检测,以确定其技术状态。

这种诊断方法的优点是:诊断方法简单、设备费用低,主要用于对电控系统和电气装置的诊断。因此,这种诊断方法可用于对故障进行深入诊断。其缺点是:对操作者的要求较高,在利用简单仪表诊断时,操作者必须对发动机系统结构和线路连接情况有相当详细的了解,才可能获得满意的诊断效果。

三、发动机自诊断

由于发动机的电子化程度越来越高,动态的随机故障以及控制系统性能故障日益增多,发动机内设置了发动机自诊断(OBD)装置,主要对电气系统故障进行自我诊断。机油压力指示灯、充电指示灯等报警装置就是OBD系统的雏形,随着技术的进步,一些比较先进的电控及通信技术被应用到OBD系统的开发上来,目前比较先进的OBD系统采用信息传输效率高的CAN总线,集成在发动机ECU中,具有故障识别、储存、报警及处理等功能。系统一旦检测到部件的信号异常,便会使仪表板上的报警灯闪亮,向驾驶人报警,并将故障码储存在ECU中,以便维修时查阅,同时根据故障现象,ECU会使发动机启动故障运行模式,使车辆能行驶到可以进行维护修理的地点。目前OBD系统为故障的快捷诊断带来了极大的方便,但OBD系统还是有自身的局限性的,不能过分迷信其提供的故障码和诊断信息,还需要结合故障现象进行进一步的分析和研究。

一般OBD检测不到的故障主要包括:

(1)无法检测点火线圈失效、火花塞污染或损坏以及高压线断芯而引起的高压点火电路的故障。

(2)无法检测电动汽油泵进口滤网及燃油滤清器管路的堵塞,进油管线或回油管挤扁而引发的供油不畅,以及混合气过稀的故障。

(3)无法检测空气滤清器滤芯堵塞或节流阀工作使空气流量变化而引发的故障。

(4)无法检测汽缸漏气造成汽缸压力变化。

(5)无法检测电路系统的接插件及引脚损坏,但会产生相关传感器失效的故障码。

(6)无法检测搭铁不良,但会产生相关传感器失效的故障码。

(7)无法检测真空助力器在发动机控制系统中的真空管路的泄漏或节流,但可对进气歧管绝对压力传感器的真空度进行监测,还会记录故障码。

另外由于发动机进气系统、燃油供给油系统及电气系统中各部件是相互影响、协同工作的,因此进气系统及燃油供给油系统相关部件工作失效也会使OBD系统产生故障码,但是并不能准确指示出失效部件。比如燃油泵损坏、喷油器堵塞或进气系统漏气会导致混合气过稀,此时氧传感器电压始终处于低电位,OBD系统会判定为氧传感器故障,并设置相应的故障码;使用高比例甲醇汽油时,如果未对喷油脉宽进行调整,也会造成混合气过稀,OBD系统也会产生氧传感器故障的故障码;配气相位严重失准时,进气门在压缩行程时打开,会导致进气管内压力升高,使进气压力传感器输出电位过高,OBD系统会显示进气压力传感器故障（只针对L系统）。

图7-1 汽车OBD诊断接口

因此在维修电控发动机时应注意，由于对于某些故障，OBD系统监测不到或者无法准确核实失效部件，因此维修人员在维修时必须正确区分故障发生的部位和表现征兆，不能完全依赖故障码，这样才能迅速准确地判定和排除故障。

目前发动机自诊断系统基本都是OBDⅡ系统，其诊断接口一般安装在踏板上方（图7-1），共16针，其标准端子定义见表7-1。

汽车OBD诊断接口定义 表7-1

端子号	定 义	端子号	定 义
1	制造厂自定义	9	制造厂自定义
2	SAE－J1850通信端子	10	SAE－J1850通信端子
3	制造厂自定义	11	制造厂自定义
4	车身搭铁	12	制造厂自定义
5	信号搭铁	13	制造厂自定义
6	制造厂自定义	14	制造厂自定义
7	ISO－9141通信端子	15	ISO－9141通信端子
8	制造厂自定义	16	制造厂自定义

OBDⅡ系统诊断出的故障信息以故障码的形式储存在ECU中，是非常重要的维修资料；目前维修人员读取故障码最简便有效的方法就是采用解码器（或称故障诊断仪），如图7-2所示。早在1972年，德国大众公司便推出了类似的仪器，可以利用车辆上的诊断用传感器将信号反馈于专用的诊断仪器，可以检测出88个项目并打印结果。目前诊断仪器大都采用串行通信与车载ECU进行数据交流，比较常见的解码器有美国快捷（SNA－ON）公司的Scanner、欧普瓦顿公司生产的OTC发动机分析仪；国内也有几家公司生产出了类似的诊断仪器和设备，如深圳三源公司、远征公司、中大公司以及威宁达公司等。

图7-2 汽车故障解码器

解码器除了可以读取故障码外，还可以消除ECU中记录的故障码，解除故障灯报警；每次对故障维修后，都必须清除ECU历史记录，以防下次维修时重复读取故障码，造成故障误判，为维修带来不必要的麻烦。因此建议每次维修读取故障码时，先删除一下ECU中存在的故障码，再重新读取故障码，即可获得真正的故障码。

现在比较先进的解码器还具有实时读取数据流的功能，即可以通过解码器读取发动机的转速、进气压力信号、氧传感器信号、喷油脉宽等一系列参数。维修人员可以根据这些参数对发动机进行有效地故障判断和维修。例如：如果怀疑节气门位置传感器或者加速踏板故障，可以慢慢踩下或松开加速踏板，同时观察解码器中反映的节气门位置传感器的数据流，如果传感器信号没有变化，或者其数值变化有明显问题，则可以判定确实是传感器或者加速踏板产生了故障。然后可以有目的性地

对故障源进行进一步地查找和排除。

另外建议在发动机完好无故障时，有针对性地选择几个工况（如怠速、3000r/min 高怠速、节气门全开的大负荷等）将发动机当前的数据流打印或记录出来，作为该发动机的原始数据流；在该发动机出现问题后，选择与之前保存的原始数据流相同的工况，将此时的数据流与原始数据流进行比较，查找出有明显变化的数据，就可能是该发动机问题的所在。这样有利于迅速、准确地判断及排除故障。

四、人工智能诊断

虽然 OBD 系统对于电控发动机的故障，已经能进行一定的诊断和调整，但随着现代技术的进步，人们对汽车故障诊断技术提出了更高的要求，人们希望能利用人工智能理论和现代电子信息技术，开发出智能化的、不需要人工干预判断的、具有自适应能力的人工智能诊断仪器或系统。多家公司和科研单位已经开始着手研究利用神经网络系统、模糊控制理论、基于信号处理的小波变化方法、基于解析模型的故障诊断方法等一系列控制理论和诊断方法对发动机进行故障诊断，发动机故障诊断的人工智能化将是未来发展的方向。

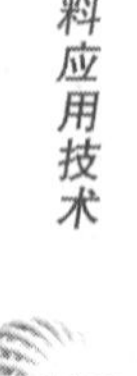

第三节　故障诊断原则及诊断流程

电控发动机相对于机械控制的传统发动机构造精密而复杂，其故障的诊断也较为困难。根据电控发动机系统工作原理及维修经验，我们总结出了电控发动机故障诊断几项原则，维修人员在诊断故障时若能借鉴或遵循这些原则，并将其与上文介绍的诊断方法灵活结合应用，有助于节省维修时间，提高故障诊断工作效率。

一、先备后用

电子控制系统部件性能好坏一般是根据其输出的电信号（电压、电阻值）来判断，如果知道这些器件的正常输出信号值，则会使故障判断及维修省时省力。因此在检修该型车辆时，提前应准备好维修车型的有关检修数据资料，或者利用解码器或其他信号检测工具（如示波器、万用表等）对相同的、无故障发动机的有关参数进行采集，并记录下来，进行比较，查出故障原因。建议平时就要收集相关资料或者用仪器记录良好发动机的相关参数，方便维修使用。

二、先思后行

对发动机的故障现象先进行故障分析，分析可能的故障原因有哪些，理清检修思路，避免对与故障现象无关的部位作无效的检查，防止对可能造成故障的部件漏检，或者进行过多的重复检查，减少维修时间、避免使维修复杂化。

三、代码优先

目前电控发动机一般都有故障自诊断系统。其提供的故障码可以帮助维修人员指明维修方向，提高维修效率；因此维修人员应该善于利用自诊断系统提供的故障码进行故障诊断，但也不能完全依赖自诊断系统的判断，还是要结合故障现象“先思后行”。

四、先熟后生

根据发动机结构特点及长期的维修经验，我们得知，发动机的某些总成或部件出现故障的概率较大，常常造成一些特定的故障现象，有经验的维修人员在碰到相应的故障现象时，应先对这些常见故障部位进行检查。若未找出故障原因，再对其他不常见的可能发生故障的部位予以检查。这样做，可以迅速地找到故障原因，省时省力。

五、先简后繁

在诊断发动机故障时，哪个部件的检查方法越简单，越省时，就先予以检查及排除故障。这样可以有效节约检修时间。

根据诊断原则和诊断方法，可以确定基本诊断流程如图 7-3 所示。

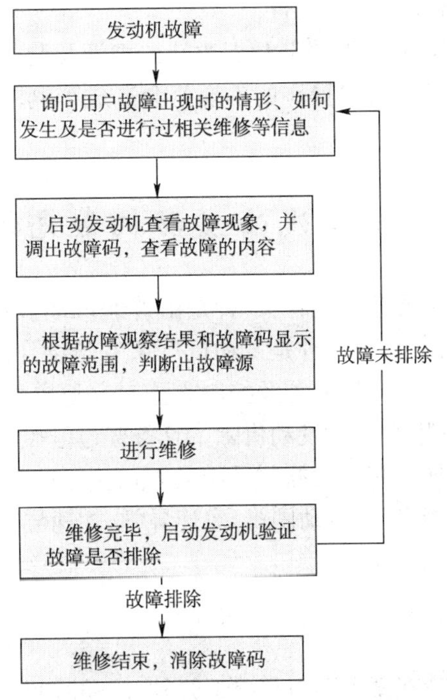

图 7-3　发动机故障基本检修流程

第四节　电控发动机故障诊断维修注意事项

电控发动机由于其器件较为精密，因此在故障诊断及维修时一定要小心谨慎，避免对一些器件造成不必要的损坏。此处列举了一些维修人员需要注意的事项，希望能给维修人员的工作提供帮助。

(1)严格按照要求使用电源。安装蓄电池时极性必须正确，否则会烧毁电子元件。尽量不要使用跨接电路的方法来启动发动机。

(2)对电控系统进行检修、更换操作前，除非维修需要，最好在拆除蓄电池的搭铁线后操作。如发动机需要进行电弧焊接，一定要拆除蓄电池搭铁和电源线。注意：在断开蓄电池供电之前，先用解码器读取故障码，因为长时间(5～10min)断开蓄电池供电，会使 ECU 内存储的故障信息消失，对于诊断某些偶发性故障时，这样会造成不必要的麻烦。

(3)检修时，不论发动机是否运转，只要点火开关接通，除非维修需要，最好不要断开任何正在工作的电气部件，以防止产生过电压，损坏元器件。

(4)不可用水冲洗微机控制单元和其他电子装置，如有需要，可在发动机停机冷却后，使用无水乙醇轻轻擦洗电子装置。另外要保证发动机存放地点环境的湿度不宜太大，以防电子器件受潮失效。

(5)严禁电控系统部件(尤其是ECU)受到剧烈的机械冲击振动。

(6)对ECU及传感器、执行器等进行检修时，操作人员须预先消除人体静电，可以选择佩戴接铁金属带，将其一端缠在手腕上，另一端夹到车身上，这样可以避免静电造成微机系统的损坏。

(7)使用万用表、示波器等仪器测量信号时，尽量选用高阻抗的仪器或者选用发动机检测专用设备进行检测，以免损坏电子器件。

(8)发电机严禁在空载下检测，以防烧毁整流二极管及调节器。

特别警示：汽车故障诊断、维修操作的不规范会造成车辆的损坏与人身伤害，请相关人员务必进行有效保护与高度重视。

第五节　甲醇汽油发动机常见故障排除

目前甲醇汽油发动机主要分为两种：一种是由普通汽油机通过外挂控制器及其他装置进行改装的甲醇汽油发动机；另外一种是发动机厂家专门设计制造的甲醇汽油发动机。其中专门制造的甲醇汽油发动机结构原理及控制方法与普通电控汽油机基本一致，其故障排除方法也基本一致；改装的甲醇汽油发动机除了具备普通电控汽油机的故障源，在发生某些故障时还要考虑是否是外挂甲醇汽油控制系统是否产生了故障。一般而言，甲醇汽油发动机常见故障包括发动机不能启动、启动困难、怠速异常、加速异常等，下面我们就针对这些故障的排除方法和流程进行一一介绍。

一、发动机不能启动

发动机不能启动的故障现象主要包括以下几种：启动时起动机带动发动机转动缓慢，这种情况基本可以判断是起动机电路部分故障或者蓄电池储电不足，此处不多介绍。另外还有起动机可以拖动发动机但是无启动征兆以及有启动征兆但发动机依旧不能正常运转两种情况，此处针对这两种故障现象的诊断排除方法进行介绍。

1. 发动机不能启动，且无启动征兆

发动机出现这种故障，原因一般是发动机的点火系统、燃油系统、控制系统或机械系统之一或多个完全丧失功能，其检修流程如图7-4所示。此时的故障诊断和排查应该集中在以上四个系统中。

(1)出现此故障现象时，首先要打开点火开关，通过燃油表观察油箱内是否还有燃油，如果油箱内没有燃油，应加注燃油后启动。

(2)要确定驾驶人的启动方法是否正确。电控喷射式汽油机在启动时不可猛烈踩踏加速踏板(一般不能高于80%)，否则会造成发动机无法启动。另外需要注意车辆是否带防盗系统，需要在启动前解除防盗功能才能顺利启动，配备自动变速器的车辆，启动时变速器要置于停车(P)挡位置。

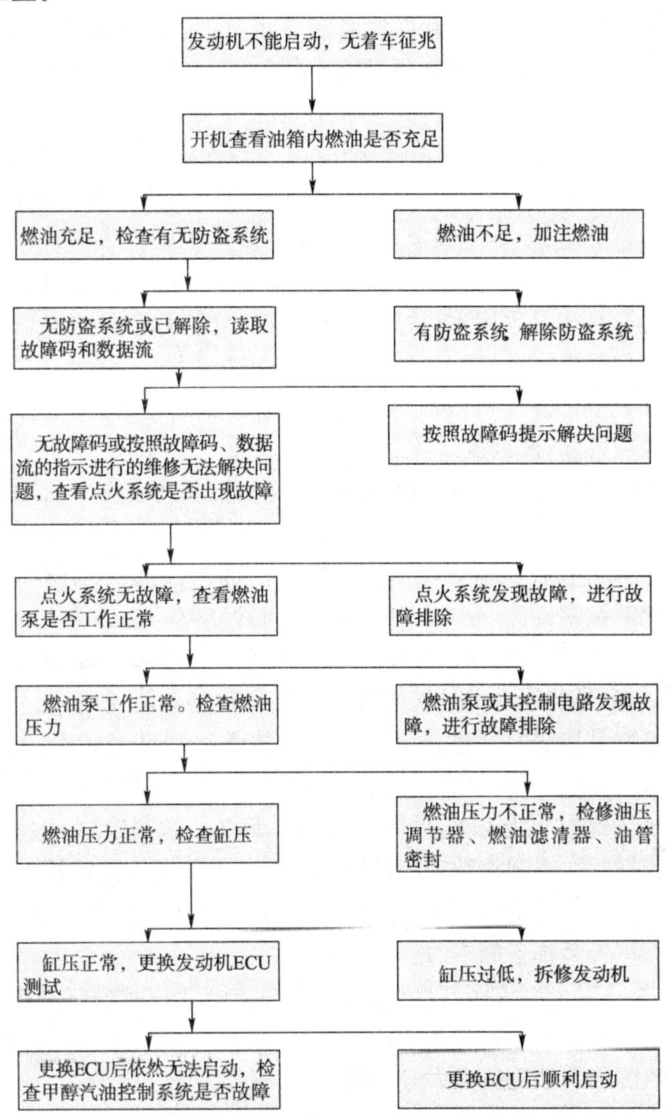

图 7-4 发动机无法启动且无着车征兆检修流程

(3)查看故障码，OBD 系统可以检测出曲轴位置传感器、点火器以及喷油器故障导致的发动机无法启动现象，如果出现相应的故障码，就需要对这三处进行检查和维修，如果某些 OBD 系统无法产生点火器和喷油器故障码的话，则需要对这两部分进行进一步的检查，以排除故障。

(4)点火系统不能点火会造成发动机无法启动，一般是由于无法产生高压火花或者火花强度不够以及点火正时失效引启的。因此，此处首先需要对火花塞进行跳火试验，查看火花强度，若无火花产生或者火花强度太弱，则需要查看点火系统的线路、火花塞等部件是否出现故障，并进行故障排除；如果点火系统的部件未出现故障，则需要查看点火正时是否与标准值相差太大，这也会造成发动机无法启动。

(5)燃油泵工作异常也会造成发动机不能启动。打开点火开关后，可以通过用手捏住进油管，感受泵油产生的油压脉动；也可以拆开回油管，查看是否有燃油流出的方法来判断燃油泵是否正常工作。另外在打开点火开关后，燃油泵运转时会产生“吱吱”的声响，高比例甲醇燃料这种声响稍大些，油泵泵油持续时间也稍长点，如果没有声响，也说明燃油泵不工作。如果燃油泵不工作，应检查熔断丝、燃油泵继电器及相关电路等。如果电路正常，则需要更换燃油泵来排除故障。

(6)如果点火系统及燃油泵电路正常，则应进一步检查燃油系统压力是否达到正常压力，一般处于0.28～0.35MPa，如果油压过低，可以将油压调节器的回油管用钳子夹住或堵住，此时若燃油压力迅速上升，则可判定是油压调节器已经损坏，需要更换；若油压上升缓慢或者不上升，则说明油路堵塞或电动油泵故障，需要对燃油滤清器和油泵进行进一步检查。另外在使用甲醇汽油时，如果采用不达标的燃料，很容易造成燃油供给管路、喷油器、燃油泵堵塞，这需要使用者尽量选用合格的甲醇汽油，另外注意在第一次使用甲醇汽油前需要对供油系统进行全方位的清洗(新车可以不用清洗)，以防止油路里的杂质混入甲醇汽油中造成堵塞、加剧管路和橡胶件腐蚀、溶胀。

(7)若上述检查正常，则需要检查汽缸压力，若汽缸压力低于0.8MPa，则需要拆检发动机。

(8)若发动机使用外挂控制器燃用高比例甲醇汽油时，因为控制器是在控制发动机的燃油供给系统，因此若控制器完全损坏、接线断开、电源断路等也会造成发动机无法启动，也需要对控制器的相关电路进行检修。如果手头有备用控制器和接线，可以更换一套全新控制器查看是否是其故障导致发动机运转失常。如果有控制器的说明书，可以进行以下的简单测试：首先可以根据其接线定义检查12V供电和搭铁接线是否正常；控制器与喷油器之间的控制线路连接是否正常。如果有示波器，可以查看控制器信号输出线路是否持续输出脉冲信号(信号特征为高电平为12V、低电平为0V、低电平脉宽较窄)，并与发动机ECU输出的喷油器信号比对的话，甲醇汽油控制器输出的低电平脉宽应该略长于发动机ECU输出的喷油信号；如果以上检查均无问题，则需要联系厂家技术人员协助维修。

2. 有着车征兆，但发动机不能启动

发动机产生此类故障可以说明其点火系统、燃油系统和控制系统其中之一或多个系统有可能工作失常，但并没有完全丧失功能，一般引起故障的原因包括高压火花太弱、点火正时不准确、混合气浓度偏差理论值太大等，其检修流程如图7-5所示。

(1)根据“代码优先”的原则，建议先调取故障码。根据故障码查找故障原因。一般涉及到此类故障的故障码包括曲轴位置传感器信号异常、凸轮轴位置传感器(如果有的话)信号异常、冷却液温度传感器信号异常、空气流量传感器(或进气温度压力传感器)信号异常等；若出现此类故障码，则可以按故障码指示检修相关电路。

(2)进行跳火试验检查发动机火花是否足够强，若火花太弱，则可以考虑更换点火线圈进行维修。

(3)检查发动机的进气系统。首先可以查看空气滤清器是否堵塞，若空气滤清器堵塞严重，而且拆掉空气滤清器后能顺利启动，则更换空气滤清器滤芯。若空气滤清器没有问题，则需要检查进气管路有无漏气，严重的漏气会导致混合气过稀，造成发动机无法启动。

(4)检查发动机喷油量是否正常，过多或过少的喷油量都可能引发点火失败，造成发动机无法启动。检查方法可以通过卸下火花塞，查看火花塞上是否有未燃的燃油来判断：若有少量的燃油，则说明喷油量太少，这时需要检查发动机燃油泵电路系统以及燃油压力是否正常；若有火花塞已被燃油浸湿，出现“淹缸”的现象，则需要先清理淹缸，然后检查喷油器是

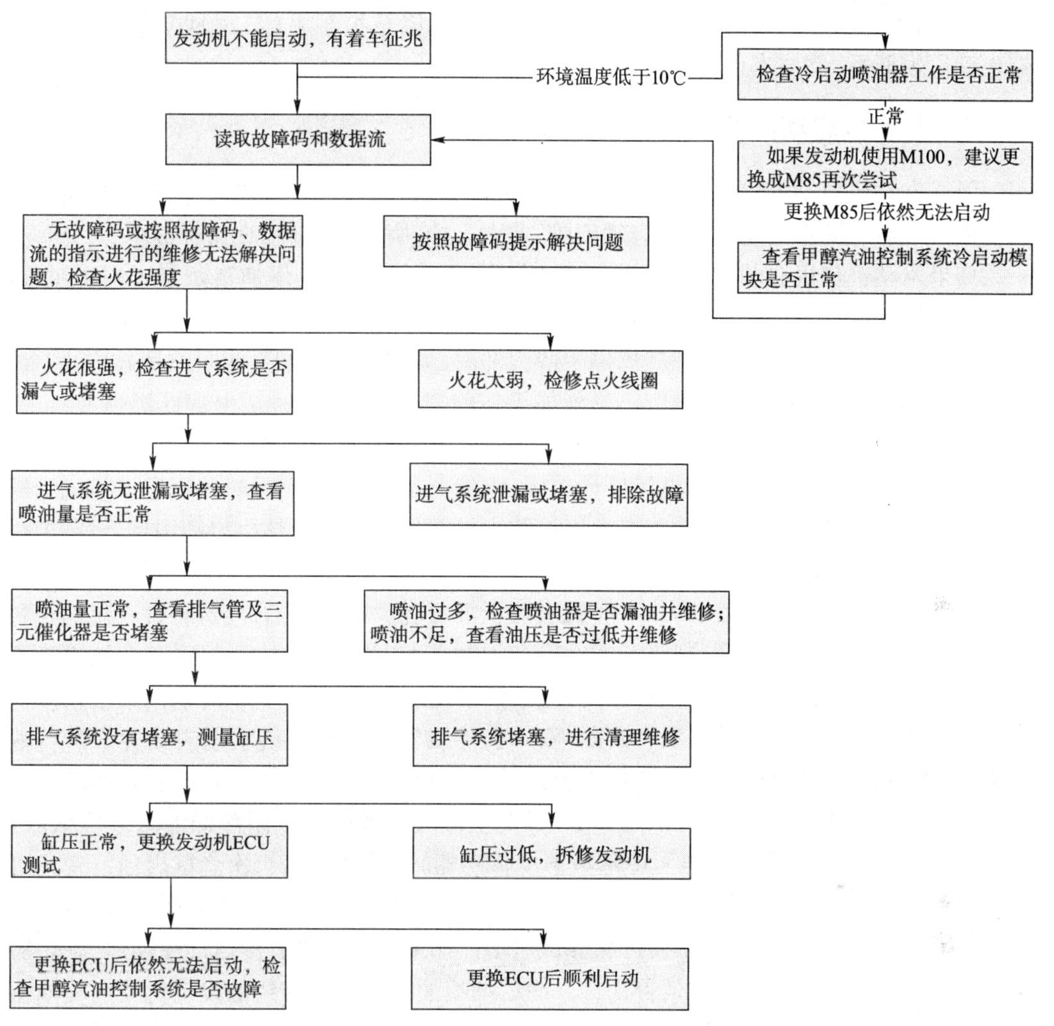

图 7-5　发动机有启动征兆但不能启动的检修流程

否漏油。

(5)排气管堵塞也会造成发动机启动困难甚至失败,对这种情况的检查可以通过拆下排气管,若发动机顺利启动,则说明排气管堵塞造成了启动失败,需要对排气管进行清理。也可以通过检查进气系统真空度来排查:拔掉进气管上的真空管,感觉吸力大小,若吸力较小,说明排气管堵塞;或者可以启动发动机,使其进入怠速状态,然后开启节气门使发动机转速达到 2000 ~2500r/min,此时迅速关闭节气门,若检测到进气管真空度从 80kPa 突然降至 0kPa,说明排气系统有堵塞,对进气产生了阻流,需要进行清理和维修。

(6)若上述检查都无问题,此时需要对汽缸压力进行检测,若发现汽缸压力低于 0.8MPa,则需要对发动机进行检修。

(7)某些发动机,为了适应低温环境,专门设置了冷启动喷油器,若此类发动机低温环境下出现冷启动困难或无法启动的情况,需要查看冷启动喷油器电路部分是否出现短路或喷油器故障的问题。另外当发动机燃用高比例甲醇汽油时,在低温条件下也容易产生启动困难甚至无法启动的问题,我们推荐在低温天气下(5℃以下),尽量避免使用 M100,最好是使用冷启动性能较好的 M85 甲醇汽油;在选用外挂控制器时,也要选择带有冷启动功能的控制器；另外如果控制器的冷启动系统（包括传感器以及控制电路）出现问题，最好与控制器生产厂家联系，请技术人员进行检修或调整。

二、发动机启动困难

引发发动机启动困难的故障一般来自于燃油系统，对其进行诊断时，应该注意分清发动机是热机时启动困难还是冷机时启动困难，或者无论热机冷机都出现这种现象。

如果发动机热机启动困难，冷机正常，则首先要考虑发动机供油系统是否产生了气阻，此时可以将车辆移至阴凉地区，平时车辆停放时也注意不要被太阳直接暴晒，待发动机冷却后，再次启动尝试。另外使用中低比例甲醇汽油时，如M30、M50等，相对汽油较容易产生气阻，因此此类燃料并没有予以推广。另外如果在使用M15、M85时也出现此类情况，可以判定是调配甲醇汽油的基础油的理化指标（主要指饱和蒸气压和馏程）不合格，需要更换燃料再次启动尝试。另外冷却液温度传感器故障、喷油器漏油、控制燃油蒸发回收系统的碳罐电磁阀故障、油压过高等故障造成的混合气过浓也可能导致发动机热机启动困难，也需要根据故障码和故障现象进行一一排除。

如果发现发动机冷机启动困难，热机启动正常，我们可以从混合气过稀这个思路进行故障排查。对于普通电喷车辆，则要考虑冷启动加浓系统是否出现故障。冷启动加浓系统可引发此类故障的部件包括冷却液温度传感器、喷油器、部分车辆还包括冷启动喷油器。冷却液温度传感器故障发动机低温状态判断为高温，导致发动机以热机状态启动并未进行混合气加浓，则导致启动困难，检修方法可以更换传感器再次尝试，如果发动机上使用的是热敏电阻型冷却液温度传感器，也可以用2kΩ（针对负温度系数热敏电阻冷却液温度传感器）或0.5kΩ（针对正温度系数热敏电阻冷却液温度传感器）替换传感器再次尝试启动。发动机喷油器堵塞或雾化不良，导致冷启动时混合气过稀，需要将喷油器拆下，检查喷孔有无堵塞，如果发现堵塞，可以进行清理或更换再次尝试启动。如果发动机带有冷启动喷油器，则还需要检查发动机冷启动喷油器工作是否正常。冷启动喷油器与上文介绍的发动机常用喷油器结构原理一样，大都是采用的电磁阀式控制机构，外端有两根接线，一根是12V的常电源，另外一根是信号控制搭铁；打开点火开关，电源线就应该可以测出有12V电源，另外一端与搭铁断路，如果有示波器，可以启动发动机，用示波器查看搭铁信号是否正常传输，如果信号正常，则需要考虑查看冷启动喷油器是否堵塞或者线圈损坏（可用万用表测量喷油器电阻值，正常值不超过10Ω）。

另外对于甲醇汽油发动机，由于甲醇的汽化潜热较大，高比例的甲醇汽油，如M85，在低温时容易造成燃油雾化不良，导致混合气过稀，引发冷启动困难。因此要选用带有冷启动功能的甲醇燃料控制器，如果仍然出现冷启动困难问题，则需要更换控制器及相关传感器查看是否是控制器故障，或请求控制器制造厂家指派维修人员进行检修。

如果发动机无论热机还是冷机启动都出现困难，则需要根据以下流程进行详细的检查（图7-6）。

（1）首先读取故障码，并按故障码指示查找故障原因。如果之前已经存储发动机正常状态的数据流，推荐对比数据流查找原因，其中需要重点观察冷却液温度传感器、进气温度传感器、进气压力传感器（或进气流量传感器）的数据流是否发生明显变化或产生故障码。

（2）如果发动机启动时，启动机拖动发动机转速较低，首先要检查蓄电池储电是否充足，在发动机启动瞬间，蓄电池电压下降后不应低于10V，如果太低，则需要充电或更换电池再次进行启动测试；另外要检查起动机及其控制电路是否正常。

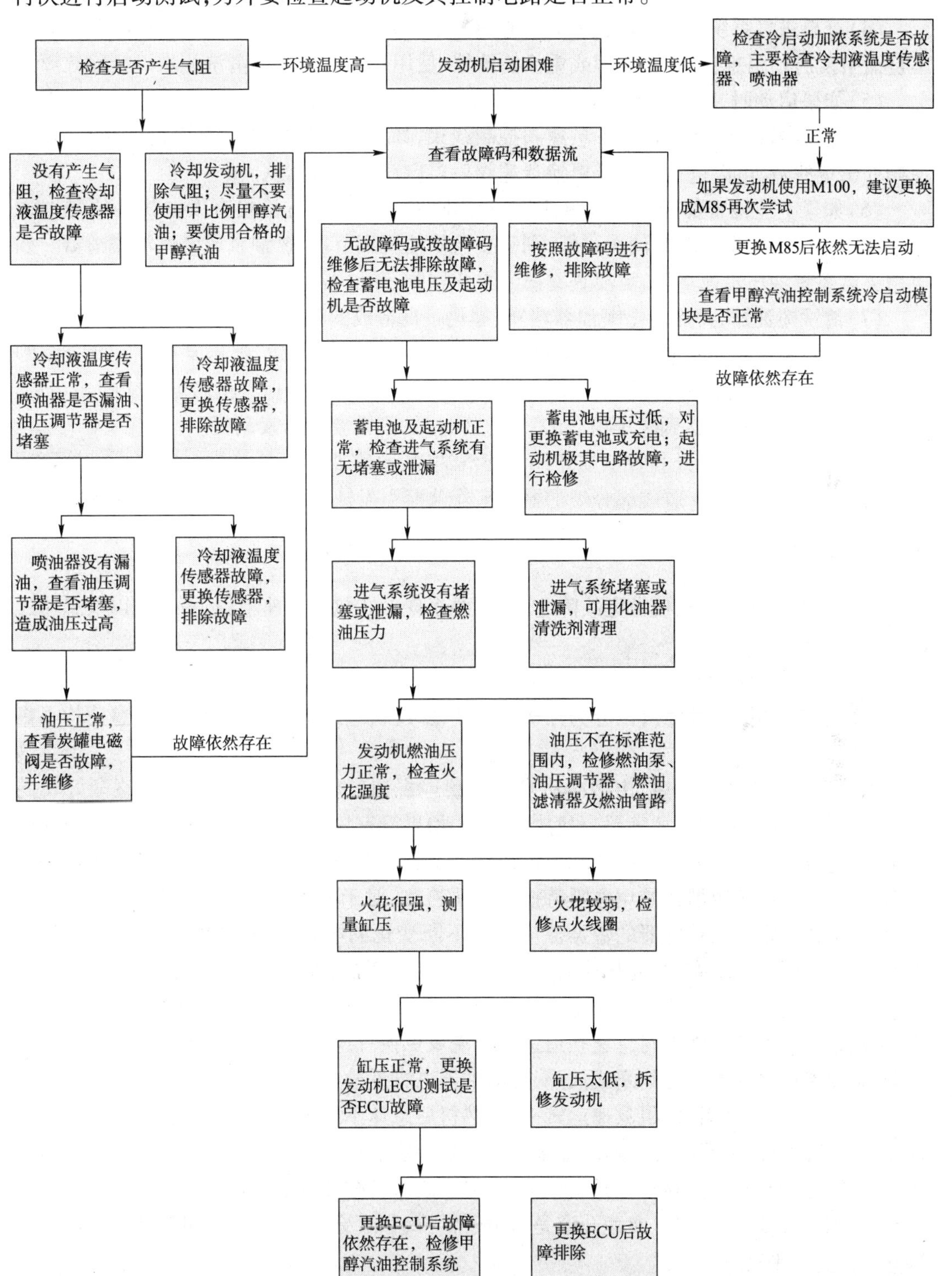

图 7-6　发动机启动困难检修流程

（3）将发动机启动后，在怠速工况下检查进气管密封，若能听到明显的漏气声或真空度小于 66kPa，则需要进行漏气检修，主要检查进气管接头、衬垫、真空管、燃油蒸发回收系统等部位，检修完毕后再次启动发动机查看。

(4)查看进气系统的空气滤清器是否堵塞、进气管及气门是否产生积炭，从而造成进气不良而引发启动困难，必要时清理或更换滤清器、使用化油器清洗剂清洗积炭以排除故障。

(5)如果启动时，略微踩动加速踏板，可以顺利启动，则需要检查怠速阀是否堵塞或故障。可以在冷车怠速运转时，拔下怠速阀控制线束，如果发动机转速没有变化，则确定是怠速阀处出现故障，可以进行清理或更换怠速阀后再启动发动机测试。

(6)如果上述检查都未发现问题，则需要按照上文介绍的方法检查发动机油压是否达到了标准范围。如果运转时油压过低，则需要检修油压调节器、燃油泵或者燃油滤清器。如果熄火后系统油压迅速下降，需要查看燃油泵止回阀、喷油器或者供油管路是否发生泄漏。

(7)清洗喷油器，排除由于喷油器堵塞、雾化不良造成的混合气过稀引发的启动困难。

(8)火花强度对启动时间有明显影响，如果上述检查没有问题，则需要按照上文介绍的方法检查火花强度，如果火花强度太弱，会使启动困难，此时需要重点检修点火线圈。

(9)查看缸压是否达到标准值，如发现缸压过低，则需要拆修发动机。

(10)若发动机采用外挂控制器燃用甲醇汽油时，也需要检查外挂控制器是否有故障或信号通信线路发生短路，造成部分喷油器不工作从而引发缺缸现象，最终导致启动困难。

三、怠速不良

怠速不良是电控发动机常见故障之一，主要表现形式包括怠速不稳、易熄火以及怠速过高等。

1. 怠速不稳，易熄火

怠速不稳、易熄火故障可以分为热机怠速不稳、冷机怠速不稳和无论冷热机怠速均不稳三种情况。

如果发动机正常启动后，出现冷机怠速不稳或怠速过低，热机后怠速状况逐渐好转的话，首先查看故障码，根据故障码查找故障原因，如果没有故障码，则需要重点检查以下几个部位：首先查看冷却液温度传感器和前氧传感器是否故障，对于冷却液温度传感器可以采取数据流对比、更换传感器或使用电阻替换的方法检查；对于前氧传感器，可以通过查看数据流检查：工作正常的氧传感器的数据流应该是不断变化的电压信号，其电压值在0～1V不停增大而后降低，循环变化，变化速率为大约每秒变化2次；如果冷却液温度传感器和前氧传感器正常，则要检查怠速控制阀是否故障，导致冷机怠速时的进气量异常，导致运转不平稳，可以采用化油器清洗剂对怠速孔道进行清洗或更换怠速阀进行检查；如果上述检查均无问题，则要考虑喷油器是否堵塞或故障，对喷油器进行拆检和清洗，然后再次查看。

如果发动机启动后，冷机怠速运转平稳，热机后怠速不稳定、过低或者熄火后，首先按常规流程，排除故障码上显示的故障；如果问题依旧存在，则需要像上文一样检查冷却液温度传感器、怠速控制阀以及喷油器是否故障，并对发现故障的部位进行故障排除；如果问题依旧存在，则需要检查进气门、怠速孔道是否由于污损、积炭导致怠速过低，可以通过清洗污物调整怠速直至平稳。

发动机如果在冷机和热机情况下都出现怠速不稳、熄火的问题时，需要通过以下步骤对其进行检修，其检修流程如图7-7所示。

(1)首先查看故障码和数据流，其中重点需要查看冷却液温度传感器、节气门位置传感器、前氧传感器以及怠速控制阀是否产生故障码或其数据流发生明显变化，根据自诊断系统的提示对故障部位进行检查维修。

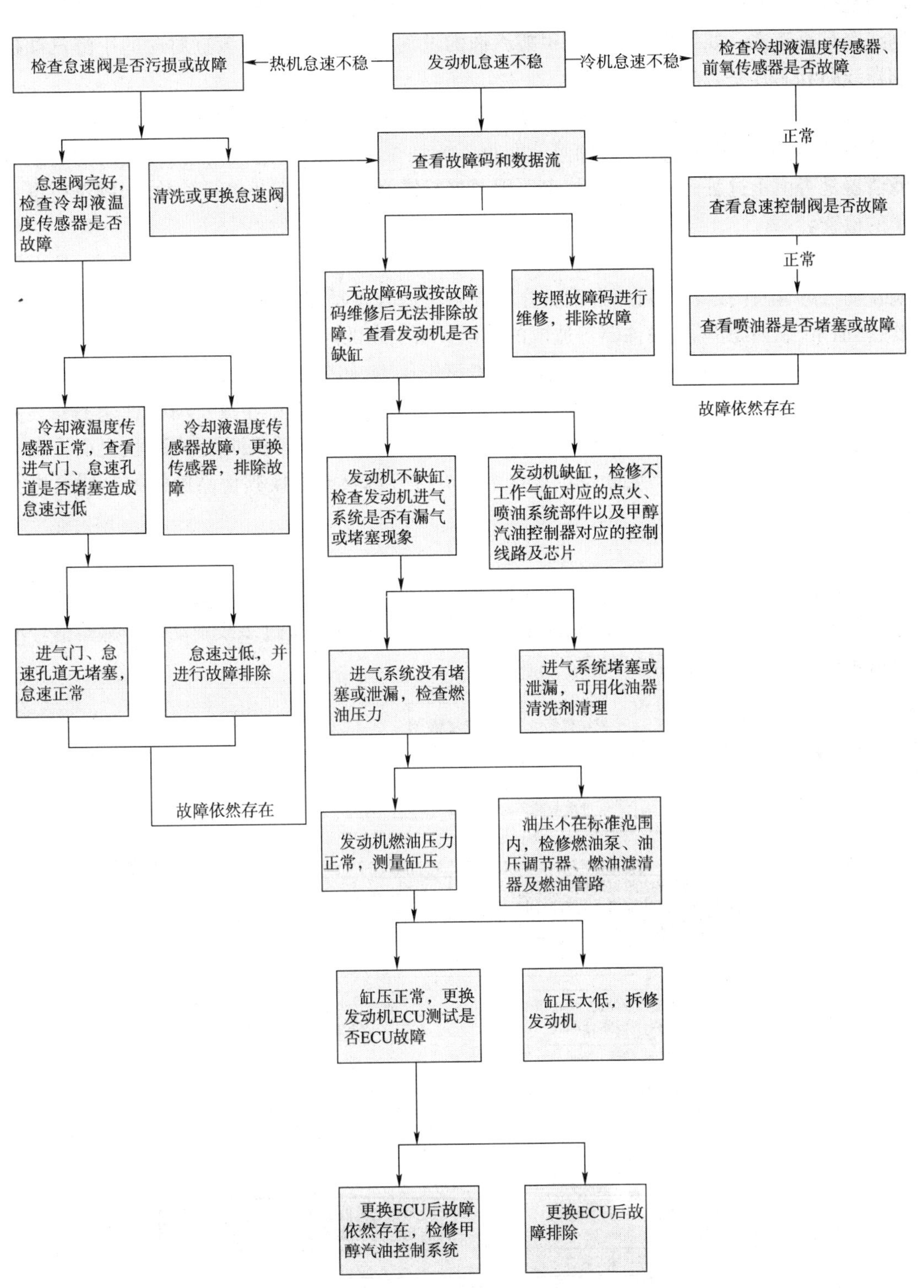

图 7-7　发动机怠速不稳检修流程

(2)查看发动机是否“缺缸”。查看方法可以通过逐缸断开高压线或喷油器控制线束(只针对多点喷射系统)，观察在拔掉某缸线束时，发动机转速没有发生变化或抖动，说明该缸工作不正常或者没有工作，此时应该检查此缸对应的火花塞是否间隙过大、积炭过多，高压线是否漏电或击穿（正常高压线电阻应不大于25kΩ），点火线圈是否故障，喷油器及其控制线路是否正常。如果是改装燃用甲醇汽油的发动机，则需要检查该缸对应的甲醇汽油控制器线路和芯片是否故障。

（3）由于漏气或堵塞引发的进气量的改变也会造成发动机怠速不稳，这需要检查进气系统的管路接头、真空管以及燃油蒸气回收系统是否发生漏气；进气门是否产生积炭、空气滤清器是否由于过脏而堵塞。查找出原因并进行维修，如果依旧不能排除故障，则进行进一步的检查。

（4）燃油系统供油不足或过多造成的混合气过稀或过浓也会导致燃烧不正常，从而影响发动机怠速时的运转。可以按上文介绍的方法检查发动机供油压力，并排除因油压调节器、燃油泵、燃油滤清器、喷油器等造成的油压异常引发的问题。

（5）如果上述检查均无问题，则需要检查汽缸压力，如果压力过低，则需要拆检发动机。

（6）更换发动机ECU以及甲醇汽油控制器，查看其是否故障导致发动机怠速不稳。另外对于某些厂家的甲醇汽油控制器，由于其所调整的参数对发动机匹配不良，也会引发发动机怠速不稳的情况，此时需要联系厂家技术人员进行调整或更换其他品牌的控制器再进行测试。

2. 怠速过高

怠速过高是指发动机冷机时是以高怠速运转，但发动机热机之后，怠速依然很高，没有降低到正常值。引发这种故障的原因主要是由于怠速时进气量过多或发动机传感器信号出现错误引起的，其检修流程如图7-8所示。

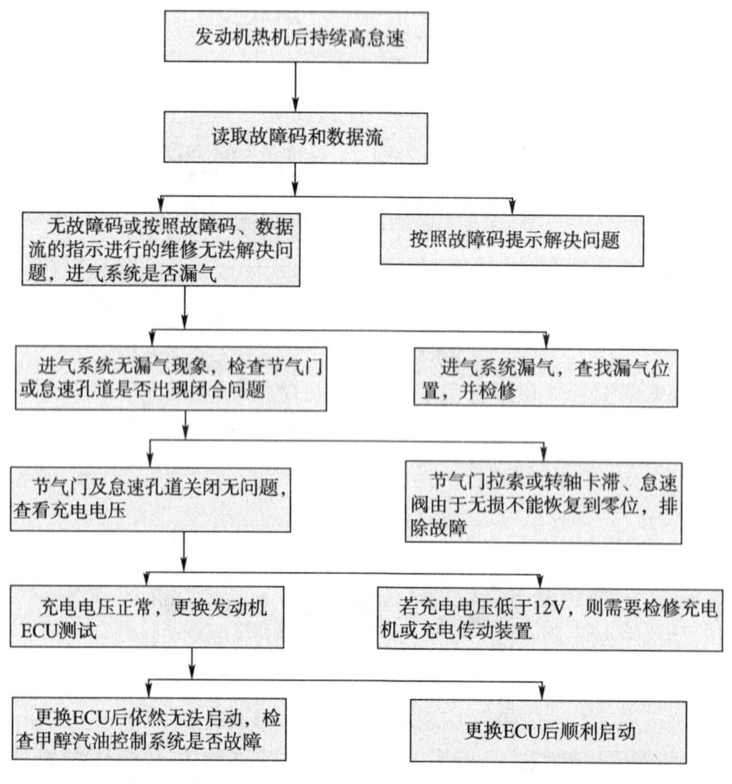

图7-8　发动机怠速过高检修流程

（1）引发进气量过多的原因包括进气系统漏气及由于节气门拉索、转轴卡滞导致的节气门关闭不严、怠速阀密封不严等原因。这些问题比较容易观察并维修。

（2）发动机传感器信号出现错误引发故障的情况主要包括：冷却液温度传感器故障导致热机后发动机还判断为冷机，依然采取高怠速暖机策略，此故障可以通过查看数据流或测量冷却液温度传感器在冷热机时的电阻值变化来判断，并予以维修；怠速阀控制信号出现错误，导致其行进步数过多，怠速孔道开度过大，也会造成热机高怠速，此故障可以通过查看数据流或更换新怠速阀予以确认和维修；另外节气门位置传感器信号以及进气流量（压力）传感器信号错误也会造成怠速过高，此故障信息如果不能从故障码上读出，可以更换一个新的传感器，再进行测试。

（3）另外发电机故障或发动机传动带打滑导致充电电压过低（低于12V）的话，也会使ECU误认为蓄电池充电不足，进入高怠速模式，这时需要对发电机输出电压检测，如有故障，对其进行检修。

四、发动机加速不良

发动机加速不良主要有两种情况：一是踩下加速踏板后，出现转速波动，发生“回火”、“放炮”的现象，我们称为加速不稳；其二是踩下加速踏板后，加速迟滞、无力，无法达到最高转速，这种故障多出现在高比例甲醇燃料车辆上。

1. 加速不稳

（1）首先通过采集故障码，对比数据流的方法，查看进气流量（压力）传感器、节气门位置传感器、前氧传感器、喷油器、点火线圈电路是否有故障，并按自诊断系统的提示进行检修。

（2）如果没有故障码或者按故障码提示检修无效，则需要观察加速时的故障状况，如果猛踩加速踏板，转速波动，出现“回火”现象，即混合气在进气管处燃烧，并发出剧烈的响声，也称作“前燃”，基本可以判断是混合气过稀造成的；首先要确定是否有喷油器断路造成“缺缸”现象。如果没有断路现象，则需要查看喷油器是否堵塞、供油压力是否过低，造成供油不足，从而引发混合气过稀，加速时产生“回火”，造成转速波动；按照上文介绍的方法对供油系统相关部件进行检修，并排除故障。如果按照上述检修后依然存在问题，则需要查看进气系统是否存在漏气，造成进气过多，引发故障；检修过程也按照上文介绍的方法进行。另外对于燃用高比例甲醇汽油的发动机而言，如果没有进行相关改装的话，混合气过稀，很容易出现“回火”现象，（此时经常出现前氧传感器故障，实际是由于燃料性能引发的，传感器工作是正常的）；因此如果安装有外挂甲醇汽油控制器的发动机，产生此故障时，还需查看控制器的控制参数是否合理、是否出现个别控制信号没有传输到位的情况。

（3）另外猛踩加速踏板，有时会出现“放炮”现象，发动机转速也会随之波动。所谓“放炮”，即由于发动机排出的尾气中含有大量未燃尽的燃料，在排气管中继续燃烧，并发出剧烈的响声，也成为“后燃”，这种现象是由于发动机混合气过浓造成的。因此首先需要确定是否由于点火系统故障，造成某缸点火失败，造成“缺缸”，排出大量未燃混合气，这时需要查看点火线圈、高压线及火花塞是否故障。如果点火系统工作正常，则需要查看喷油器是否出现漏油现象，造成喷油过多。

（4）如果上述检修没有解决问题，还需要查看排气管、三元催化转换器是否堵塞，排气系统堵塞也会造成加速波动现象;如果发现排气系统有堵塞,则对其进行清理和维修。

发动机加速不稳检修流程如图 7-9 所示。

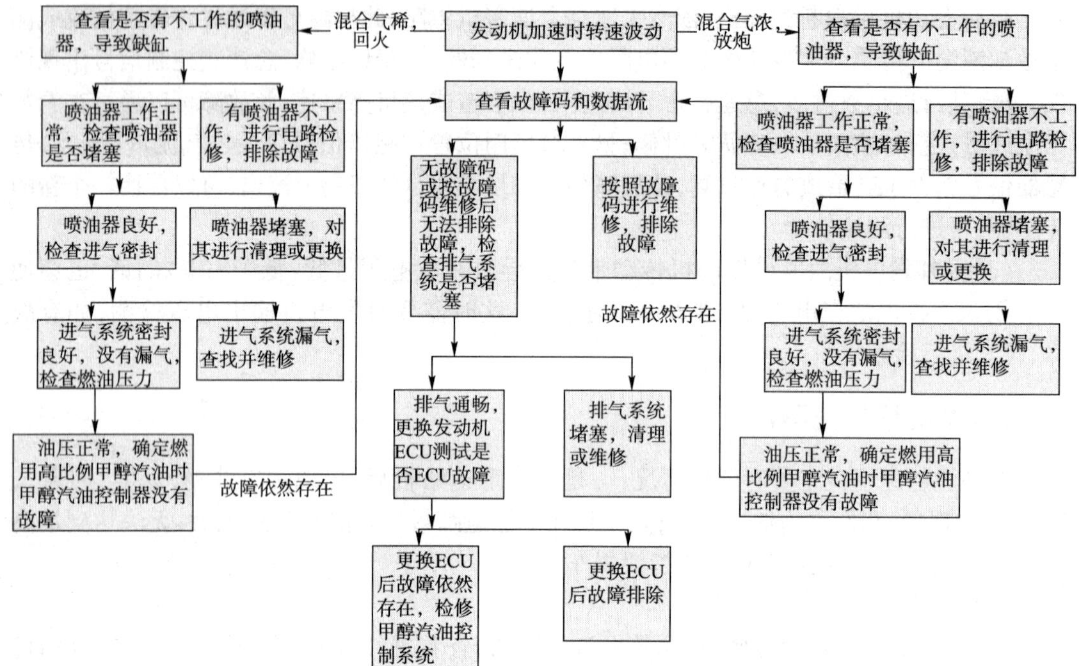

图 7-9　发动机加速不稳检修流程

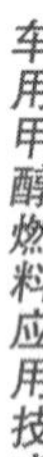

2. 加速无力

(1)首先按常规流程调取故障码,比对数据流,查看冷却液温度传感器、进气流量(压力)传感器、节气门位置传感器、前氧传感器、爆震传感器、喷油器、点火线圈电路是否有故障;并按自诊断系统的提示进行检修。

(2)检查加速踏板是否出现卡滞、节气门无法开启到最大等问题,并进行相应的修理。

(3)检查进气管路、空气滤清器是否出现堵塞,导致进气不良,影响加速性能,并进行相应修理。

(4)通过断油或断火判断是否由于点火和喷油系统故障造成缺缸,并进行维修。

(5)检查燃油压力,查看是否由于燃油泵、油压调节器、燃油滤清器等造成油压过低;拆看喷油器是否出现堵塞故障;并进行相关清理和维修。

(6)点火正时不准确也会造成发动机加速无力的现象:使用点火正时灯查看怠速时的点火提前角,应该为 10°~15°,加速时点火提前角能提前至 20°~30°(最好参照标准的数据流记录);如果测量值与标准值差别较大,则说明点火正时出现问题导致发动机加速不良;这时需要检查曲轴位置传感器的安装位置是否发生变化,信号盘是否发生错动、变形,爆震传感器是否有故障,发动机 ECU 是否有故障等;并对其进行检修,排除故障。

(7)如果加速无力现象出现在夏季高温环境中,而且故障出现后发动机熄火,冷却一段时间后故障消失,但运行一段时间后又会出现,则产生故障的原因可能是供油系统出现气阻,导致发动机供油不足,动力下降,加速无力。对于使用甲醇汽油的发动机而言,出现此种情况需要注意两点:其一是尽量不要使用中比例甲醇汽油,如 M50;其二是使用符合燃料标准的 M15 和 M85，尽量不要采用轻质组分油调配的甲醇汽油。

(8)如果上述检修均无法排除故障，则需要查看排气管、三元催化器是否堵塞，并进行相应的检修。

(9)检查发动机缸压是否在标准范围内，如有问题，对其进行拆修。

(10)如果采用外挂控制器的甲醇汽油发动机出现加速无力的问题，首先确定外挂控制器正常运行，且其控制参数要符合燃料的要求；如果甲醇汽油控制器出现故障，可以更换后再进行测试。

发动机加速无力检修流程如图 7-10 所示。

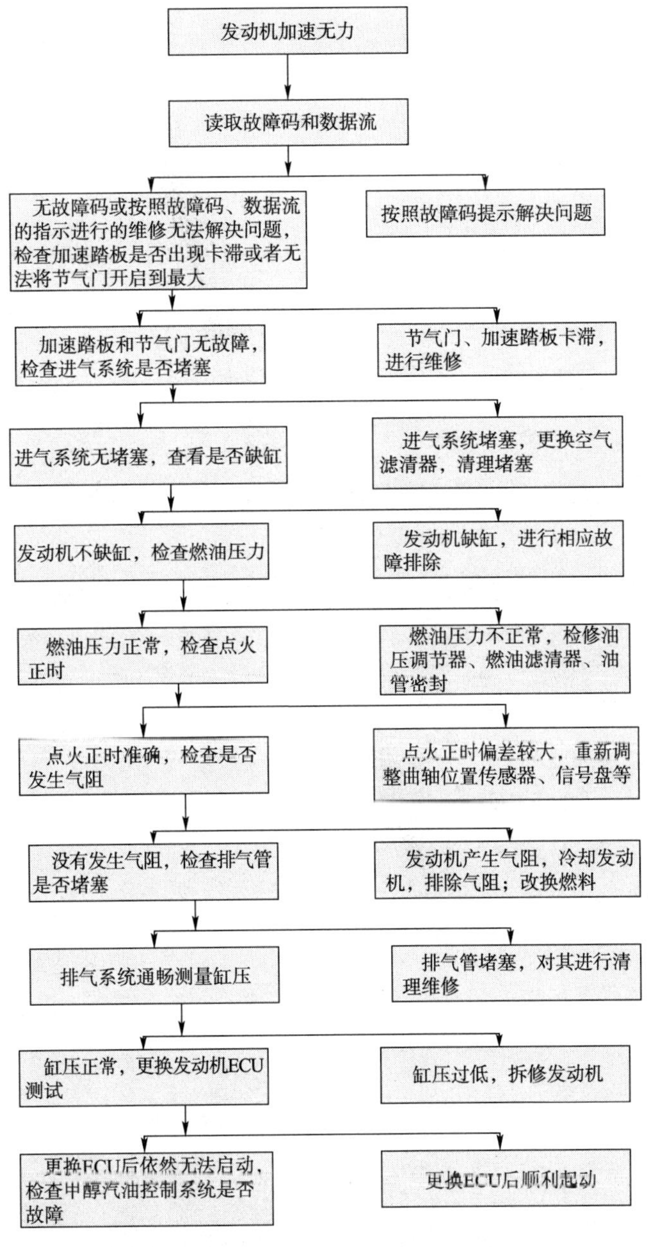

图 7-10　发动机加速无力检修流程

复习思考题

1. 采用“振动法”、“水淋法”、“加热法”试车时需要注意的事项是什么?
2. 发动机自诊断系统不能诊断的故障主要有哪些?
3. 如何查看冷却液温度传感器及喷油器是否有故障?
4. 发动机出现“气阻”现象后应该怎样处理?
5. 试述发动机出现无法启动故障时的诊断程序和注意事项。
6. 发动机出现怠速过高故障后应该从哪几方面分析故障?

第八章　从业人员岗位安全责任制

现代企业在追求高效益、高利润的同时，却忽略了企业最为重要的问题——企业的安全性问题。据近几年全国化工行业安全事故统计，绝大多数事故都是由于人为因素造成的，其中重要的原因就是没有把安全生产责任制贯彻落实到位，企业的安全管理工作没有转到"以人为本，预防为主，综合治理"上来。在甲醇燃料生产和甲醇汽车的运行中，应该吸取汽油、柴油应用中的经验，贯彻落实《中华人民共和国安全生产法》和《危险化学品安全管理条例》，将安全生产责任制放在首位，确保甲醇燃料的安全使用，杜绝不安全事故的发生。

本章从管理人员和操作人员两个方面叙述甲醇燃料生产使用中安全责任制，包括图8-1所示的四个方面，规定各类工作人员所担负的安全责任，并且介绍了发生应急事故时的处理原则及应急事故的处理方案。

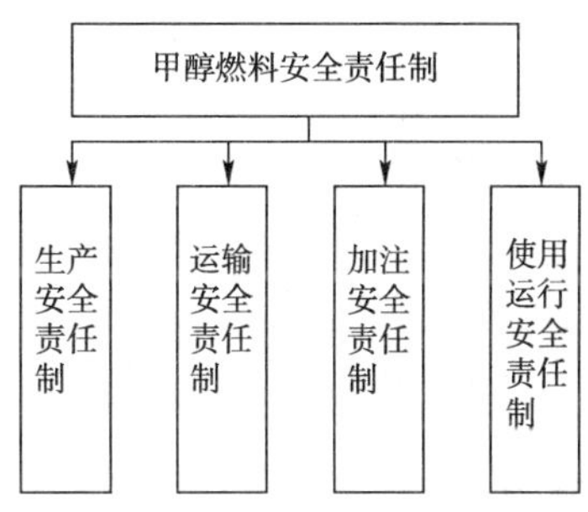

图8-1　甲醇燃料安全生产责任制内容

第一节　管理人员安全责任制

甲醇燃料在生产和使用过程中，要经过生产、运输、加注以及车辆使用等诸多环节，因此应该在各个环节中落实安全责任制，确保甲醇燃料的生产与使用安全。

一、甲醇燃料生产安全责任制

甲醇属于易燃易爆的危险化学品，在生产中应该注意落实安全责任，明确各部门管理人员的安全责任制，按照"谁管理，谁负责"的原则，建立和不断完善安全生产激励约束机制，全面落实安全生产责任制，确保甲醇燃料生产安全高效。

国务院《危险化学品安全管理条例》中有关安全生产的规定有：

(1)危险化学品生产企业进行生产前，应当依照《安全生产许可证条例》的规定，取得危险化学品安全生产许可证。

(2)危险化学品生产企业应当提供与其生产的危险化学品相符的化学品安全技术说明书，并在危险化学品包装（包括外包装件）上粘贴或者拴挂与包装内危险化学品相符的化学品安全标签。

(3)生产、储存危险化学品的单位，应当根据其生产、储存的危险化学品的种类和危险特性，在作业场所设置相应的监测、监控、通风、防晒、调温、防火、灭火、防爆、泄压、防毒、中和、防潮、防雷、防静电、防腐、防泄漏以及防护围堤或者隔离操作等安全设施、设备，并按照国家标准、行业标准或者国家有关规定对安全设施、设备进行经常性维护，保证安全设施、设备的正常使用。

企业在生产中应该严格遵守《危险化学品安全管理条例》中的规定，建立健全企业安全规章制度，落实安全责任，明确各部门管理人员的安全责任制，按照“谁管理，谁负责”的原则，建立和不断完善安全生产激励约束机制，全面落实安全生产责任制，确保甲醇燃料生产安全高效。

各级管理人员在组织生产经营的同时，应该贯彻落实国家、地方政府的安全生产法规、标准，计划、布置、检测、总结安全生产工作，其主要安全生产职责是：

(1)组织本单位安全生产，对本单位安全生产负有直接领导责任。

(2)负责组织审定安全生产规章制度、安全技术措施和重大事故隐患的整改方案，积极改善职工的劳动条件。

(3)负责组织对部门内从业人员进行安全教育、法制教育和岗位技术培训。

(4)负责组织事故的调查和处理工作，并研究制订出防范措施。

(5)组织安全生产各项活动，推广安全生产经验。

(6)组织编制、审查、制订安全标准、安全操作规程、审批重大施工作业的安全技术措施。

(7)计划、布置、检查、总结、评比生产工作。

(8)及时协调解决分管部门在安全方面存在的问题。

二、甲醇燃料运输安全责任制

甲醇属于易燃易爆的危险化学品，在运输过程中，应当严格遵守国家《危险化学品安全管理条例》中对危险化学品运输安全的规定，甲醇生产企业应该选择委托取得危险货物道路运输许可、危险货物水路运输许可的单位进行甲醇运输，确保甲醇运输安全。

(1)从事危险化学品道路运输、水路运输的，应当分别依照有关道路运输、水路运输的法律、行政法规的规定，取得危险货物道路运输许可、危险货物水路运输许可，并向工商行政管理部门办理登记手续。

危险化学品道路运输企业、水路运输企业应当配备专职安全管理人员。

(2) 危险化学品道路运输企业、水路运输企业的驾驶人员、船员、装卸管理人员、押运人员、申报人员、集装箱装箱现场检查员应当经交通运输主管部门考核合格，取得从业资格。具体办法由国务院交通运输主管部门制定。

(3) 运输危险化学品，应当根据危险化学品的危险特性采取相应的安全防护措施，并配备必要的防护用品和应急救援器材。

用于运输危险化学品的槽罐以及其他容器应当封口严密，能够防止危险化学品在运输过程中因温度、湿度或者压力的变化发生渗漏、洒漏；槽罐以及其他容器的溢流和泄压装置应当设置准确、起闭灵活。

运输危险化学品的驾驶人员、船员、装卸管理人员、押运人员、申报人员、集装箱装箱现场检查员，应当了解所运输的危险化学品的危险特性及其包装物、容器的使用要求和出现危险情况时的应急处置方法。

(4) 通过道路运输危险化学品的，托运人应当委托依法取得危险货物道路运输许可的企业承运。

(5) 通过道路运输危险化学品的，应当按照运输车辆的核定载质量装载危险化学品，不得超载。

危险化学品运输车辆应当符合国家标准要求的安全技术条件，并按照国家有关规定定期进行安全技术检验。

危险化学品运输车辆应当悬挂或者喷涂符合国家标准要求的警示标志。

(6) 通过道路运输危险化学品的，应当配备押运人员，并保证所运输的危险化学品处于押运人员的监控之下。

运输危险化学品途中因住宿或者发生影响正常运输的情况，需要较长时间停车的，驾驶人员、押运人员应当采取相应的安全防范措施；运输剧毒化学品或者易爆危险化学品的，还应当向当地公安机关报告。

(7) 未经公安机关批准，运输危险化学品的车辆不得进入危险化学品运输车辆限制通行的区域。危险化学品运输车辆限制通行的区域由县级人民政府公安机关划定，并设置明显的标志。

甲醇燃料运输企业应该严格执行岗位安全责任制，管理人员应该落实本单位的安全运输规定，确保甲醇安全高效运输。管理人员的主要安全生产职责是：

(1)确保落实本单位所有驾驶人员、装卸管理人员、押运人员、申报人员等取得从业资格。

(2)制订完善的甲醇运输和管理安全环保责任制。

(3)设置安全环保管理部门或专职安全环保管理岗，负责安全环保的日常管理，安全环保管理人员应具备相关的专业知识和管理经验。

(4)建立健全以安全责任制为核心的安全管理制度以及适合油品运输企业的安全、环保管理体系。

(5)组织实施对驾驶人和押运员进行甲醇安全特性、装卸作业操作规程、防火灭火知识、消防器材使用方法以及突发事件的处置措施等专业知识培训。

(6)在甲醇燃料运输前，确保运输车辆相关证照齐全，车辆安全检测合格。

(7)建立和完善各类突发事件应急预案，并组织定期开展演练。

三、甲醇燃料加注安全责任制

甲醇燃料的销售网络与汽柴油相同，在原有的加油站基础上稍加更改即可进行甲醇燃料的加注销售，在销售甲醇时应该遵照已有的安全规章，落实安全责任制，确保甲醇燃料在销售环节的安全。管理人员的主要安全生产职责是：

(1)加油站站长是本单位安全经营的第一责任人，应经省级安全监督管理部门的安全资格培训考核，经考试合格后，持证上岗，全面负责加油站危险化学品安全经营管理工作，落实安全经营基础和基层工作。

(2)加油站站长严格遵守国家的安全法律法规、标准的规定要求,组织、参与并实施本加油站的安全标准化建设,建立企业安全文化。

(3)确保加油站所售甲醇应该经染色,防止售出后误食造成事故。

(4)建立健全本加油站安全经营责任制,明确本加油站安全经营责任,分清责任、各尽其职,形成严密科学的安全经营责任体系。

(5)组织制订本加油站安全经营各项规章制度和操作规程,保证经营作业的有序进行,堵塞安全管理漏洞,有效监控危险源,整改事故隐患,保证经营作业正常、安全地运行。

(6)保证本加油站安全经营投入的有效实施。支持必要安全经营投入,不得拒绝或减少投入,对已投入的安全资金必须管好用好,不得不用、少用或挪用,检查、监督安全投入的使用情况和使用效果,达到保障安全经营的预期效果。

(7)督促、检查本加油站的安全经营工作,及时消除安全事故隐患。

(8)组织制订并实施本加油站的安全事故应急救援预案,组织有关人员或者专家,制订内容翔实、周密科学的事故应急预案,并组织演练。一旦发生安全事故,站长要按照预案启动事故应急救援工作。

(9)及时、如实报告经营安全事故。

(10)定期召开安全领导小组工作会议,听取加油站安全工作情况汇报,及时掌握安全经营活动动态。

(11)组织并参加加油站的风险评价和风险控制安全管理。并将风险评价的结果及采取的控制措施对从业人员进行宣传、培训,使其熟悉工作岗位和作业环境中存在的危险、有害因素,掌握、落实应采取的控制措施。

四、甲醇汽车运行安全责任制

车辆燃烧甲醇汽油,若燃烧低比例甲醇燃料,则无须对车辆进行改动,也不影响车辆的使用性能;若燃烧高比例甲醇汽油或车用燃料甲醇时,相比于燃烧汽油的新车需对喷油脉宽进行调整,而在用车只需安装一个灵活燃料控制器。在甲醇汽车运行中,所要采取的安全措施与汽柴油车辆类似,应该遵照已有的安全规则,确保甲醇汽车的安全运行。管理人员的主要安全生产职责是:

(1)贯彻执行国家安全生产的方针、政策、法规,并结合实际制订本企业安全生产制度、规程和技术规范。

(2)负责对本企业安全生产各环节进行监督管理,并提出预防事故发生的措施,组织开展经常性的安全生产检查,及时整改事故隐患,确保运行车辆完好,严禁带“病”行驶,制止违章行为。

(3)建立健全安全生产管理机制,推行安全生产目标管理。

(4)组织开展安全生产宣传、教育,对驾驶人等生产人员和安全管理人员定期组织学习和培训。

(5)在上级主管部门的统一领导下负责本企业驾驶人的日常安全考核和上岗证的管理,以及必要的身体素质检查,严禁疲劳驾驶。

(6)开展安全生产竞赛活动,对安全生产进行检查、评比、考核,表彰先进,总结和交流经验,推广安全生产先进管理方法。

(7)严格执行事故报告制度,准确、及时地填报安全生产责任事故统计表。

(8)负责本企业的行车事故处理,剖析事故原因,落实整改措施。

第二节 操作人员安全责任制

操作人员是各个工作岗位的直接操作者,直接接触危险源,操作人员安全意识和安全技术知识的具备对企业的安全生产至关重要,因此对各个岗位的操作人员上岗前必须进行安全教育培训,新入厂的人员在进入工作岗位之前,必须对其进行劳动保护和安全知识的初步教育,使他们具备相应的安全知识,以减少和避免由于安全技术知识缺乏而造成的各种人身伤害事故,确保安全生产。上岗前安全教育培训的内容应该包括以下几点:

(1)所在工作岗位的性质及主要工作内容。

(2)我国安全生产的方针、政策法规和管理体制。

(3)本企业劳动安全卫生规章制度及状况、劳动纪律和有关事故案例。

(4)所在工作环境内特别危险的地点和设备及其安全防护注意事项。

(5)新员工的安全心理教育。

(6)有关机械、电气、起重、运输等安全技术知识。

(7)有关防火防爆和工作环境内消防规程的知识。

(8)有关防尘防毒的注意事项。

(9)安全防护装置和个人劳动防护用品的正确使用方法。

(10)新工人的安全生产责任制等内容。

除了对操作人员进行上岗前的教育外,还应该根据已发生的安全事故,定期对操作人员进行补充性安全教育,定期进行安全知识的考查,让员工强化安全意识,确保安全生产。

确保安全生产除了进行岗前培训外,更为重要的是落实安全生产责任制,将各个环节的安全工作落实到人,确保每个危险点都有专人负责,防止不安全事故发生。下面分别从甲醇的生产、运输、加注以及车辆使用等诸多环节叙述各个岗位的安全责任制。

一、甲醇生产操作人员安全责任制

甲醇属于易燃易爆的危险化学品,生产操作人员应该严格遵照《中华人民共和国安全生产法》和《危险化学品安全管理条例》的有关规定,严格规范操作,保证甲醇燃料的安全生产。操作人员的主要安全生产职责是:

(1)积极参加安全活动、学习安全技术知识,严格遵守各项规章制度。

(2)认真执行交接班制度,接班前必须认真检查本岗位的设备和安全设施及工、器具是否齐全完好。

(3)遵守纪律,精心操作,严格执行工艺规程、安全操作规程和操作法,记录清晰、真实、整洁,并保持作业场所清洁。

(4)按时巡回检查,准确分析、判断和处理生产过程中的异常情况。

(5)认真维护设备,发现异常应妥善处理,及时上报,并认真做好记录。

(6)正确使用、妥善保管各种劳动保护用品、器具和防护、消防器材。

(7)不违章作业,并劝阻或制止他人违章作业;对违章指挥有权拒绝执行,并及时向领导报告。

二、甲醇运输人员安全责任制

甲醇在运输过程中，应当严格遵守国家《危险化学品安全管理条例》中对危险化学品运输安全的规定，驾驶人和押运员都应取得相应的从业资格证，取得证书后方可上岗工作。

1. 驾驶人和押运员的主要安全生产职责

(1)驾驶人、押运员应持有所在地方政府主管部门颁发的从业资格证书和相应培训合格证。

(2)必须接受有关成品油安全特性、装卸油作业操作规程、防火灭火知识、消防器材使用方法以及突发事件处置措施等方面的岗前培训，经考核合格后方可上岗。

(3)定期参加岗位安全教育、安全培训和预案演练。

(4)按规定穿着防静电工作服上岗。

(5)运输前对车辆进行安全检查，排除安全隐患。

2. 油罐汽车应具备的基本条件

(1)车辆行驶证和危险化学品准运证等相关证照齐全。

(2)实际装载量不得大于核定装载量。

(3)罐体和附件良好有效，无影响强度的损伤、变形，无严重锈蚀，没有渗漏，罐体经有资质的检定部门检验合格。

(4)排气管安装有效防火帽，电路系统应有切断总电源装置。

(5)罐体必须设置静电搭铁端子，并在端子上方涂写明显标识；安装导静电橡胶托地带，装油后保持触地。

(6)配备两只4kg以上干粉灭火器，位置要摆放合理，使用方便。

(7)经具有国家相应计量检定资质机构检定，并出具相应罐容表。

3. 油罐车装油时的注意事项

(1)装油过程中严禁开关驾驶室，严禁修车、擦车和清扫工具箱，不能敲击金属等容易产生火花的物品。

(2)油罐车发生溢油等意外事故时，要服从油库值班人员的指挥，车辆不得随意启动，以免发生火灾事故。

三、甲醇加注操作人员安全责任制

甲醇燃料的加注与汽柴油相同，应该严格遵照国家标准《加油站作业安全规范》执行，确保甲醇燃料的安全加注。加油站的主要作业内容有卸油和燃油加注，下面分别叙述其安全职责。

1. 油罐汽车进入加油站卸油作业前，应做好的工作

(1)卸油作业前，油站工作人员引导油罐汽车进入指定车位。设置隔离警戒线，备好消防器材，连接好静电搭铁端子，对油罐车进行铅封检查，核对所运油品的品种、规格、数量，并在油罐车前设置“正在卸油、严禁烟火”警示牌。

(2)驾驶人、卸油员将卸油胶管与油罐车卸油口连接牢固，并经值班长进行复核确认。

2. 卸油作业时应做好的工作

(1)卸油员开启油罐卸油管线阀门，驾驶人缓慢开启罐车卸油阀门，卸油员监督检查卸油管线、相关阀门等设备运行情况，随时准备处置突发事件。卸油员、驾驶人、押运员必须全

过程在场监卸，严禁离开。

（2）严格控制卸油速度，禁止喷溅式卸油，禁止打开计量口卸油。遇有雷雨、发生火警等异常情况，立即停止卸油作业，按照值班长、卸油员的指令采取相应的安全措施。

3. 卸油作业完毕的安全管理

（1）卸油完毕，卸油员确认罐车油品卸净，驾驶人关闭罐车阀门，排空卸油胶管余油，卸油员关闭加油站油罐卸油管线阀门，拆除卸油管。

（2）卸油员检查确认罐口盖是否关闭紧固并加铅封，拆除静电搭铁线，移开警示牌，发出指令并引导油罐车安全离站。

4. 燃料加注人员的主要安全职责

（1）加油过程中严格执行操作规程，严禁违章作业。

（2）掌握加油站的性能和操作技能，并能判断和排除一般故障。

（3）负责本场所的安全监督管理，发现不安全因素和危及加油站安全的行为及时阻止和汇报。

（4）熟悉本岗位防火要求和措施。

（5）定期检查站内设备设施的安全状况，保持良好的工作状态，定期维护消防器材，保证其有效性。

四、甲醇汽车运行操作人员安全责任制

甲醇汽车运行时的安全主要依靠驾驶人的安全驾驶意识来保障，只要驾驶人遵守交通规则，行驶前对车辆进行安全性检查，排除安全隐患，定期对车辆进行维修，定期进行安全教育知识的学习，掌握安全驾驶规范，则可以确保甲醇汽车的安全运行。具体的安全职责包括以下几点：

（1）驾驶汽车前必须取得相应的资格证件。

（2）定期参加学习相应的安全驾驶规范、车辆基本维护等知识。

（3）行驶前对车辆进行安全性检查，排除安全隐患，定期对车辆进行维修，确保车辆的良好行驶状态。

（4）行驶时严格遵守道路交通法规，严禁疲劳驾驶。

第三节　应急事故的处理原则

甲醇属于易燃易爆的危险化学品，在生产和使用过程中难以避免会发生安全事故，因此应该根据《生产安全事故应急预案管理办法》制定相应的应急措施，在发生紧急事故时，按照应急预案对事故进行处理，将损失降到最低。应急事故处理原则如图 8-2 所示，有以下几点：

（1）预防为主。大力宣传普及预防突发性事故的知识，提高工厂安全意识，组织开展对化工品的生产、储存、运输等各单位的教育，要求其制订相应的应急预案。

提高防范意识，加强基础工作，增强预警分析，做好预案演练，将预防与应急处置有机结合起来，建立健全信息报告体系、科学决策体系，落实各项预防措施，防止和减少事故的发生。

（2）依法管理。严格执行国家有关法律法规，对突发性事故应急处理的预防、事故报

告、控制和应急处理工作实行依法管理。对于违法行为，依法追究责任。应急预案的制订、修订与实施，必须符合有关法律、法规和规章制度，与有关政策相一致。

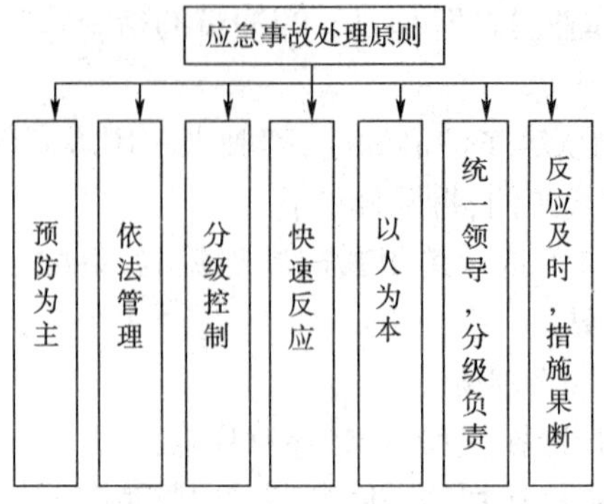

图 8-2 应急事故处理原则

(3)分级控制。根据故事影响程度，将事故应急处理分为几个等级进行预警并实施分级控制，发生不同等级污染事故时、启动相应等别的组织领导体系和工作方案。

(4)快速反应。建立预警和污染控制快速反应机制，强化人力、物力储备，增强应急能力。

(5)以人为本。把维护广大人民群众的根本利益、保障人民群众生命财产安全作为处置突发事件的首要任务，最大限度地减少突发事件造成的人员伤亡和危害，切实加强对应急救援人员的安全防护，充分依靠广大人民群众，发挥企业员工的基础性作用，建立健全组织和动员员工参与应对突发公共事件的有效机制。

(6)统一领导，分级负责。在企业主管的统一领导下，分级负责，条块结合，各部门应认真履行安全生产责任主体的职责，负责本单位应急救援工作。

(7)依靠科学，反应及时，措施果断。加强对各类突发事件应急处置的研究，规范防控措施和应急程序，实现应急处置工作的科学化、规范化。采用先进的预测、预警、预防和应急处置技术，提高预防和应对事件的科技水平。要不断改进和完善应急处置的装备、设施和手段，切实加强应急救援的科学指挥和人员的安全防护。建立预警和快速反应机制，强化人力、物力、财务储备，增强应急能力。保证预警、响应、处置等环节紧密衔接，一旦出现险情，快速反应，及时准确处置。要充分发挥各部门的作用，对事件信息进行准确判断，建立科学决策体系，保证突发事件发生时能采取果断措施。

根据以上原则编制应急事故处理预案，尽可能保证各级操作人员按规范安全生产，避免危险事故发生，在发生紧急事故时，按照已制订的紧急预案对事故进行处理，尽可能降低事故损失。下面将分别从甲醇生产、运输、加注和车辆运行等方面介绍发生紧急事故时的处理原则。

一、甲醇生产应急事故处理原则

甲醇具有较强的毒性，对人体的神经系统和血液系统会造成伤害，经消化道、呼吸道或皮肤摄入后会产生毒性反应，甲醇摄入量超过 4g 就会出现中毒反应，误服一小杯超过 10g 就能造成双目失明，饮入量大造成死亡，因此在甲醇生产过程中容易发生中毒事故。此外甲醇易燃，其蒸气与空气能形成爆炸混合物，甲醇泄漏容易发生爆炸危险。下面将详细介绍发生紧急事故时的应对措施。

甲醇生产应急事故有人身伤害、火灾等，如图8-3所示，在发生紧急事故后，需立刻将事故情况上报管理部门，接到报警后，接警人员要迅速了解事故发生的位置、程度、伤亡情况等重要信息，迅速做出反应。当事故达到应急预案启动条件时，立即启动应急预案，通知各组人员迅速赶到现场进行救援。并迅速向安监、消防等政府部门报告事故情况。

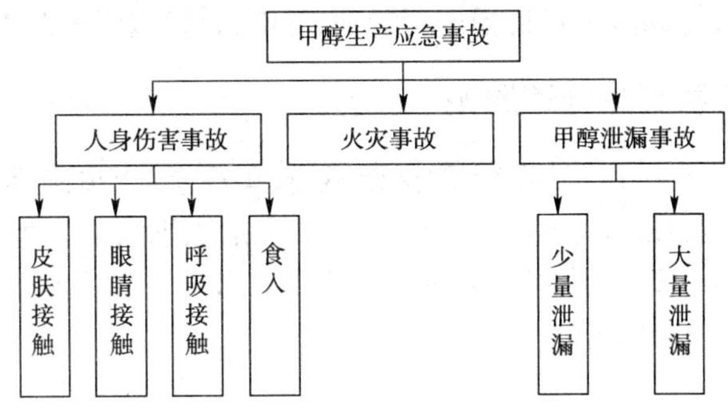

图8-3 甲醇生产应急事故

现场的应急处理措施包括以下方面。

1. 人身伤害事故急救措施

(1)皮肤接触：脱去被污染衣着，用肥皂水和清水彻底冲洗皮肤。

(2)眼睛接触：提起眼睑，用流水或生理盐水冲洗，尽快就医。

(3)呼吸接触：迅速脱离现场，转移至安全、空气新鲜的地方，保持呼吸道畅通，对呼吸困难者进行输氧，如果呼吸停止立即进行人工呼吸，尽快送入医院急救。

(4)食入：饮足量温水，催吐；尽快送入医院就医，用清水或2%硫酸氢钠溶液洗胃，硫酸镁导泻，还可以用1%硫代硫酸钠溶液洗胃。

2. 甲醇火灾事故发生时的应急处理

(1)火灾扑救：火灾发生时使用抗溶性泡沫、干粉、二氧化碳灭火器，砂土、雾装水进行扑灭。

(2)灭火禁忌：不得用直流水扑救。

(3)火灾隔离。

①火场内如有槽车或罐车隔离800m。

②撤离隔离区内的人员、物资。

③疏散无关人员，划定警戒区。

④人员停留上风处，切勿进入低洼处，进入密闭空间前必先通风。

3. 甲醇泄漏的应急处理

(1)少量泄漏的处理：用砂土或不燃材料吸附吸收，也可用大量水冲洗，洗液稀释经回收后方可进入排放系统。

(2)大量泄漏。

①用雾状水稀释泄漏物产生的挥发性气体。

②构筑围堤。

4. 求援

当事故事态较大，无法控制时立即向119求助，必要时向上级政府请求启动上一级预案。

5. 应急结束

（1）上述救援行动进行到隐患完全消除，经环保部门检测分析确认达到合格指标，安全监察、消防、工程救险等多部门确认达到安全状态后，由应急总指挥宣布应急救援行动结束。应急救援队伍、人员撤离现场，疏散人员返回，由调查人员进场勘察。

（2）现场施救组及协同人员对现场进行清理、洗消，直到达到环保要求为止。

二、甲醇运输应急事故处理原则

甲醇燃料在运输过程中由于驾驶人的操作不当，车辆超载、超速，强行会车或者非己方驾驶人过错等人为因素会造成甲醇泄漏、着火、爆炸等危险事故的发生；也可能由于车辆罐体或者与之相连的凸缘、管线泄漏等因素造成危险事故发生。紧急事故发生时，应立即启动应急预案，按以下步骤进行紧急救援。

1. 甲醇泄漏

（1）发生大量泄漏应立即报警，报告单位领导或领班干部，尽可能将车开到远离集镇及人员稠密处熄火，切断所有火源。

（2）迅速佩带好空气呼吸器或过滤式防毒面具做好个体防护。

（3）如果是阀门泄漏，有条件的可关闭阀门，切断泄漏源。

（4）当罐发生无法控制的泄漏时，按规程将罐内介质倒入事故备用罐。

（5）当泄漏失控或罐压力急剧上升有爆炸可能时，岗位抢险人员应立即撤离现场。

（6）当泄漏控制后，按规程将罐内介质倒入事故备用罐，倒介质过程中用消防水和喷淋水对罐进行降温冷却。

（7）按指令配合专业队伍的抢险救援行动。

（8）在来车方向 150m 处设置警告牌和通知附近人员向上风方向撤离。

甲醇泄漏处理流程如图 8-4 所示。

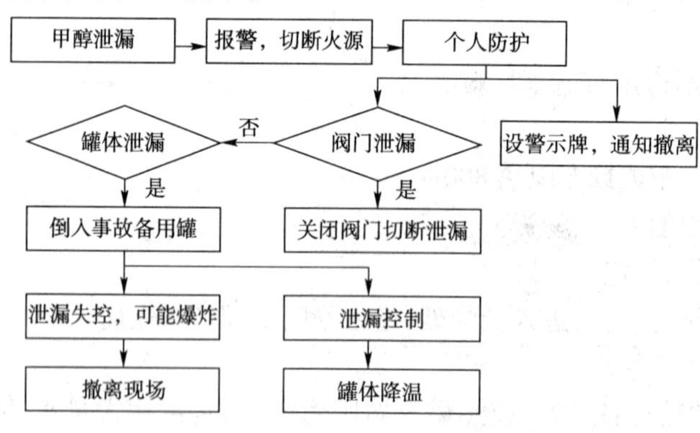

图 8-4　甲醇泄漏处理流程

2. 甲醇泄漏着火或可能爆炸

（1）拨打火警电话，报告单位领导或值班干部，并将车开到远离集镇人员稠密处熄火并切断火源。

（2）迅速佩带好空气呼吸器或过滤式防毒面具做好个体防护。

（3）有条件的打开储罐的喷淋水和消防水喷淋冷却。

（4）在十字路口迎接消防车的到来。

（5）关闭与着火部位相连的所有阀门，按指令倒罐或泄压流程。

(6)利用现有消防设施进行初期火灾的扑救。

(7)消防队到达后讲明现场情况,配合抢险行动。

(8)有爆炸迹象时及时撤离出危险区。

3. 险情发生时应向事故地政府部门报告并请求支援

(1)隔离:岗位人员协助交管部门设置隔离区,在主要道路和出入口的隔离区外设立明显标志,安排人员巡逻,禁止无关人员和车辆进入隔离区,消除隔离区内所有火种。

(2)疏散:发生大量液体泄漏时,岗位人员应立即与周边乡镇、村及单位联系,通过广播告知险情、疏散的距离、方向和个人防护措施等信息,迅速将隔离区内无关人员和周边人员疏散到安全区域。

(3)疏散时应明确疏散路线,派人设立风向标或旗帜,根据风向和险情的大小,确定现场应急指挥部的位置,做好疏散人群的控制和引导,防止无关人员在危险区域滞留。

4. 应急解除及善后

(1)排险完毕后,对罐体周边甲醇残留液用水枪喷水稀释,直至检测合格,以防再次引起爆燃。

(2)抢险人员清点完毕,伤亡人员全部送医救治或善后处理,对伤亡人员家属进行妥善安置。

(3)积极配合相关部门进行事故的调查处理和事故索赔。

三、甲醇加注应急事故处理原则

甲醇加注时应急事故处理方法参照已有的加油站应急事故处理预案执行,需要注意的事,甲醇有毒,泄漏后在空气中容易挥发被人体吸入,造成甲醇中毒,因此,在遇到紧急事故处理时,应该做好救援人员的安全防护,当空气中甲醇浓度达到一定限制时,应该佩带好空气呼吸器或过滤式防毒面具进入救援现场。对于中毒人员参照上节中人身伤害事故急救措施进行救治。

四、甲醇车辆运行应急事故处理原则

甲醇车辆运行中的紧急事故一般都是由于驾驶人的危险操作造成的,相应的处理原则应该按照已有的交通事故处理预案进行处理,当车辆出现事故导致油箱破裂甲醇泄漏时,因为车辆所携带甲醇较少,扩散后周围空气中甲醇含量较低,不会造成人员的甲醇中毒,因此不用对人员进行特殊防护,只需按照交通事故紧急预案进行处理。

五、消防安全

由甲醇引起的安全事故一般情况下都是甲醇燃烧所造成的,因此有必要对消防安全进行着重强调。为了保护企业财产和员工生命财产免受火灾危害,各级管理与操作人员都应该强化消防安全意识,落实消防安全责任制,严格遵守企业消防安全制度,预防火灾的发生。企业的消防制度应包括以下方面:

(1)企业消防工作,受上级公安机关的监督指导。

(2)企业义务消防队,在企业安全专职人员领导下,开展消防活动,采取有效措施,防止火灾事故发生。

(3)企业消防工作,必须依靠全体员工,提高企业职工防火的警惕性,贯彻“预防为主、消防结合”的消防工作。

(4)定期检查各类消防器材,保证消防器材的完好。

(5)进行消防安全检查,及时发现和消除火灾隐患,杜绝火灾漏洞。

(6)对消防器材按时进行维护和更换药剂,保证处于良好的消防状态。

以上部分介绍了发生各种情况时的危险事故应急处理原则,当紧急情况发生时,各级人员应该遵照已制订的预案执行,将损失降到最低,事故发生后,应当对事故原因进行详细地分析,必须坚持事故原因分析不清不放过,没有采取切实可行的防范措施不放过,事故责任人没受到处罚不放过,他人没受到教育不放过,吸取教训,防止同样的事故再次发生。

我们需要预防事故的发生,不应等到发生后再做补救,只要各级工作人员提高防范意识,落实自己的安全责任,不危险操作,尽职尽责,危险事故就不会发生。

第四节 从业人员的健康检查

根据《中华人民共和国职业病防治法》和《职业健康监护监督管理办法》等国家标准的规定,燃料油品对从业人员存在一定的危害,因此需要定期为一线的工作人员做相关的健康检查。因此,必须对从业人员建立严格的健康管理制度并切实落实执行。

一、从业人员健康管理制度

1. 目的

早期发现职业病、职业健康损害和职业禁忌证;跟踪观察职业病及职业健康损害的发生、发展规律及分布情况;评价职业健康损害与作业环境中职业病危害因素的关系及危害程度;识别新的职业病危害因素和高危人群;进行目标干预,包括改善作业环境条件,改革生产工艺,采用有效的防护设施和个人防护用品,对职业病患者及疑似职业病和有职业禁忌人员的处理与安置等;评价预防和干预措施的效果;为制定或修订卫生政策和职业病防治对策服务。

2. 适用范围

从业人员的健康状况控制。

3. 健康检查

(1)燃料油品生产操作人员必须每两年进行一次健康检查,不得超期使用健康证明。

(2)新参加工作的从业人员、实习工、实习学生必须取得健康证明后上岗,杜绝先上岗后查体的事情发生,另外还需进行上岗卫生知识培训。

(3)相关部门组织本单位与生产操作者的健康检查工作,建立从业人员健康档案,对从业人员健康状况进行日常监督管理。

(4)当观察的下列症状时,应规定暂停直接接触燃料油品的工作或采取特殊的防御措施:腹泻、手外伤、烫伤、皮肤湿疹、咽喉疼痛、发热、呕吐。

(5)有上述情况病例,相关部门应监督患者就医复原、检查合格后,方可恢复燃料油品生产工作。

4. 从业人员必须具有良好的卫生习惯

(1)工作前、处理燃料油品原料后、处理废弃物后、触摸任何可能污染物后,用肥皂及流动清水洗手。

(2)穿戴清洁的工作衣、帽,并把头发置于帽内。

(3)不得留长指甲、涂指甲油加工燃料油品。

(4)不得在燃料油品加工场所内吸烟。

二、涉醇人员健康检查项目

根据《中华人民共和国职业病防治法》、《职业健康监护监督管理办法》和《职业健康监护技术规范》(GBZ188—2007)的有关规定,制订燃料油品从业人员职业健康监护工作计划与实施细则。以下是健康体检的具体项目内容。

1. 上岗前职业健康检查

1)目标疾病

职业禁忌证:视网膜及视神经病。

2)检查内容

(1)症状询问:重点询问有关视网膜和视神经病、中枢神经系统器质性疾病的症状。

(2)体格检查:

①内科常规检查。

②神经系统常规检查。

③眼科检查:常规检查及视野、眼底。

(3)实验室和其他检查:必检项目有血常规、尿常规、心电图、血清 ALT 等。

2. 在岗期间职业健康检查(推荐性)

1)目标疾病

职业禁忌证:视网膜及视神经病。

2)检查内容

(1)症状询问:重点询问有关视网膜和视神经病、中枢神经系统器质性疾病的症状。

(2)体格检查:

①内科常规检查。

②神经系统常规检查。

③眼科检查:常规检查及视野、眼底。

(3)实验室和其他检查:必检项目有血常规、尿常规、心电图、血清 ALT 等。

3)健康检查周期

健康检查周期:2 年。

3. 应急职业健康检查

1)目标疾病

职业性急性甲醇中毒(指接触甲醇后,出现头痛、头晕、乏力、视力模糊等症状和眼、上呼吸道黏膜刺激症状,并于脱离接触后短时间内恢复者)。

2)检查内容

(1)症状询问:工作场所较高浓度甲醇接触史及头痛、头晕、乏力、视物模糊及眼、上呼吸道刺激症状。

(2)体格检查:

①内科常规检查。

②神经系统常规检查。

③眼科检查:常规检查及视野、眼底(重点)。

(3)实验室和其他检查:必检项目包括血常规、尿常规、心电图、血气分析等。

三、涉汽油人员健康检查项目

1. 上岗前职业健康检查

1)目标疾病 职业禁忌证

(1)过敏性皮肤疾病。

(2)神经系统器质性疾病。

2)检查内容

(1)症状询问:重点询问神经、精神病史及相关症状。

(2)体格检查:

①内科常规检查。

②皮肤科检查。

③神经系统常规检查:常规检查及四肢肌力、肌张力。

(3)实验室和其他检查:

①必检项目:血常规、尿常规、血清 ALT、心电图。

②选检项目:神经-肌电图。

2. 在岗期间职业健康检查

1)目标疾病

(1)职业病。

①职业性溶剂汽油中毒(慢性)(参见 GBZ 27—2002《职业性溶剂汽油中毒诊断标准》)。

②汽油致职业性皮肤病(参见 GBZ 18—2002《职业性皮肤病诊断标准(总则)》)。

(2)职业禁忌证:同上岗前。

2)检查内容

(1)症状询问:重点询问神经、精神症状,如头痛、头晕、乏力、失眠、心悸、多汗、四肢远端麻木、痛触觉减退等。

(2)体格检查:

①内科常规检查。

②皮肤科常规检查。

③神经系统常规检查。

(3)实验室和其他检查:

①必检项目:血常规、尿常规、血清 ALT、心电图。

②选检项目:神经-肌电图。

(4)健康检查周期:2 年。

3. 应急职业健康检查

(1)目标疾病:职业性溶剂汽油中毒(急性)(参见 GBZ 27—2002)。

(2)神经系统常规检查。

(3)实验室和其他检查。

必检项目:血常规、尿常规、肝功能、心电图、胸部 X 射线检查。

4. 离岗时职业健康检查

目标疾病：

(1)职业性溶剂汽油中毒(慢性)。

(2)汽油致职业性皮肤病。

检查内容:同在岗期间。

复习思考题

1. 甲醇燃料生产中管理人员和操作人员具体的安全责任有哪些?
2. 甲醇燃料运输中管理人员和操作人员具体的安全责任有哪些?
3. 甲醇燃料加注中管理人员和操作人员具体的安全责任有哪些?
4. 甲醇汽车日常运行期间应该注意的安全问题有哪些?
5. 甲醇泄漏着火应该采取哪些紧急措施？处理的原则是什么？
6. 甲醇在运输过程中发生应急事故的处理原则是什么？

参考文献

[1] 边耀璋,等.汽车新能源技术[M].北京:人民交通出版社,2003.
[2] 张广林.现代燃料油品手册[M].北京:中国石化出版社,2009.
[3] 王宝仁,孙乃有.石油产品分析[M].北京:化学工业出版社,2009.
[4] 胥立红,梅林.油品分析与化验知识问答[M].北京:中国石化出版社,2009.
[5] 董敬,等.汽车拖拉机发动机[M].北京:机械工业出版社,2008.
[6] 许洪国.汽车运用工程[M].北京:人民交通出版社,2009.
[7] 钱耀义.现代汽车发动机燃料供给装置[M].北京:人民交通出版社,1996.
[8] 董铁有.汽车构造(发动机)[M].北京:人民交通出版社,2005.
[9] 细川武志.汽车构造图册[M].北京:人民交通出版社,2005.
[10] 李春明,焦传军.汽车构造[M].北京:北京理工大学出版社,2005.
[11] 董敬,庄志,常思勤.汽车拖拉机发动机[M].北京:机械工业出版社,2004.
[12] 张春化,蹇小平.汽车电器与电路[M].北京:人民邮电出版社,2003.
[13] 曾建谋.新型汽车电控汽油喷射系统结构与检修[M].肇庆:广东科技出版社,2004.
[14] 范明强.现代缸内直喷式汽油机(一~二十一)[J].汽车维修与保养,2010~2011.

[15] 李清明.汽车发动机故障分析详解[M].北京:机械工业出版社,2007.
[16] 李东江.电控汽车故障排除300例[M].北京:科学技术文献出版社,2002.
[17] 陈丙辰.汽车传感器使用与检修[M].北京:金盾出版社,2007.
[18] 李宪民.现代汽车电子控制系统故障诊断与检修[M].北京:人民邮电出版社,2006.